JN421692

LAW AND ADMINISTRATION

법과 행정

김효진 · 정우열 공저

삼우사

■ 서 문

이 책은 독자들이 법과 행정을 보다 쉽게 접근하고 이해할 수 있도록 도움을 주고자 하는데 있다. 기존의 법률학이나 행정학 서적이 지나치게 방대하고 난해한 부분들이 있어서 동시에 두 영역을 이해하기에는 많은 어려움이 있다. 이러한 생각에서 저자들은 법과 행정을 보다 수월하게 학습할 수 있도록 하기 위하여 이 책을 저술하게 되었다.

이 책은 크게 3편으로 쓰여졌다.

제1편에서는 법의 의의 및 본질, 법의 연원, 법의 체계와 분류, 법의 효력, 법의 적용 및 해석, 그리고 권리와 의무를 다루어 법에 쉽게 접근하여 법을 이해하는데 도움을 주고자 했다.

제2편에서는 제1장은 행정의 의미부분으로서 행정과 행정학, 정부와 행정, 행정은 누가 담당하는가, 행정활동의 유형을, 제2장은 행정학의 발달과 접근방법을 다루었다. 제3장은 행정국가와 현대행정 부분으로서 국가관의 변천과 행정국가의 전개, 시장실패와 정부실패, 뉴거버넌스, 정부와 NGO, 정보통신기술과 행정을 실었다.

제3편에서는 국민의 기본권 보장과 국가의 통치조직 및 작용의 원리를 정한 근본법인 헌법과 행정작용을 둘러싸고 국가와 국민 간에 형성되는 법률관계를 분석하고 설명하는 행정법을 기술하였다.

이 책에 담겨진 이론이나 내용을 선정하고 체계적으로 정리하기 위해 법학과 행정학을 전공한 저자들이 오랫동안 고심을 하고 협의를 아끼지 않았다. 각 분야별로 전공영역의 목록을 만들고 집필하기까지 끊임없는 토론과 노력이 있었으며 그 결실로 이 책은 세상에 빛을 보게 되었다.

앞으로도 저자들은 이 책의 미비한 부분들을 지속적으로 수정・보완할 것이며, 독자들의 아낌없는 비판과 질책을 겸허하게 수용하고자 한다.

아울러 저자들의 책을 흔쾌히 출간해 주신 삼우사 조병철 사장님과 편집부 여러분께 진심으로 감사를 드린다.

2014. 12월

저자 씀

■ 차 례

제 I 편 법의 이해

제Ⅲ편 헌법과 행정법

제 I 편

법의 이해

제 1 장

법의 의의 및 본질

제 1 절 법의 의의

1. 인간사회와 법의 존재의의

인간은 자기 혼자 고립하여 생활할 수 없으며, 여러 사람들과 어떠한 관계를 유지하면서 생활을 하게 된다. 사람이 둘 이상 모여 서로 어떠한 관계를 가지면서 살게 되면 반드시 거기에는 사회가 형성되고 더불어 사회생활을 하게 된다. 즉 사회생활은 사람이 막연히 모여 생활하는 것이 아니고, 각자가 어떤 목적을 가지고 사회활동을 하며 사회생활을 하게 되는 것이다. 사람이 사회생활을 하면서 목적을 달성하려고 할 때에 거기에는 인간 상호간에 이해관계가 생기게 되어 사회질서가 혼란스러워지기 마련이며, 그 결과 사람은 생활공동체로서의 사회질서의 유지가 요청되게 된다. 따라서 사회구성원은 누구나 사회적 활동을 하면서 다소의 제약을 받지 않을 수 없고 규범에 복종하지 않으면 안 된다. 즉 사람은 사회를 떠나서 존재할 수 없고, 사회규범을 벗어나서 존재할 수 없기 때문이다.

고대 미개사회에서는 개인의 자아의식이 희박하여 종교라든가 관습이나 도덕 등과 같은 규범으로서도 사회의 질서를 유지할 수 있었으나, 사회가 진보·발달하여 그 규모가 확대되고 개인의식과 사회의식이 높아짐에 따라 과거의 단순한 사회규범으로써는 그 질서유지가 어렵게 되었다. 여기에 사회의 진전에 따라 그 국가권력(사회공동체의 중심권력)이 확립되고, 여러 가지의 사회규범에서 법이 분화하여 사회의 질서유지를 확보하기에 이르렀던 것이다. 따라서 "사회가 있는 곳에 법이 있다"(*ubi societas ibi ius*)라고 하는 법격언은 사람이 모여 사회생활을 하는 곳에는 그 질서를 유지하기 위하여 반드시 규범, 즉 법이 필요하다는 것을 표현한 것으로 보는 것이다.

법학을 연구하거나 이해하려는 사람에게 당연히 제기되는 것은 "법이란 무엇인가"라는 문제이다. 따라서 법의 실체를 이해하기 위해서는 "이념을 회피하는 자는 결국 개념도 파악할 수 없다"는 괴테(Goethe)의 말에서 보듯이 먼저 법이념이 무엇인가를 정확하게 알지 않으면 안 된다.

2. 법의 보편적 이념 및 가치

현대 복지국가는 자유민주주의 헌법질서 아래에서 국가권력에 의하여 통치되고 있다. 이러한 통치권력은 주권재민의 원칙과 법치주의에 의하여 형성된다. 그리고 법규범이란 이러한 조직적인 통치권력에 의하여 강제되는 사회규범이다. 이와 같은 법규범은 자연의 법칙처럼 하나의 법칙이다. 그러나 필연적인 세계의 인과율을 나타내게 되는 자연의 법칙과는 달리 당위의 법칙이다. 당위는 일정한 가치나 목적을 설정하고 있고, 의지의 자유를 가지는 사람으로 하여금 목적달성을 위하여 일정한 행위에 대하여 의무를 지워 사회생활 안에서 실현시키고 있는 것이다. 그러므로 사람은 자연법칙에 위반할 수는 없으나, 현실사회 안에서는 '당위'인 법규범 내지 사회규범에 위반하는 현상이 발생할 수 있는 것이다.

법은 개별적인 입법목적 이외에 법으로서의 근원적인 고유이념을 가지고 있어야 하며, 그것은 개개의 법률이 가지는 목적을 포괄할 수 있는 공통의 법이념이어야 한다. 법의 이념에 대해서는 가치관에 따라 여러 견해가 대립되어 왔으나 일반적으로 라드브루흐(Gustav Radbruch)가 제시한 정의, 합목적성, 법적 안정성이 그 타당성을 인정받고 있다.

(1) 정 의

법은 정의의 실현을 기본적 사명으로 하는 사회규범이며, 정의는 법을 특정지우는 결정적 기준인 동시에 인간사회에 있어서의 최고가치의 하나이다. 정의의 핵심은 평등의 사상이다. 평등은 정의의 본질이고, 보편성은 정의의 형식이다.

정의를 '각자에게 그의 것을 귀속시키려는 항구적이고 중단 없는 의지'(*constans ac perpetua voluntas ius suum cuique tribuendi*)로 보아 윤리적인 선의 한 형식적인 현상으로 보는 견해도 있었으나, 정의는 온전한 주관적 법원리라기보다 법의 개념규정에 표준을 주는 특수한 법원리라고 할 수 있다. 아리스토텔레스(Aristoteles)는 정의를 평균적 정의와 배분적 정의로 구분하여 설명함으로써 정의 개념을 최초로 이론화하였다. 그에 따르면 배분적 정의는 공법상의 정의이며 정의의 근원적 형식이고, 평균적 정의는 사법상의 정의로서 정의의 파생적 형식이다. 평균적 정의는 급부와 반대급부 사이의 등가관계를 요구하는 산술적 정의로 형식적·기계적 평등을 추구하는 반면, 배분적 정의는 각자의 능력 및 공적에 따라 공정하게 그 몫을 인정하는 기하학적 정의로 비례적 평등을 의미한다. 오늘날에는 정의의 원리가 실정법에 내재하는 현상은 평균적 정의로부터 배분적 정의로 그 초점이 바뀌어 가는 경향에 있다.

(2) 합목적성

법이 추구하여야 할 두 번째의 이념은 합목적성(Zweckmässigkeit)이다. 이것은 언제나 법은 가치관에 합치되어야 한다는 것이다. 법이 가치관에 충실하도록 하는 것은 법 그 자체의 가치를 보존하게 하는 것이므로 법의 합목적성은 정의와 함께 법의 이념으로 되는 것이다.

법규범은 위반 또는 침범의 가능성을 전적으로 배제하고 있지는 않고 오히려 그 가능성을 예견하고 있으면서, 한편으로는 아무리 강요하더라도 지킬 수 없는 무리한 내용을 그 당위(Sollen)로 할 수는 없는 것이다. 아무리 이상이 높고 화려한 문자로 표현되었다고 해도 현실적으로 지켜지지 아니하면 실정법으로서의 존재가치를 상실하게 되는 것이다. 법규범이 추상적인 당위로서 요구되는 규범이 아니라, 국민의 사회생활에서 실제로 행하여지는 실제규범(Wirksam)일 수 있게 하는 것이 바로 합목적성의 이념이라고 할 것이다. 역사적으로 보면 개인주의와 단체주의, 공공의 복지와 개인의 권리, 이데올로기와 이데올로기의 대립 사이에 과연 무엇이 가치관에 따른 합목적인 것인가를 결정하는 것은 매우 곤란한 일이 아닐 수 없다.

개인주의적 가치관에서는 가치의 주체는 개인이고 국가는 개인의 생명·자유·재산을 보전·증대하기 위한 수단에 불과한 것이나, 단체주의적 가치관에서는 가치의 주체는 국가이고 개인의 사적 이익이 희생되더라도 국가의 공적 이익이 보존·발전되어야 한다고 본다.

홉스(Thomas Hobbes)는 인간의 자연상태는 '만인의 만인에 대한 투쟁'이라고 하여 사람의 본성을 비사회적·이기적이라고 보고, 사람은 원시투쟁의 상태에서 탈출하기 위하여 개개인이 각자의 계약에 의해 국가를 형성하게 된 것이라고 하면서 현실사회 안에서 선·악을 구별하는 일반적 기준은 오로지 국가 안에서만 가능하다고 본다. 따라서 선과 악, 정의와 부정의를 구별하는 기준은 영구불변하는 진리 속에 있는 것이 아니라, 국가권력의 의

지결정에 의해 나타난다고 보아 "진리가 아니라 권력이 법을 만든다"(*auctoritas, non veritas, facit legem*)라고 한다. 반면 로크(John Locke)는 생명, 자유, 재산 등의 자연권을 보호하는 것이 법의 목적이라고 보고, 법은 자유를 억제하는 것이 아니고 자유를 보전하고 증대하는 데 그 목적이 있다고 한다.

또한 19세기에는 자유주의가 유일한 가치관으로 되어 법은 국가의 권력에 대하여 개인의 권리를 보장하는 것을 목적으로 하였다. 그러나 개인주의적 자유주의의 가치관은 결과적으로 대중을 빈곤으로 몰아넣었으므로, 20세기에 이르러서는 평등을 배분적 정의에 입각하여 사회적으로 실현하려는 복지주의가 대두하여 가치관이 종래의 자유주의로부터 복지주의로 바뀌었다.

(3) 법적 안정성

법적 안정성(Rechtssicherheit)은 법에 의하여 보호되는 사회생활의 안정을 말한다. 즉 현행 법질서가 동요됨이 없이 어떤 행위가 옳고, 어떤 권리가 보호되며, 어떤 책임이 생기는가를 일반 사람들이 확실히 알아 법의 권위를 믿고 안심하고 행동할 수 있는 상태를 말한다. 법적 안정성을 유지하기 위하여서는 법이 명확하여야 하고, 법이 함부로 변경되어서는 아니 된다. 법이 명확하지 아니하면 국민은 불명확한 법에 의하여 단속을 받거나 처벌되어 안심하고 생활할 수 없으며, 또한 법이 함부로 변경되면 사람들은 법을 믿지 못하게 되고, 또 법의 변경을 몰라 사회질서에 혼란이 생기게 되기 때문이다.

또한 법은 실효성이 있어야 하며, 법의 내용이 국민의 법의식에 합치하는 것이어야 한다. 대다수의 국민이 무시하고 회피하여 있으나마나 한 법이 존재한다면 법은 사회질서를 유지하는 기능을 발휘할 수 없을 것이며, 대다수의 국민의 정의감에 반하거나 또는 너무 준엄함 법은 국민의 지지를 받기 어렵기 때문이다.

법적 안정성을 유지하기 위하여서는 법이 명확하여야 하므로, 법의 의미를 성문의 법규에 의하여 확정하고 성문법을 정확하고 조리 있는 논리에 의하여 해석하는 것이 필요하다. 그러므로 법적 안정성의 요구는 성문법의 발달을 가져오고 또한 법해석학에 있어서 개념법학의 우위를 가져온다. 그러나 사회생활은 끊임없이 유동·변화하므로, 법을 너무 고착시키면 법이 사회생활과 유리되어 결과적으로 법을 무시하고 사회정의를 실현하려는 움직임이 나타나 오히려 법적 안정성을 파괴할 우려가 크다. 그러므로 사회의 실정에 순응하고 정의의 요구에 따라 변화할 수 있는 정도의 탄력성을 법에 부여하는 것이 오히려 법적 안정성을 유지할 수 있는 관건이 되는 것이다.

(4) 정의, 합목적성, 법적 안정성의 관계

라드브루흐에 따르면 법의 이념은 시대에 따라 각각 달리 적용된다고 한다. 즉 자연법시대에는 정의의 이념이 강조되고, 경찰국가시대에는 합목적성의 이념이 강조되며, 법실증주의시대에는 법적 안정성의 이념이 강조된다고 한다. 또한 법체계에 있어서도 형법에는 정의의 이념이 강하게 작용하고, 행정법에는 합목적성의 이념이 강하게 작용하며, 민법이나 소송법에서는 법적 안정성의 이념이 강하게 작용한다고 한다.

그러나 법적 안정성은 기능에 관한 이념인데 대하여 정의와 합목적성은 법의 내용에 관한 이념이고, 또한 정의는 윤리와 결부되는 이념인데 대하여 합목적성은 공리와 결부되는 이념이다. 이와 같이 3자는 각각 그 이념의 기초를 달리 하므로 상호 모순·갈등이 있을 수 있다. 이른바 '악법도 법'(*Dura lex, sed lex*)인가라는 문제도 이 3자의 모순·갈등에서 오는 것이다.

정의와 합목적성은 상반하는 요구를 제기한다. 정의란 평등이며, 법의 평등은 법규의 일반성을 요구한다. 그러나 평등은 현실에 존재하는 것이 아니다. 평등이란 항상 현존하는 차이를 '일정한 관점'에 서서 판단한 것에 지나지 않는다. 한편 합목적성의 견지에서 본다면 모든 차이 자체를 본질적으로 인정할 때에만 합목적성의 판단이 가능하다. 즉 합목적성은 가능한 한 개별화되지 않으면 안 되는 것이다. 이리하여 정의와 합목적성은 서로 모순관계에 서게 된다.

다른 한편, 정의와 법적 안정성도 상호 모순관계에 있는 경우가 있다. 법적 안정성은 실정법을 요구한다. 그리고 이 실정법은 그 내용이 정의 및 합목적성을 고려하지 아니하고 효력을 가질 것을 요구한다. 실정성은 사실(Faktum)이고, 실정성은 법을 제정하는 실력(Macht)을 전제로 한다. 그러기에 법과 사실, 법과 실력이라고 하는 것은 원래는 반대되는 것이지만 다시 밀접하게 결합하게 되는 속성이 있다. 이처럼 법적 안정성의 고려에서 위법한 사실이 법을 폐지하고, 다시 창조하는 경우가 있는 것과 마찬가지로 권리도 또한 법적 안정성을 위하여 위법한 사실을 원인으로 하여 발생하고 소멸할 수 있다. 예컨대 소멸시효, 사법상의 점유보호 등은 법생활을 안정시키려는 고려에서 위법한 상태의 존속이 권리 득실의 작용을 가지게 하려는 좋은 예라고 할 것이다.

이러한 정의, 합목적성, 법적 안정성의 세 가지 사이의 상호 모순되는 관계에 대해서 라드브루흐는 "법질서가 존재한다고 하는 것은 법질서의 정의성이나 합목적성보다 중요하며, 따라서 정의나 합목적성은 법의 제2의 과제이나 법적 안정성, 즉 질서・평화는 제1의 과제이다"라고 평가하였다.

3. 법의 개념 및 본질

법(*ius*, law, Recht, droit)이란 무엇인가라는 문제는 실로 법학의 최초의 과제임과 동시에 최종의 과제로서 옛부터 많은 사람들에 의하여 여러 가지의 주장이 있었으나, 아직도 그 개념이 확정되어 있지 않고 있다. 그러나 법을 합목적성의 견지에서 사람의 행동을 규제함으로써 질서와 조화 있는 사회생활의 실현을 도모하기 위한 것이라고 보면, 법은 사람의 사회생활의 규범으로서 국가권력에 의하여 강제되는 것이라고 할 수 있을 것이다. 이것을 나누어 설명하면 다음과 같다.

(1) 법은 규범이다

법은 규범(rule, norm, Norm, régle)이며, 이것은 자연법칙(natural rule, Naturregel)과 구별된다. 즉 "사람은 죽는다"든가, "물체는 낙하한다"든가 하는 것은 자연법칙이며, 필연(Ṁussen)을 의미하는 것으로 인과율(Kausalgesetz)이며 존재(Sein)의 세계이다. 이에 반하여 "사람을 살해하여서는 안 된다"든가, "남의 물건을 훔쳐서는 안 된다"든가 하는 것은 규범으로서 당위(Sollen)를 의미하며, 그것은 목적률(Zweckgesetz)이고 목적(Zweck)의 세계이다. 전자는 반드시 실현되는 필연성을 가지고 있어 실현이 없는 자연법칙은 존재하지 않는 것인데 대하여, 후자는 어떤 경우에는 실현되지 않을 것을 예상하면서 일정한 사항을 지시하는 것이다. 따라서 전자는 발생하는 일과 반드시 부합하며 법칙에 반하는 현상이 발생할 수가 없으나, 후자는 발생하는 일과 언제든지 꼭 부합하는 것은 아니어서 규범에 반하는 사실의 발생을 예상할 수가 있다.

규범은 자연법칙과 같이 어떤 일이 꼭 발생하지 않으면 안 되는 것, 즉 원인의 필연적 결과로서 인과율이 아니고, 이성에 따라 스스로의 행위를 스스로가 통제할 수 있는 자유의사를 가지고 있는 사람에 의하여 사회생활의 질서유지와 그 조화라는 목적 달성을 위하여 복종되는 목적률이다. 그러므로 사람의 자유로운 의사에 따른 위배의 가능성이 없는 곳에서는 규범은 성립할 수가 없다. 이와 같이 규범과 자연법칙은 전연 다른 성질을 가지고 있는 것으로서 법은 자연법칙이 아니고 규범의 일종이다.

(2) 법은 사회생활을 하는데 필요한 규범이다

아리스토텔레스는 "사람은 사회적 동물이다"라고 하였으며, 또한 예링(Jhering)은 사람은 자기의 생활을 유지・발전시키기 위하여는 자기를 위한 생활 이외에 '타인에 의한 생활과 타인을 위한 생활'을 하지 않으면 안 된다고 말하였듯이, 사람은 선천적으로 타인과 공동으로 사회생활을 하는 본성을 가지고 있다.

사람이 사회생활을 함에 있어서 법은 사람의 행위를 규제하는 규범으로서 당위 또는 부당위－'하여야 한다', '하여서는 안 된다'－를 규정하여 사회생활에 있어 사람들을 조화롭게 질서지움으로써 사람의 합목적적 생활의 실현을 꾀하고 있다. 이러한 의미에서 법은 사람의 사회생활의 규범이라 할 수 있는 것이다.

(3) 법은 국가권력에 의하여 강제되는 규범이다

법은 사회생활의 규범이지만 다른 규범과는 달라 국가권력에 의하여 강제(enforce, Zwang, contrainte)되는 규범이다. 사람의 공동생활이 발생한 당시에는 단순한 사회규범으로서도 사회생활의 질서유지가 가능하였으나, 사회가 발전함에 따라 그 생활이 복잡해지자 많은 사람들의 이해관계가 복잡하게 교차하여 사회의 질서유지를 위한 조치가 필요하게 되었다. 이러한 사회의 질서유지를 위한 조치는 조직적 사회단체의 통합력, 특히 국가권력에 의하여 조직적 · 통일적으로 강제되었고, 따라서 제2차적 사회규범으로서 본래적인 법이 형성되게 된 것이다.

법이 사회생활의 규범으로서 그 기능을 충분히 발휘하여 질서 있는 사회생활의 실현을 꾀할 수 있는 것은 법에 강제성이 있기 때문이다. 그리하여 예링(Jhering)은 "강제를 수반하지 않는 법은 타지 않는 불, 비추지 않는 등불과 마찬가지로 모순"이라고 하여 법을 강제규범으로서 파악하였다.

이와 같은 점에서 볼 때 법과 강제는 불가분의 관계에 있다고 볼 수 있을 것이다.

제 2 절 법과 다른 규범과의 관계

1. 법과 도덕

(1) 법과 도덕의 구별

법과 도덕과의 구별 및 관계의 문제는 예링(Jhering)이 '법철학의 희망봉'이라고 말한 바와 같이 모든 법이론에 있어서의 하나의 큰 문제이다. 근대의 법이론에 있어서 그것은 법의 개념규정을 둘러싼 여러 가지 문제와 관련하여 최대의 문제라고 하여도 과언이 아니다. 법과 도덕과의 구별에 관하여 가장 널리 알려진 학설은 다음과 같다.

1) 법의 외면성과 도덕의 내면성

법은 오로지 외부에 나타난 사람의 행위를 규율하려는 것인데 반하여, 도덕은 어떤 행위를 하게 된 사람의 내면의 의사를 규율하려는 것이라 한다. 가령 국가와 사회에 대하여 위험스러운 사상을 가지고 있더라도 그것이 외부에 행동으로 나타나지 않는 한 법적으로는 처벌되지 않으나, 이와 반대로 '마음속의 간음'은 법적으로는 문제가 되지 않지만 도덕적으로는 용납될 수 없다. 이 구별은 사상과 양심의 자유를 보장하여 사상에 대한 탄압을 막을 수 있다는 데 실제적인 가치가 있으나, 베버(Weber)가 주장한 바와 같이 "행위는 그것의 주관적 의미와 결부되는 한 사람의 태도"이며 외부적 행위는 내면적인 의사와 절단할 수 없을 만큼 깊은 관련이 있는 까닭에 법은 외면에 나타난 행위만을 규율의 대상으로 하는 것이 아니라, 내면적인 의사까지도 규율하며(가령, 형법에서는 범행의 동기와 범행 후의 정황을 크게 참작하여 형의 양을 정한다), 또한 도덕이 규율한다는 내면적인 의사는 외부에 나타나지 않는 한 평가의 대상이 될 수 없고, 또한 내면적인 의사가 외부에 어떻게 나타났느냐에 따라 가치가 달라질 수도 있다. 그러므로 이러한 법의 외면성과 도덕의 내면성이라는 구별은 타당하다고 할 수 없다.

2) 법의 타율성과 도덕의 자율성

칸트(Kant)는 법은 '타율성'이 있는 규범인데 반하여, 도덕은 '자율성'이 있는 규범이라고 하였다. 즉 법은 외부에서 강요당하는 규범인데 반해, 도덕은 강요받지 않더라도 자기 스스로 지키는 규범이라 하였다. 그러나 사실에 있어서는 법이나 도덕은 모두 외부에서 강요되며, 그 실효성은 모두 타율적인 것이므로 이 견해도 타당한 것이 못 된다.

3) 강제 가능성의 유무

법은 그 실현이 국가의 강제력에 의하여 보장되는데 반하여, 도덕은 그러한 강제력이 없다는 견해가 있다. 다시 말하면, 법은 국가권력과 같은 물리적 강제력에 의하여 그 위반자에 대한 제재를 할 수 있는 강제가능성을 가지고 있으나, 도덕은 그 위반자에 대하여 사회적 비난은 있을지라도 법과 같은 강제력이 없다는 것이다. 이를테면 살인을 하면 형벌이라는 제재가 따르지만 부모에게 불효한다고 하여 국가가 처벌하지는 않는 것이다. 도덕규범에 위반한 경우에 사회의 비난·압력 등이 있으나 ,그것은 법에 뒤따르는 물리적·강제적이 아니라 심리적 강제에 지나지 않기 때문에 역시 양자는 이 점에서 구별될 수 있을 것이며, 이 견해가 오늘날의 통설이다. 따라서 법과 도덕은 강제 가능성이 있는가 없는가에 따라 구별될 수 있다.

(2) 법과 도덕의 관계

법과 도덕은 위에서와 같이 서로 구별될 수 있으나, 한편 양자는 밀접한 관련성을 가지고 있다. 우선 법의 내용이 되어 있는 것 중에는 도덕적인 요소가 많이 있다. 즉 '사람을 죽이지 말라', '남의 것을 훔치지 말라', '약속은 지켜야 한다'는 등의 도덕규범은 형법, 민법 등에서 법규범의 내용으로 되어 있다. 그러한 의미에서 도덕과 법은 그 내용에 있어서 서로 중복하고 있다 할 것이다.

옐리네크(Jellinek)는 "법은 최소한도의 도덕"이라 하여 법은 도덕 중에서, 특히 사회에 필요한 것만 추출한 것이라고 지적하고 있다. 그러나 언제나 법과 도덕이 일치하는 것은 아니다. 법에서도 순전히 기술적 규범, 예컨대 다수결의 규정 등은 도덕에 속하지 않는다. 따라서 법과 도덕은 서로 교차하는 두 개의 둥근 원과 같은 관계를 가지고 있다 할 것이다.

2. 법과 관습

법과 관습의 구별에 대하여는 양자가 다 같이 사회생활에 관한 규범이지만, 전자는 국가권력(사회단체의 중심권력)에 의하여 강제되는 것인데 대하여, 후자는 그 국가권력에 의하여 강제되는 것이 아니고 그 준수는 각 개인의 자유로운 규범의식에 의한다는 것이다. 물론 관습에 있어서도 그 적용을 받는 개인은 강제적 압박을 느끼는 경우도 있지만, 이것은 사회단체의 확립된 국가권력에 의하여 강제되는 것이 아니고, 위반자에 대하여 단순한 일반적 사회세력, 즉 비조직적 · 비권력적인 사회의 비난에 의한 압박인 것이다.

그러나 사회규범인 점에 있어서는 법과 관습은 차이가 없다. 따라서 관습이 발전하여 법적 가치관념에 터전을 두고, 또한 사회질서에 위반하지 않을 때 여기에 비로소 관습법이란 불문율이 생긴다.

3. 법과 종교

고대의 원시사회에서는 법과 종교가 혼동되어 "법학은 신이 하는 일과 사람이 하는 일에 대한 지식이다"(로마의 법학자 Ulpianus)라고 하여 양자가 분리되지 못한 상태에 있었으나, 사회가 조직화되어 국가권력이 확립됨에 따라 점차 법규범과 종교규범이 분화되기에 이르렀다. 종교는 주관적으로는 사람이 신의 존재를 믿고 이에 귀의한다고 하는 개인적인 내심적 신앙을 의미하는 것이므로, 그것이 개인의 내심에만 머물러 있는 한 외부적으로는 아무런 영향이 없는 것이다. 그러나 사회적 사실에서 고찰할 때에 종교가 사람의 사회생활을 규제하고 있는 경우가 많으며, 따라서 종교는 객관적으로는 사람이 자기의 내심적 신앙에 터전을 두고 요구되는 규범이라고 할 수 있고, 이러한 의미에서 종교도 사회규범의 일종이라 할 수 있는 것이다.

법과 종교와의 차이점은 전자는 국가권력에 의하여 강제되는 규범인데 대하여, 후자는 이처럼 강제되는 것이 아니라 종교를 믿는 사람들 각 개인의 신앙을 기초로 하여 성립하며 유지되는 규범이라는 것이다. 또한 종교도 단순한 개인의식이 아니고 법이나 도덕과 같이 사회의식이지만, 종교는 궁극에 있어서 신이라는 절대자에 귀의한다는 일종의 신비적인 세계에 몰입하는 것을 의미하는 점에 그 특질이 있다.

4. 법과 정치 및 경제

(1) 법과 정치

법은 사회의 질서유지를 주목적으로 하므로 법이 가장 먼저 규율하는 그 대상은 정치생활이다. 따라서 법은 가장 먼저 정치와 결부되어 "정치의 목적을 달성시킴과 동시에 정치의 이념을 실현하고자 한다. 따라서 정치란 무엇인가"라고 할 때, 사회생활의 통일성을 보장하는 기능이라고 말할 수 있다. 즉 정치란 이해를 서로 달리하는 여러 사람이 사회생활을 함에 있어서 그 행동이 일치되지 아니할 때, 하나의 통일성을 확보하고자 하는 것이다. 그런데 모든 정치수단은 공통된 통로인 법을 통하게 된다. 따라서 학자에 따라서는 법과 정치는 아무런 관계가 없다고 주장하는 경우도 있기는 하나, 법과 정치는 불가분하게 결합되어 있음이 분명하다.

(2) 법과 경제

본래 법은 사회의 질서유지를 주목적으로 하는 규범이므로 법이 가장 먼저 규율하는 대상은 정치생활이다. 그러나 사회생활이라는 것은 정치생활로서 그치는 것이 아니다. 왜냐하면 정치라는 것은 하나의 수단에 불과할 뿐이고, 정치는 정치가 아닌 다른 생활에 봉사하는 것을 목적으로 하는 까닭이다. 바꾸어 말하면 정치생활이라는 것은 다른 생활을 영위하기 위한 하나의 터전을 제공할 뿐이지, 정치생활 그 자체가 사회생활의 목적은 아니다. 그런데 정치가 봉사하고자 하는 다른 생활 가운데 하나가 경제생활이며, 이 경제생활은 가장 핵심적인 비중을 차지하는 것으로서 인간생활의 대부분이 경제생활인 것이다.

따라서 자유주의적 법사상에 의하면 법은 이와 같이 정치를 규율함으로써 이미 간접적으로 경제생활을 규율하는 것이므로 법이 또다시 직접적으로 경제생활을 규율할 필요는 없게 될 것인데, 자유주의라 함은 본래 국가의 기능을 최소한으로 축소시키는 반면 국민의 자유활동의 범위를 최대한으로 확대시키고, 국가의 법이 부득이 정치에 관여한다고 하더라도 최소한도에서 그쳐야 하며, 경제생활과 같은 정치생활 밖의 영역에는 법이 개입할 여지가 없다고 한다. 그러므로 이와 같은 자유주의사상에 의하면 법과 경제는 서로 무관한 것으로서 경제는 국가와는 관계없이 법의 테두리 밖에 서게 될 것이다.

제2장

법의 연원

법의 연원(sources)이라는 말은 법원이라고도 부르며, 로마법의 '법의 원천'(*fontesjuris*)이라는 말에서 유래한다. 그러나 이 법원(sources of law, Rechtsquellen)이라는 말은 그 자체가 하나의 비유적인 표현으로서 여러 가지 의미로 사용되어 왔다. 첫째, 법이란 어떤 기초(basis)에 입각하여 성립하며 어찌하여 구속력을 갖는가 하는, 즉 법을 제정하는 힘을 의미한다고 하여 법원을 신, 군주, 국가, 국민 등으로 보는 견해이다. 둘째, 법의 실정적 기초가 성립하게 된 원인(Cause), 즉 법의 내용을 이루고 있는 규범의 타당성의 근거를 의미한다고 하여 법원을 신의 의사, 자연의 법칙, 국민의 합의, 사물의 합리성을 드는 견해, 셋째, 법의 인식을 돕는 자료를 법원이라고 보아 법전, 판례집, 저서, 논문 등을 드는 견해, 넷째, 법원이란 법이 존재하는 형식, 즉 법의 발현형식이라고 보는 견해 등이 그 것이다.

그러나 오늘날 널리 사용되고 있는 법원의 의미는 마지막에 말한 법의 존재형식을 의미하는 것이며, 여기에서의 법원도 이러한 뜻으로 사용하고자 한다.

법원은 크게 성문법과 불문법의 두 가지로 나눌 수 있다.

제 1 절 성문법

성문법(written law, geschrienbenes Recht)이란 문서로 작성되어 일정한 절차와 형식에 의하여 공포된 법을 말한다. 성문법은 법의 제정을 목적으로 하는 행위, 즉 입법행위에 의하여 제정되어 성립하는 법이므로 이를 제정법이라고도 한다.

법원으로서 성문법에는 헌법(성문헌법), 법률, 명령, 자치법규, 조약 등이 있는데, 현대 문화국가의 법은 대체로 성문법으로 되어 있으며, 성문법은 법원으로서 가장 중요한 지위를 차지하고 있다. 불문헌법국가로서 대표적인 영국에 있어서도 근래에는 많은 특별법을 성문법화하는 경향이 현저하며 그 수는 해마다 늘어나고 있다.

성문법은 (i) 합목적적으로 제정되므로 법의 이념이 구체화될 수 있고,

(ii) 그 제정・변경이 비교적 용이하고 제도의 개혁에 편리하며, (iii) 법의 존재와 그 내용이 명백하여 법의 생활의 안정을 기할 수 있는 장점이 있으나, (i) 문자로 표현되기 때문에 고정화되어 유동하는 사회에 빨리 적응하지 못하고, (ii) 입법이 복잡하고 기술적이어서 일반 국민이 이해하기 곤란한 단점이 있다.

1. 헌 법

헌법은 국가의 통치조직 및 작용의 원리를 정한 최고법이다. 따라서 하위법인 법률, 명령, 규칙 등이 헌법에 저촉되는 경우에는 무효가 된다. 즉 헌법은 모든 국가행위의 궁극적 근거가 되며, 그 내용에 관해서 어떠한 법규범에도 구속되지 않는 '법 가운데 근본의 법'이다. 헌법에도 불문헌법과 성문헌법이 있다. 영국을 제외하고는 대개의 국가가 성문헌법을 가지고 있다. 우리나라 헌법도 1948년 7월 12일에 제정되어 같은 해 17일에 공포・시행된 이래, 그 동안 아홉 차례의 개정을 거쳐 오늘에 이르고 있다. 그 내용은 전문 및 본문(10개의 장, 130개 조항)과 부칙으로 구성되어 있다.

2. 법 률

법률에는 실질적 의미의 법률과 형식적 의미의 법률이 있다. 법률의 내용에 관하여 생기는 개념인 실질적 의미의 법률은 넓고, 좁은 두 가지의 의미가 있다. 넓은 의미에 있어서는 성문법・불문법을 포함한 법과 같은 의미로 사용된다. 좁은 의미의 법률은 국가와 국민 사이의 통치작용에 국한되며, 따라서 불문의 관습법은 포함하지 않는다. 형식적 의미의 법률은 통치작용의 일정한 형식으로서의 법률을 의미한다. 이 의미에서의 법률의 제정은 정부 또는 국회의원이 법률안을 제출하여, 국회가 의결하고 대통령이 공포한 성문법을 말한다.

3. 명 령

국회의 의결을 거치지 않고 행정기관이 발하는 법규를 명령이라고 하며, 법률의 하위에 있다. 명령에는 그 목적으로 보아 어느 법률에서 일정한 범위를 정하여 위임한 사항에 관하여 구체적 사항을 정하는 위임명령(또는 보완명령)과 법률을 실시하기 위하여 필요한 사항을 정하는 집행명령(또는 실시명령)의 두 가지가 있다. 다만, 행정기관에 대한 일반적 위임은 하지 못한다.

헌법이 인정한 법규명령에는 긴급재정경제명령, 긴급명령, 대통령령, 총리령, 부령, 중앙선거관리위원회규칙 등이 있다.

4. 자치법규

자치법규는 지방자치단체가 법령의 범위 안에서 제정하는 자치에 관한 법규를 말한다. 여기에는 조례와 규칙이 있다. 조례는 법령의 범위 안에서 지방의회의 의결을 거쳐 제정되는 것이고, 규칙은 역시 법령의 범위 안에서 지방자치단체의 장이 제정하는 것을 말한다. 자치법규는 관련 지방자치단체의 관할구역 내에서만 효력을 가진다는 특징이 있다.

5. 조약과 국제법규

조약은 국가와 국가와의 사이의 문서에 의한 합의를 말하는데, 국제법의 주요한 법원이다. 여기에는 협약, 헌장, 협정 등이 있다.

헌법 제6조 제1항에 "헌법에 의하여 체결・공포된 조약과 일반적으로 승인된 국제법규는 국내법과 같은 효력을 가진다"라고 규정하고 있으므로 조약은 국내법의 법원이 된다. 일반적으로 승인된 국제법규란 국제관습법과 우리나라가 당사자가 아닌 조약으로서 국제사회에서 그 규범성이 일반적으로 승인된 것을 말한다.

제 2 절 불문법

불문법(unwritten law, ungeschriebenes Recht, droit nonécrit)이란 성문법 이외의 법, 즉 그 내용이 문서로 작성되어 일정한 절차와 형식에 의하여 공포된 법 이외의 법을 말한다. 불문법으로는 관습법, 판례법, 조리 등이 있다.

불문법은 역사적으로 성문법보다 앞선 것이나, 사회가 진보하고 복잡해짐에 따라 오늘날에는 질서의 명확화라는 요청에서 성문법이 중요시되고 있다. 그러나 성문법으로써 모든 생활관계를 규율할 수도 없고, 또 성문법으로 규율하기에 적당하지 않은 분야도 있으므로 이에 불문법의 존재이유가 있는 것이다.

1. 관습법

(1) 의 의

관습법(Gewohnheitsrecht, droit coutumier)이란 국가 기타의 입법기관의 법정립행위를 기다리지 아니하고 사회생활 속에서 관행적으로 행하여지고 있는 법을 말한다.

관습법이 법으로서 효력을 가지는 근거에 관하여 관행설, 법적 확신설 및 국가승인설 등이 대립해 있다. 관행설은 오랜 세월을 두고 계속 반복하여 관행된 사실이 있으면 관습법으로 된다고 한다. 이것은 관습법의 내용을 설명하는데 그치고, 관습법이 법으로서 강행성을 가진 이유를 설명하지 않고 있다. 또한 법적 확신설(Savigny 등의 역사학파의 주장)에 의하면 관습법이 성립함에는 관습에 대한 다수인의 법적 확신, 즉 관습을 법으로 확신하는 것이 필요하다고 한다. 이에 의하면 관습법은 그 관습에 대하여 법적 확신을 가지는 사람들에 한하여 법적 효력이 있고, 그렇지 아니한 사람들을 포함한 국가사회에서 일반적으로 법적 효력이 있는 것을 설명할 수 없다. 그리고 국가승인설은 국가가 관습을 법으로서 승인함으로써 관습법으로 성립한다고 한다.

원래 법은 국가에 의하여 승인되고 그 국가권력에 의하여 강제되는 규범이므로 이러한 관점에서 볼 때에 성문법이나 관습법은 차이가 없는 것이고, 다만 성문법은 국가가 입법이라고 하는 적극적인 법정립행위에 의하여 그것을 승인한 것인데 대하여, 관습법은 사회의 관행에 의하여 정하여진 규범을 국가가 법으로서의 효력을 인정한 점에 그 차이가 있는 것이다. 그러므로 관습법이 법으로서의 효력을 가지는 근거에 관하여는 국가승인설이 타당하다.

(2) 관습법의 성립요건

관습법이 성립하기 위하여는 다음의 요건을 갖추어야 한다.

1) 관행이 있어야 한다.

관행이란 사회 내부에서 오랜 세월에 걸쳐 계속·반복됨으로써 널리 승인되어 있는 사실적인 행위양식을 말한다. 이것을 행위의 측면에서 보면 관행으로 되지만, 규범의 측면에서 보면 관습으로 된다. 관행에까지 이르지 아니하였으나 얼마간 계속·반복된 사례를 관례라고 한다. 관행에 의하여 관습법이 성립하므로 관행이 없으면 관습법이 성립할 수 없는 것이다.

2) 관행이 법적 확신에 의하여 지지되어야 한다.

관행에 따르는 것이 법을 준수하는 것으로 생각되고, 따라서 그 관행이 법률적으로 일반 사회인을 구속하는 것으로 관념되어야 한다. 이러한 관념이 없는 관행이라면 그것은 의례적인 관행에 불과한 것이다. 이렇게 법적 확신에 의하여 지지되지 아니한 관습은 이른바 사실인 관습으로서, 법률행위의 내용을 결정하는 데 있어서 표준으로 될 수 있을 따름이다.

3) 관습이 사회질서에 위반하지 아니하여야 한다.

관습법은 법률과 동일한 효력을 가지므로 그 기초가 되는 관행도 선량한 풍속 기타 사회질서에 위반되지 않는 사항을 내용으로 하여야 한다는 것은 당연하다. 선량한 풍속이란 사회의 일반적 도덕관념을 의미하는 것이고, 사회질서란 국가사회의 일반적 이익을 의미하는 것이나, 양자는 대체로 그 내용과 범위가 일치하여 구별하기 곤란하므로 사회질서를 중심개념으로 하고 선량한 풍속을 그 한 모습으로 파악한다. 결국 사회질서란 공정하게 생각하는 보통사람이 건전한 사회생활을 함에 있어서 타당하다고 승인하는 것, 즉 사회적 타당성을 말하는 것이다.

(3) 관습법의 효력

관습법의 효력이란 관습법이 법규범으로서 효력이 있느냐 없느냐에 관한 것이 아니고, 성문법과 관습법의 관계에 그 효력의 우열에 관한 것을 의미한다.

로마에 있어서 공화정시대에는 법은 국민의 총의에 터전을 둔 것으로 생각되었으므로, 관습법은 국민의 총의의 직접적 표현으로서 존중되어 관습법은 일반적으로 성문법을 개폐할 수 있는 것으로 생각되었다. 그러나 제정시대에는 군주의 권력의 증대에 따라 법은 군주의 의사라고 생각되어 군주의 명령으로서의 성문법이 관습법에 대해 우선적 효력이 있는 것으로 인정되었다. 그러다가 18세기 말에서 19세기 초엽에 이르러 국가권력이 강대화·중앙집권화되고, 또 근세 자연법론의 영향으로 각국에 성문법주의가 채택되고, 특히 법전 편찬이 이루어져 성문법의 통일·명확화를 꾀하기에 이르렀다.

이와 같이 성문법과 관습법의 효력에 관하여 어떤 때에는 관습법에 대하여, 또 어떤 때에는 성문법에 대하여 우선적 효력을 인정해 왔다. 그렇지만, 순수한 이론으로 본다면 양자 사이에 우열을 가릴 수 없고, 양자는 서로 폐지 또는 변경할 수 있는 효력을 가지는 것으로 보아야 할 것이다. 그러나 성문법주의 국가에 있어서 관습법에 대하여 성문법의 폐지 또는 변경의 효력을 인정하는 것은 법의 통일·명확화를 목적으로 하는 입법정책과 서로 다르므로 관습법에 일정한 제한 또는 조치가 필요하다.

민법 제1조는 "민사에 관하여 법률에 규정이 없으면 관습법에 의하고 관습법이 없으면 조리에 의한다"라고 하여 민사관습법에 대하여 민법전을 보충하는 효력(관습법의 보충적 효력)을 인정하고 있다. 그러나 상법 제1조는 "상사에 관하여 본법에 규정이 없으면 상관습법에 의하고 상관습법이 없으면 민법에 의한다"라고 하여 상관습법에 대하여 상법전을 보충하는 효력을 인정하고, 아울러 민법전에 우선하는 효력을 인정하고 있다. 상관습법은 상법전을 보충하는 효력을 가지지만, 상법전에 반하는 상관습법(예를 들면, 기명주식의 백지위임장)이 형성되면 상법전이 상관습법에 의하여 변경되기도 한다(관습법의 변경적 효력). 바꾸어 말하면 상관습법은 상법전에 대하여 원칙적으로 보충적 효력을 가지지만, 상관습법이 명백하고 합리적이며 또 실생활에 적절한 것이면 예외적으로 상법전에 대하여 변경적 효력을 가진다.

2. 판례법

판례법이라는 것은 법원이 일정한 법률문제에 관하여 같은 취지의 판결을 되풀이하여 내림으로써 성립되는 법규범을 말한다. 그런데 이 판례법(Case Law, Judge-made Law)에 대해서는 판례기속의 원칙(doctrine of stare decisis)이 처음부터 확립되어 있어서 판례가 보통법(common law)을 이루고 있는 영미법계의 국가에 있어서는 그 법원성을 분명히 인정할 수 있으나, 성문법주의 국가에서는 이를 인정하기 곤란하다(우리나라와 대륙법계의 성문법주의 국가에서는 최고법원은 자기의 판례를 변경할 수 있으며, 최고법원의 판례는 하급법원을 구속하는 법적 효력을 가지지 아니하고 있어 판례 그 자체로서의 법원성을 부인하고 있다).

그러나 실제에 있어서 법원은 사실상 자기 판례에 추종하는 경향이 강하다. 그 이유는 판례란 첫째, 법적 경험의 저장소와 같은 것이며, 둘째, 법원이 법이라고 생각한 것을 구현한 것이며, 셋째, 판례의 존중은 질서 있는 법 운용의 본질인 계속성과 안정성에 공헌한다고 보기 때문이다.

우리나라는 법원조직법 제8조에서 "상급법원의 재판에 있어서의 판단은 당해 사건에 관하여 하급심을 기속한다"고 규정하고 있다. 따라서 대법원의 재판에서 판시한 법령의 해석은 당해 사건에서만 하급심을 기속할 수 있고, 같은 성질을 가진 같은 종류의 사건까지 기속할 수는 없다. 그러나 같은 사건이 아니더라도 하급법원이 대법원의 판례와 배치되는 판결을 할 경우에 상고를 하면 파기될 가능성이 크다. 따라서 대법원 판례는 하급법원에 대한 사실상의 구속력을 가짐으로써 판례의 법원성을 어느 정도 보장하고 있다고 하겠다.

3. 조 리

조리(Natur der Sache, nature des choses)란 법의 모든 체계에 일관하여 내재하고 있는 객관적인 정의·공평의 관념, 즉 법에 내포되어 있는 객관적 타당성을 가지는 근본이념이다.

조리의 법원성에 관하여 19세기 후반에서 20세기 초에 걸쳐 법실증주의가 지배하던 시대에는 이를 부정하는 경향이 강하였으나, 그 후 자연법사상이 대두함에 따라 조리를 하나의 법원으로 인정하게 되었다.

어떤 구체적 사건을 재판하는 경우에 적용할 법이 없을 때 재판관은 법의 흠결을 이유로 재판을 거절할 수는 없는 것이므로, 이때에는 부득이 조리에 의하여 재판할 수밖에 없다. 우리 민법 제1조에 "민사에 관하여 법률에 규정이 없으면 관습법에 의하고 관습법이 없으면 조리에 의한다"라고 하여 조리의 법원성을 명문으로 인정하고 있다. 조리는 성문법 및 관습법을 개폐하는 효력은 없지만, 성문법·관습법·판례법 등이 없는 경우에 보충적으로 법원이 되는 것으로 볼 수 있다.

또한 조리는 특히 행정법관계에서 대단히 중요한 의의를 갖는다. 조리에 위반한 행정처분은 비록 그것이 자유재량행위인 경우라 할지라도 재량권의 남용으로 위법이 된다. 즉 행정기관이 행정처분을 함에 있어서 그것이 자유재량행위인 경우에도 자의에 의한 처분을 할 수 없고, 일정한 원칙(예를 들면 신의성실의 원칙, 신뢰보호의 원칙, 비례·평등의 원칙)에 따라야 한다는 것이다.

제 3 절 불문법에서 성문법으로

세계에서 가장 오래된 법전은 함무라비법전(code of Hammurabi, 기원전 약 2천년에 제정)으로 그 뒤 로마시대에 와서는 12표법(lex duodecim tabularum, 기원전 450년 무렵에 제정)과 동로마제국의 황제 유스티니아누스(Justinianus I, 483~565)가 제정한 로마법대전(Corpus Juris Civilis) 등이 있었지만, 예전에는 대개 관습법이 지배하였으며, 그것은 중세 봉건시대까지 계속되었다.

근대에 와서 프랑스혁명 이후 프랑스에서 나폴레옹이 민법(1804년)을 비롯하여 많은 법전을 편찬하였고, 한편 프러시아 보통국법(1794년)을 비롯하여 독일에서도 근대적 입법사업이 활발히 진행되었다. 이리하여 독일과 프랑스를 중심으로 성문법주의가 확립되었고, 영・미의 불문법주의와 대립하게 되었다. 그런데 영・미에서도 차차로 성문법을 많이 제정하는 경향이 있으며, 기타 후진국에서도 대개 성문법을 제정하고 있으므로 한마디로 법의 발달은 불문법에서 성문법으로 변화되고 있다.

제 3 장

법의 체계와 분류

제 1 절 법체계의 원리

1. 규칙으로부터 법으로

법은 특정 사회를 규율하는 법규범으로서의 가치를 가져야 한다. 일정한 규칙이 법으로서의 가치를 갖기 위해서는 그 사회에서 승인된 법체계 안에 위치를 차지해야 한다. 이 경우에 있어서는 법이라고 말하는 것은 입법기관이 제정하는 법(법률) 및 법관이 적용하는 법(판결)을 포함한다.

법의 세계에서는 옛부터 "사회가 있는 곳에 법이 있다"라고 한다. 사람들이 공동생활을 하는 곳에서는 그 행동에 관한 어떤 규칙이 없이는 집단 및 개인으로서 안정된 생활을 할 수 없고, 또한 질서 있는 인간관계를 맺을 수 없게 된다. 위에서 말한 '사회'란 여러 가지 의미에서 사람의 모임을 가리키는 것이고, 그 곳에서의 규율이나 행동의 기준을 법이라고 표현한 것이다.

현대사회에서 일상생활에 쓰는 말로 표현하면, "사회가 있는 곳에 법이 있다"라고 표현하는 사실은 "사회가 있는 곳에 규칙이 있다"라고 표현하는 것이 보다 적절하다. '법'이라는 말이 의미하는 실체는 현대사회에 있어서 국가의 실정법과 같이 일정한 가치체계를 내포하고 있다. 그것은 법이 특정한 체계성·논리성·이상성을 내포하고 있음을 뜻한다. 이에 대하여 '규칙'은 법에 비하여 일반적·추상적이며 소박한 개념이다. 규칙은 존재해도 법은 존재하지 않는다는 상황이 있다. 예를 들어 자연상태에 있어서의 인간집단, 즉 법적인 사회 이전의 사회가 그것이다. 그와 같은 사회의 '법 이전의 규칙'이 '법의 규칙'으로 바뀐 것이 법학의 기초적인 문제의 하나가 된다.

2. 법체계의 원점

인류의 역사에 있어서 '법'을 가지지 않았던 사회로서의 인간집단이 존재한 사실을 부정할 수 없다. 그러나 이 시대에 있어서도 사람의 행동을 구속하고 규율하는 규칙이 있었다. 이러한 규칙은 그 사회의 규칙이 되며, 사회 구성원의 행동기준으로서 사회적으로 승인된다. 그 규칙은 행동에 의하여 실현되고 사회에서 보장된다. 여러 가지 규칙은 상호 관련성을 갖고 하나의 체계를 이룬다. 이러한 체계의 존재와 기능(현실)이 사회적으로 승인되고 보장되는 규칙체계를 사회가 가졌을 때 그 사회에 법이 있다고 한다. 규칙체계로서의 법, 즉 '법체계'의 사례는 한국의 법체계에서 보면 알 수 있다. 우리 사회의 기본이 되는 사회조직의 목표 내지 이념으로서 '인간의 존엄과 가치와 행복추구', '양성의 평등', '기본적 모든 권리' 등 인간관계에 관한 가치체계를 사회적으로 중요시하고, 사회적으로 현실화를 위한 방법원리로서 국민주권, 대통령의 권한행사에 대한 통제, 평화통일 등이 사회적으로 승인되어 있다. 우리 사회에서 이러한 기초적 규칙은 우리들의 행동과 태도에 작용하고 있다. 사회조직의 이념으로서의 사회의 기초적 규칙은 헌법을 기초로 하여 형성된 법체계의 구성에서 볼 수 있고, 바로 그것이 법체계의 원점이라고 할 수 있다. 법체계의 원점이란 여러 법체계를 구성하는 법규범이 법으로서의 기능을 하는 것 중의 제1원인이 되는 것을 의미한다.

3. 우리나라의 법체계

우리나라의 법 전체는 수많은 법규범으로 구성되고 있는데, 그 법규범은 종합적 통일성을 가진 법체계(legal system, Rechtssystem)를 이룬다. 가령 형법, 민법 등의 법규범은 단순한 조문의 집합체가 아니라 하나의 형법전, 민법전으로서 통일적인 법체계를 이루고 있으며, 또 형법은 헌법, 행정법과 더불어 공법의 체계를 이루고, 민법은 상법과 더불어 사법의 체계를 이룬다.

법체계가 국가를 단위를 하고 국가 안에서 행해지는 법규범의 통일적 체계를 가리킬 때에는 국내법체계라고 하고, 국제사회에서 행해지는 법규범이 통일적 체계를 가리킬 때에는 국제법체계라고 한다. 물론 국제사회는 이질적인 사회・경제의 구조를 갖는 여러 국가로 구성되므로 국가 안에서 행해지는 법규범의 체계처럼 뚜렷한 통일성을 갖는다고 할 수는 없다.

국내법체계는 공법・사법・사회법 등의 3법체계로 나누어지고, 그것들은 다시 부분적인 법분야로 나뉜다. 즉 공법의 체계는 다시 부분적인 법분야로 나뉜다. 즉 공법의 체계는 다시 헌법・행정법・형법・형사소송법・민사소송법 등의 분야로 구성되고, 사법은 다시 민법・상법 등의 분야로 나뉘고, 사회법은 노동법・경제법・사회보장법 등으로 구성된다.

제 2 절 자연법과 실정법

1. 자연법

자연법(natural law, Naturrecht)이란 실정법과 비교되는 의미에서 법은 마땅히 이렇게 되어야 한다는 당위법으로서, 인위적인 법이 아니라 어떠한 선험적인 근거에서 시대, 민족, 사회 등을 초월하여 보편타당성을 지니는 이성에 의하여 인식되는 법이라 할 수 있다.

자연법의 존재를 인정하고 자연법이 실정법의 기반으로 되어야 한다고 주장하는 이른바 자연법론은 고대 그리스로부터 시작된 것이다. 즉 자연법론은 그리스의 플라톤(Platon)과 아리스토텔레스(Aristoteles)에 의하여 이론화되었고, 그 후 스토아(Stoa) 학파를 거쳐 중세의 스콜라(Schola) 학파에 이르러 가톨릭 신학과 종교철학을 기반으로 하여 그 이론체계가 완성되었다. 이것을 전통적 자연법론이라고 하는데, 전통적 자연법론자들의 주장을 요약하면 다음과 같다.

전통적 자연법론자들은 첫째, 사람의 권위에 의해 좌우될 수 없는 영구·불변한(*aeterna et perpetua*) 질서가 어딘가에 존재한다고 인정하여 이것을 자연 또는 신의 질서라고 생각하였다. 둘째, 이러한 질서에 맞추어 살아가는 것이 사람에 있어서의 본래적·자연적인 경향이 된다고 생각하였으며, 인간이 자신을 영구·불변한 질서에 맞추어 나갈 수 있는 것은 인간이 이성적 존재이기 때문이며, 그러한 의미에서 이 이성을 자연의 이성(*naturalis ratio*) 또는 정당한 이성(*recta ratio*)이라고 불렀다. 셋째, 자연법의 내용에 관해서 로마의 법학자들은 '각자에게 그의 것을 주는 것'이라고 하였으며, 토마스 아퀴나스(Thomas Aquinas)는 "선을 행하라"라고 하였다. 마지막으로, 자연법은 실정법에 대한 평가기준이 된다고 하였다. 즉 실정법은 자연법에 맞추어 제정되고 해석되어야 하며, 그렇지 않은 실정법은 법이 아니며, 따라서 그 정당한 효력을 가질 수 없다고 보았다.

그러나 17세기 이후 개인주의, 합리주의 및 공리주의의 이상이 대두됨에 따라 종래의 전통적 자연법론에서 신학적 유대를 끊고 이성적 사고와 변론에 스스로 만족하는 논리 위에 새로운 자연법을 구축하였다. 이것을 근대적 자연법론이라고 한다.

근대의 자연법론자들은 자연법(*ius naturale*)을 자연적 권리(*ius naturale*)의 뜻으로서, 다시 말하면 모든 인간이 인간으로서 가지고 있는 인권 또는 국민의 기본적 권리의 뜻으로 해석한다. 그리고 인간이 이러한 인권을 가지고 있다는 것은 인간이 이성적 존재인 점을 고려할 때에 지극히 당연하고 명백한 것이라고 주장하며, 인권은 국가의 실정법보다 우선하여 존재한다고 생각한다. 이는 자연법이 실정법보다 시간적으로 먼저 생겨났다는 것이 아니라, 자연법은 실정법에 대한 가치기준으로서 논리적으로 전제되어 있다는 뜻이다.

오늘날에도 자연법에 위반된 실정법을 무효라고 주장하는 사람이 있는가 하면, 실정법 해석에 있어서 하나의 기준이 되어야 한다는 사람도 있다. 그러나 오늘날의 자연법의 역할은 법을 정립하는 권력에 대한 비판적 기능에 그치고 있다.

2. 실정법

실정법(positive law, positives Recht)이라 함은 국가기관이 제정하는 제정법과 관습법, 판례법 등과 같이 경험적인 사실에 기하여 성립되고 현실로 행하여지고 있는 법이다. 여기에서 그 역사성을 무시하면 현행법과 같은 뜻이 된다. 실정법은 시대와 국가, 민족에 따라 다르고 사람이 만든 법(인정법)이므로 불완전성을 면할 수 없다.

법을 인식하고 설명함에 있어서 사람이 생각하는 한계 밖에 있는 자연적 질서의 힘을 빌어서 실정법에 관한 여러 문제를 해결하는 태도를 거부하고, 법의 실질적 내용이 정당한가 부당한가는 상대적으로 논의될 수 있을 뿐이라고 주장하는 법실증주의자들은 실정법의 독자성(Selbständigkeit)을 강조한다. 즉 선한 법만이 법인 것이 아니라 악한 법도 또한 법의 구실을 할 수 있다는 것이다.

제 3 절 공법과 사법

1. 공법과 사법의 구별

오늘날 사람은 국가생활을 하며 사는 한편 사회생활을 하며 살기도 한다. 그러므로 국가생활을 규율하는 법을 공법(Öffentliches Recht)이라고 하며, 사회생활을 규율하는 법을 사법(Privatrecht)이라고 한다(이것을 생활관계설이라고 한다). 국가생활은 국가가 국민을 지배하고 국민은 국가에 복종하므로 상하의 수직적인 관계가 형성되고, 사회생활에서는 대등한 개인들의 관계가 이루어지므로 좌우로 퍼지는 수평적인 관계를 이룬다. 근대국가에 있어서는 원칙적으로 사법상의 사적 자치(Privatautonomie)가 인정된다.

로마 사람은 소송기술상의 구별을 위하여 일찍부터 사법과 공법을 구분하였으며, 독일인은 로마법을 계수하기 전까지는 공법・사법의 구별을 하지 못하였다. 동양사회에서는 관제 및 형법은 일찍이 발달하였으나 개인의 권리가 보장되지 않는 전제정치가 계속된 탓으로 사법의 발전을 보지 못하였다. 과격한 사회주의 국가에서는 국민 생활의 구석구석에까지 통제를 하기 때문에 사법이 존재할 여지가 거의 없었다.

그러므로 공법에서 사법이 분리되어 발달하게 된 것은 근세에 와서 개인의 지위가 향상되고 그 권리가 법적 보장을 받게 되어 사유재산이 인정되며, 계약의 자유가 확대되고, 사적 자치가 원칙적인 것으로 인정된 것과 대응하는 것이다. 그러나 요즈음에 와서는 수정자본주의의 단계에 대응하여 소유와 계약의 자유를 제한하고 사적 자치도 통제로 전환하게 되자, 사법의 영역이 공법화되는 경향을 보이게 되었다. 이처럼 사법이 공법화되어 가는 과정에 있어서 중간적인 법의 영역이 발전되었는데, 이것이 곧 사회법(Sozialrecht)이라는 것이다.

법체계의 발전을 본다면 근대 이전에는 공법만이 지배하다가 근세에 와서 공법에서 사법이 분리・독립하여 공법과 사법이 대립하게 되었다. 최근에 와서는 사법의 분야가 다시 공법화되는 경향을 보이며, 여기에서 사회법의 발전을 보게 되었다. 라드브루흐(Radbruch)는 사회법의 발전으로 공법과 사법과의 관계에 있어서 제3시대가 시작되었다고 말한 바 있다.

2. 학 설

(1) 이익설

이 설은 법의 보호이익이 공익인가 또는 사익인가를 표준으로 하여 구별하는 견해로서 공법은 공익의 보호를 목적으로 하는 법이고, 사법은 사익의 보호를 목적으로 한다고 한다. 일찍이 울피아누스(Domitius Ulpianus)는 "공법은 로마에 관한 법이며, 사법은 개인의 이익에 관한 법이다"라고 하였다. 그러나 법의 보호이익, 즉 법익을 명확히 공사의 어느 것으로 결정·구분하기가 곤란하며, 어떠한 법이든지 공익과 사익의 한 쪽만을 목적으로 하고 다른 쪽을 전혀 도외시하는 일은 있을 수 없다.

(2) 주체설

이 설은 법률관계의 주체를 표준으로 하여 구별하는 견해로서, 공법은 국가 기타 공법인의 쌍방 또는 일방이 주체가 되어 있는 관계를 규율하는 법이고, 사법은 사인 상호간의 관계를 규율하는 법이라고 한다. 그러나 국가와 사인 간의 법률관계에서도 국가의 국고적 지위에서의 법률행위(예: 판매계약, 운송계약)에는 양 당사자가 평등한 법적 지위에서 사법의 지배를 받으므로 이 경우를 설명할 수 없다.

(3) 법률관계설

이 설은 법률관계의 성질에 따라 권력적 지배 복종의 관계, 즉 불평등관계를 규율하는 것이 공법이고, 평등관계를 규율하는 것이 사법이라고 한다. 그러나 이 견해는 국제법을 사법으로 만들고 친족법을 공법화하는 결과를 가져온다.

(4) 통치관계설

이 설은 법이 통치권의 발동에 관한 것이냐 아니냐에 따라 구별하는 견해로서, 국가통치권의 발동에 관한 법이 공법이고, 그렇지 않은 법이 사법이라고 한다. 이 설은 유력한 학설이긴 하지만, 원래 통치권의 발동이란 국가권력의 대내적 발동만을 의미하는 것이므로 국제법이 사법이 되는 것이라는 비난을 면할 수 없다.

(5) 생활관계설

이 설은 생활관계를 표준으로 하여 구별하는 견해로서, 사람의 생활관계를 국민으로서의 공적인 국가생활관계와 사인으로서의 사적인 사회생활관계로 나누어 공법은 국가관계를 규율하는 법이고, 사법은 사회관계를 규율하는 법이라고 한다. 이 설은 통치권설, 법률관계설 등이 내포하고 있는 비난을 면하기 위하여 주장되는 학설이다.

이상 설명한 바와 같이 공법과 사법의 구별에 관하여는 여러 학설이 있으나, 공법에 속하는 것으로서는 대체로 헌법・행정법・형법・형사소송법 등이 있고, 사법에 속하는 것으로서는 민법・상법 등이 있다.

그러나 공법과 사법의 구별은 절대적인 것이 아니고 민법 등 사법 가운데에도 공법적인 각종의 벌칙규정이 있다. 그리하여 공・사법구별 부인설이 대두되었다. 켈젠(Hans Kelsen)은 법을 역사, 정치, 윤리, 경제 등의 모든 분야에서 분리하려는 순수법학의 견지에서 공법, 사법의 구별은 근대법학에 대한 정치의 침입을 옹호하는 것이라고 하여 이의 구별을 반대한다. 또한 듀기(Léon Duguit)도 그의 권리부인의 법이론에서 권리의 내용, 즉 이익 같은 것을 표준으로 하는 공법, 사법의 구별에 대하여 반대하고 있다.

그리하여 공법과 사법의 중간적인 것으로서 양자를 통합 내지 혼합한 제3의 법영역의 존재를 인정하고 있다. 근대자본주의의 발전이 고도화됨에 따라 모든 법률관계는 평등한 인격자의 자유로운 소유와 자유로운 계약을 원동력으로 하여 이루어진다는 자유주의적 개인주의의 법률제도는 여러 가지 폐해를 노정시켜, 여기에 문화국가적 견지에서 새로운 수정이 불가피하게 되어 사회법이란 새로운 법영역이 형성되었다. 사회법은 아직 그 체계가 확립되어 있는 것은 아니나, 일반적으로 경제법과 노동법 등이 이에 포함된다. 전자는 주로 기업의 조직 및 활동에 관한 법이고, 후자는 노동관계에 관한 법이다.

제 4 절 사회법

근대 자본주의 사회에 있어 국가는 이른바 야경국가로서 시민적 생활에는 직접 간섭하지 않고 자치를 허용하였다. 이것을 사법자치의 원칙이라고 한다. 근대법에서는 개인의 자유평등, 소유권의 존중, 계약의 자유, 과실 없이는 책임이 없다는 과실책임 등의 원칙이 확립되었고, 자유경쟁과 무한의 이윤추구를 허용하며, 그리고 '보이지 않는 손'(invisible hand)의 조직으로 예정조화를 이루게 되어 사회·경제는 균형 있게 발전할 것으로 낙관하였다.

그러나 이러한 낙관은 꿈에 지나지 않았다. 자본주의가 고도로 발전되는 과정에서 한편에서는 대기업이 소기업을 병합하여 몇 개의 대기업이 기업을 독점하여 자본의 왕자로서 군림하게 되고, 또 한편에서는 대다수의 노동자와 농민은 빈곤화하였고 실업이 증가하게 되어 빈부의 차가 증대하고 계급적 대립이 격화하여 사회적 병폐가 증대하여 갔다.

이러한 사회적 병폐를 없애지 않는다면 자본주의 사회는 연명할 수 없으며, 그것이 요구하는 근대법의 제 원칙들도 공론에 불과한 것으로 되었다. 그러므로 국가는 시민적 생활관계를 방임하던 태도를 변경하여 적극적으로 이에 통제를 가하는 복지국가의 임무를 수행하려고 나서게 되었다. 즉 독점기업과 노동자 간의 이해를 조절하여 부자와 빈자 간의 소유와 이용의 조화를 꾀하는 등 경제·사회의 전면에 걸친 국가적 통제를 강화하게 되었다.

이러한 기업의 독점에서 파생되는 병폐를 막고, 노동자의 노동조건을 유리하게 보장해 주며, 사회적 약자의 구제를 위한 새로운 국가 정책의 수행을 위해서는 종전의 법제도만 가지고는 불가능했기 때문에 이 방면에서 새로운 법체계가 발전하게 되었다. 이 새로운 법체계는 종전에는 사법에 속하였던 분야에서 분리된 영역이긴 하지만, 이것을 사법이라 할 수는 없고, 그렇다고 이것을 순전히 국가생활을 지배하는 공법에 속한다고 할 수도 없으므로 따로 제3의 법의 계통에 속하는 것임을 명시하기 위하여 사회법(Sozialrecht)이라고 부르게 되었다. 사회법에는 노동법, 경제법, 사회보장법, 사회복지법 등이 있다.

제 5 절 법의 분류

1. 국내법과 국제법

국내법은 한 국가에 의하여 인정되고 그 국가의 통치권이 미치는 범위 안에서만 효력을 가지는 법으로서, 국가와 국민 간의 관계와 국민과 국민 간의 권리・의무관계를 규율하는 법이다.

국제법은 국제사회에 있어서 주로 국가와 국가의 권리・의무관계를 규율하는 법인데, 조약과 국제관습법이 주요한 법원이 되어 있다. 국제연합헌장은 국제사회에 있어서 헌법과 같은 위치를 차지하고 있다. 국제법을 국제공법이라고도 하는데, 이로 말미암아 국제법이 국제공법과 국제사법으로 나누어지는 것처럼 생각하기 쉽다. 그러나 국제사법은 국제법이 아니고 국내법에 속하며, 한 국가 안에 있어서 자국인과 외국인 사이의 법률관계를 정하는 데에 어느 나라의 법을 적용할 것인가를 정하는 법을 말한다. 따라서 국제법과 국제사법(우리나라에서는 개정 전에 섭외사법이라 칭했다)은 전혀 다른 법이다.

2. 실체법과 절차법

법의 규정내용을 표준으로 하여 실체법과 절차법을 구별한다.

실체법은 권리・의무의 성질・종류・내용 및 그 발생・변경・효과 등의 법률관계의 실체를 규정한 법이다. 실체법상의 권리의 실질적 내용을 재판에 의하여 구체적으로 실현하는 절차를 규정한 법을 절차법이라 한다. 이러한 관점에서 실체법을 주가 되는 법, 절차법을 보조하는 법이라고 한다.

형법은 국가와 개인 간의 형벌관계의 실체적 사항을 규정한 실체법이며, 형사소송법은 형벌의 실현을 위해서 국가기관이 취해야 할 방법, 형식 등을 규정한 절차법이다. 또 민법과 상법은 사권・사의무의 법률관계를 규정한 실체법이며, 민사소송법은 사권을 실현하기 위한 절차법이다. 사회생활에 있어서 법의 목적을 달성하기 위해서는 실체법은 절차법과 밀접한 관련을 가지며, 두 개의 법이 구체화되어야만 비로소 권리와 의무는 완전한 기능을 발휘할 수 있다.

절차법 가운데는 직접 소송에 관한 원칙적인 절차법 외에 단지 법률관계를 실현하기 위한 특수절차법이 있다. 민사상의 절차법으로는 비송사건절차법·부동산등기법·채무자회생및파산에관한법률·가족관계의등록에관한법률 등이 있고, 넓게는 각종의 중재·알선·조정 등에 관한 절차법으로서 노동조합및노동관계조정법·가사소송법 등도 이에 속한다. 형사보상법, 소년법은 형사상의 절차법이 된다. 그리고 행정소송법은 행정사건에 관한 절차법이지만, 일반적으로 행정사건은 행정소송법 외에 민사소송법의 규정이 준용된다.

3. 일반법과 특별법

법의 효력의 범위를 표준으로 일반법(또는 보통법)과 특별법으로 구분할 수 있는데, 이 구분에는 다시 다음과 같은 세 가지를 들 수 있다. 첫째, 법의 적용을 받는 사람을 표준으로 하는 구분과 둘째로 법의 규정사항을 표준으로 하는 구분 및 셋째로 법이 적용되는 장소를 표준으로 하는 구분이다.

(1) 사람을 표준으로 하는 구분

일반 국민에 대하여 적용되는 법이 일반법이고, 국민의 일부에만 적용되는 법이 특별법이다. 예컨대, 일반 국민에게 적용되는 민법, 형법 등은 일반법이고, 특정의 신분을 가지는 사람, 즉 국가공무원에게만 적용이 되는 국가공무원법이라든가 군인에게만 적용이 되는 군형법은 특별법에 속한다.

(2) 사항을 표준으로 하는 구분

법이 적용되는 사항의 범위에 있어서 널리 일반적인 사항을 적용하는 것이 일반법이고, 특별한 사항을 적용하는 것이 특별법이다. 예컨대, 국민의 일반적 사생활을 규율하는 민법은 일반법이고, 사생활 가운데 상사에 관한 사항을 규정하는 상법은 특별법이다. 그러나 이 구분은 절대적인 것이 아니고 상대적이다. 예컨대, 상법은 민법에 대하여는 특별법의 관계에 있으나 보험업법에 대하여는 일반법이다. 즉, 상법과 보험업법의 관계를 볼 때 상법이 일반법이고 보험업법이 특별법이다.

(3) 장소를 표준으로 하는 구분

법이 적용되는 지역적인 범위에 있어서 전국에 걸쳐 적용되는 법이 일반법이고, 일부 지역에만 적용되는 법이 특별법이다. 예컨대 국내 전반에 적용되는 정부조직법, 지방자치법 등은 일반법이고, 서울특별시에만 적용되는 서울특별시행정특례에관한법률 등은 특별법이다.

일반법과 특별법의 구분은 법전과 법전 사이에만 인정되는 것이 아니라 동일 법전 속의 조문과 조문 사이에도 존재한다.

이와 같이 법을 일반법과 특별법으로 구분하는 실익은 '특별법은 일반법을 깨뜨린다'는 원칙에 의하여 우선 특별법을 적용하고, 그 보충으로 일반법을 적용하는 점에 있다.

또한 일반법과 특별법의 구분과 혼동하기 쉬우나 엄격히 구별하여야 하는 것으로서 원칙법과 예외법의 구분과 기본법과 부속법의 구분이 있다. 원칙법은 일정한 사항에 관하여 일반적으로 적용하는 법이고, 예외법은 그 사항에 대한 예외적인 사항에 대하여 원칙법을 배척하여 특수하게 적용되는 법이다. 예를 들면, 민법 제3조는 "사람은 생존한 동안 권리와 의무의 주체가 된다"고 하고 있고, 민법 제1000조 제3항은 "태아는 상속순위에 관하여는 이미 출생한 것으로 본다"고 규정한다. 여기에서 민법 제13조는 원칙법이 되고 민법 제1000조 제3항은 예외법이 되는 것이다. 이 구분은 법의 적용사항에 본질적인 차이가 있기 때문에 특수한 사항에 대하여 원칙법을 적용한다면, 오히려 불합리한 결과가 발생하므로 그 취급을 달리하고자 하는 입법정책에 의한 것이다.

따라서 일반법과 특별법의 관계와 같은 보충적 관계는 없다. 예외법은 어디까지나 원칙법에 대한 예외적 법규이며, 적용범위의 여하에 구애됨이 없으므로 일반법이나 특별법 어느 쪽에도 존재한다. 이는 대체로 동일 법전 또는 동일 조문 속에 포함되어 있으며, 법조문 가운데의 '단서', 즉 우리나라 법조문에서의 "… 다만 …"이라고 표현된 것은 거의 모두가 예외법이다.

부속법은 어느 법의 적용에 관한 법으로서 시행세칙을 정하는 법이며,

그 '어느 법'을 기본법이라 한다. 예컨대 공직선거법 · 주민등록법은 기본법이고, 공직선거법시행령 · 주민등록법시행령은 부속법이다.

4. 강행법과 임의법

강행법(imperative law, zwingendes Recht)은 당사자 의사의 여하를 불문하고 적용되는 법이며, 임의법(dispositive law, nachgiebiges Recht)은 당사자 의사로 그 적용을 배제할 수 있는 법이다. 원래 법은 국가권력에 의하여 강행되는 것이지만, 공적 질서에 관계되지 아니하는 개인적 관계에 대하여는 당사자의 의사를 존중하여 그 자치에 맡기는 것이 오히려 개인의 이익과 사회질서의 유지에 적합하고, 또 법의 목적에도 합치하므로 임의법의 존재를 인정하는 것이다.

대체로 헌법, 행정법, 형법, 형사소송법, 민사소송법 등의 공법은 강행법에 속하고 민법, 상법 등의 사법은 임의법에 속한다. 그러나 강행법과 임의법의 구별은 법문의 표현 기타 법규가 가지는 가치 등을 고려하여 구체적으로 판단하여야 한다. 공법이라도 민사소송의 합의관할에 관한 규정(민사소송법 제29조)과 같은 것은 임의법이고, 사법이라도 물권의 종류에 관한 규정(민법 제185조), 신분관계에 관한 규정(민법 제767조 이하), 사회적 약자를 보호하고자 하는 규정(민법 제339조) 등은 강행법이다.

임의법에는 당사자의 의사표시가 결여된 경우에 이를 보충하는 작용을 하는 보충규정과 당사자의 의사표시가 불명확한 경우에 이를 해석하는 해석규정이 있다.

5. 고유법과 계수법

고유법과 계수법은 법의 성립 또는 제정 자료를 표준으로 하여 나누어진다. 고유법이란 특정 국가의 전통적인 고유의 관습, 도덕 기타 사회적 여러 가지 조건을 기초로 하여 형성된 법이다.

계수법이란 외국으로부터 계수한 법, 혹은 그것을 자료로 하여 제정한 법을 말한다. 계수법에는 직접계수법과 간접계수법이 있는데, 전자는 외국법을 그대로 번역하여 자국법으로 한 것이며, 후자는 외국법을 자료로 하고 자국의 특수사정을 참작하여 만든 법이다. 이 경우에 계수법의 근원이 된 외국법을 모법이라고 하고, 그것을 계수한 법을 자법이라고 한다. 계수법은 관습법적 계수법과 입법적 계수법으로 나눌 수도 있다. 전자는 외국에서 발달한 법이 옮겨 들어와서 그것이 관습법으로 행하여지는 경우의 법을 말한다. 로마법이 독일에 계수되어 13~4세기 이후에는 관습법이 되고, 이어서 이른바 보통법으로 결실된 것은 그 예가 된다. 후자는 외국의 법을 본받아 제정한 법을 말한다.

무릇 한 나라의 문화의 발달은 타국의 문화와 밀접한 관련을 가지며, 특히 오늘날 국제사회의 긴밀화는 벌써 한 나라의 고유의 문물제도의 고립적인 발전을 불가능하게 하고 있다. 이와 같은 현상은 법률제도면에서도 동일하고, 앞으로 더욱 법제의 교류·융합이 활발하게 될 것이다.

제4장

법의 효력

법은 사회생활을 지배하는 규범이므로 법의 생명은 사회에서 실현되는 데 있다. 이와 같이 사회에서 법이 실현되는 것을 법의 효력이라고 한다.

법의 효력의 문제는 두 가지로 나누어 생각할 수 있다. 하나는 법이 사회에서 실현되고 있다는 것인데, 이를 '법의 실질적 효력'의 문제라고 하며, 또 하나는 법을 해석 · 적용하기에 앞서서 법의 효력범위를 정하는 문제인데, 이를 '법의 형식적 효력'이라고 한다.

제 1 절 법의 실질적 효력

법은 행위규범과 강행규범의 양면성을 가지는 복합체를 이루고 있다. 가령 "사람을 살해하여서는 안 된다"라는 규범은 행위규범의 측면이고, "살해한 자는 사형, 무기 또는 5년 이상의 징역에 처한다"라는 규범은 강제규범의 측면이다. 따라서 법이 사회에서 실제로 행해진다는 의미도 당연히 두 가지로 나누어 생각할 수 있다. 즉 법이 행위규범으로서 사회에서 행해진다는 것은 법의 타당성의 문제이고, 법이 강제규범으로서 발동되는 것은 법의 실효성의 문제이다.

이와 같은 법의 타당성과 실효성은 서로 긴밀한 관계가 있다. 가령 사람을 살해한 자가 있음에도 불구하고 그 자가 처벌되지 않는다면, 결국 강제규범이 발동되지 못하여 실효성을 잃게 된다. 그 결과 사람을 살해하여서는 안 된다 라고 하는 행위규범도 행해지지 못하게 되고, 따라서 타당성도 존재할 수 없게 된다. 이와 반대로 "악법도 법이다"(*Dura lex sed lex*)라는 법격언이 있는 것과 같이 타당성이 없는 법도 현실적으로는 강제규범에 의하여 실효성을 거두고 있는 경우도 있다. 그러나 타당성이 없는 법은 국민의 지지를 잃게 되어 오래 지속될 수 없으므로 결국 실효성을 잃게 마련이다. 따라서 법의 타당성과 실효성은 상호 밀접하게 관련되어 불가분의 결합관계에 있다. 그러나 이러한 관계를 부정하는 학자도 적지 않다. 켈젠(Kelsen)은 "법은 타당성만 갖는다면 법으로서의 효력이 있으며, 실효성의 유무는 따질 것이 못 되고 설혹 한 사람의 복종자가 없다 하더라도 법으로서의 효력을 갖는다"

라는 주장을 하고 있다.

제2절 법의 형식적 효력

1. 법의 시간적 효력

(1) 법의 시행

법의 유효기간은 시행일부터 폐지일까지 계속된다. 법은 이 기간 내에 발생하는 사항에 대해서만 적용되는 것이 원칙이다. 이 기간을 법의 시행기간이라 한다. 모든 법은 시행과 더불어 그 효력이 발생한다.

법은 시행에 앞서 공포하여야 한다. 공포는 제정된 법을 시행하는 전제로서 법의 내용을 국민에게 널리 알리기 위한 것으로 관보(전자관보 www.gwanbo.korea.go.kr)에 게재하는 방법에 의한다. 공포일로부터 시행일까지의 기간을 법의 주지기간 또는 시행예비기간이라 한다. 특별한 규정이 없는 한, 법률은 공포한 날로부터 20일을 경과하면 그 효력이 발생하는 것이 원칙이다(헌법 제53조 제7항). 경우에 따라서는 공포와 동시에 시행하는 법도 있다. 이러한 경우에는 대개 그 법의 부칙에 "본법은 공포한 날로부터 시행한다"고 규정한다.

(2) 법의 폐지

법은 폐지에 의하여 그 효력이 상실된다. 법의 폐지에는 명시적 폐지와 묵시적 폐지가 있다.

1) 명시적 폐지

첫째, 내재적 폐지 원인으로서 그 법이 그 유효기간·시행기간을 미리 정하였을 때, 그 기간의 만료로 당연히 폐지되는 경우이다. 이러한 기한부 입법을 한시법(Zeitgesetz)이라 한다.

둘째, 외재적 폐지 원인으로서 신법의 명시규정에 의하여 법의 일부 또는 전부가 폐지되는 경우이다. 이러한 경우에는 신법은 구법을 대신하여 효력을 갖는다. 그리고 구법의 일부만 폐지된 경우에는 폐지되지 아니한 부분은 신법과 함께 그 효력을 갖게 된다.

2) 묵시적 폐지

첫째, 동일한 사항에 대하여 신법과 구법의 규정이 서로 저촉되고 모순되는 경우에는 그 저촉되는 범위 안에서 구법은 묵시적으로 당연히 효력을 상실한다. '국가의 의사는 통일적'인 것이어야 하기 때문에 구법은 신법의 실시에 의하여 당연히 폐지된다. 그러나 이 원칙은 신법과 구법이 같은 순위에 있을 경우에 한하며, 일반법과 특별법과의 관계에 있어서는 적용되지 않는다. "일반신법은 특별구법을 개폐하지 못한다"라고 하는 것이 원칙이다.

둘째, 법이 처음부터 일정한 조건의 성취, 목적의 달성 등 특정 사항을 목적으로 제정된 때에는 그 목적사항이 소멸하면 당연히 폐지된다. 이와 같은 일정한 목적을 위하여 제정된 법률도 한시법에 해당하는 것으로 해석한다.

(3) 법률불소급의 원칙

1) 의 의

법의 효력은 그 시행 이전에 발생한 사항에 대하여 소급하여 적용하지 못하며, 시행기간 중에 발생한 사항에 관해서만 적용되는 것이 원칙이다. 이것을 법률불소급의 원칙이라 한다. 만약 법의 소급효를 인정하여 실시한다면, 기득권을 상실하는 등 국민의 법적 생활의 안정성과 행동기준이 흔들리게 된다. 불소급의 원칙이 특히 중요성을 갖는 것은 사람의 생명・자유・재산에 가장 밀접한 관계가 있는 형법에서이다. 헌법 제13조 제1항에서 형벌법규의 소급효를 금지한 것은 형사책임에 관한 원칙을 선언한 것이다. 형법 제1조 제1항에서는 "범죄의 성립과 처벌은 행위시의 법률에 의한다"라고 규정하여, 형사재판에 있어서 법 적용은 행위시법을 적용하여야 함을 명백히 하여 형법의 불소급원칙을 천명하고 있다. 또한 소급입법에 의한 참정권의 제한이나 재산권의 박탈을 금지하는 것이 원칙이다(헌법 제13조 제2항).

위와 같은 취지는 법률불소급의 원칙과 죄형법정주의가 토대로 되어 있다. 죄와 벌에 관련하여 법정주의를 고집한 것은 국가의 형벌권에 의하여 국민의 자유가 함부로 침범되는 것을 막기 위한 것이다. 죄형법정주의는 다음과 같은 다섯 가지의 파생원칙이 그 내용을 이루고 있다. ① 법률주의, ② 소급효금지의 원칙, ③ 명확성의 원칙, ④ 유추해석금지의 원칙, ⑤ 적정성의 원칙 등이 그것이다.

2) 소급효를 인정하는 예외

법률불소급의 원칙은 절대적인 것은 아니다. 사회의 현실적인 요구와 정의·형평의 관념에 부합될 경우에는 입법정책상의 필요에 의하여 소급효를 규정하는 예외가 있다. 형법 제1조 제2항·제3항, 상법시행법 제2조 제1항 등에서 신법의 소급효를 인정하고 있다.

형법에 있어서는 법률불소급의 원칙이 가장 엄격하게 적용되나, 신법이 구법보다 형사피고인에게 형벌이 경할 때에는 신법을 적용한다고 규정하고 있다. 4.19 및 5.16 이후에 제정된 반민주행위자 공민권제한법(4.19 후의 입법), 부정선거관련자처벌법·정치활동정화법·부정축재처리법(5.16 후의 입법), 정치풍토쇄신법(10.26 이후의 입법) 등의 소급입법이 있다. 그리고 제1공화국 헌법 제110조는 1945년 8월 15일 이전의 악질적인 반민족행위를 처벌하는 특별법을 제정할 수 있다고 규정함으로써, 법률불소급의 원칙의 예외를 낳게 하는 근거를 열어 놓기도 했다.

법률의 소급효는 법규범 본질론의 문제이므로 이를 죄형법정주의와 혼동해서는 안 될 것이다. 따라서 법률의 소급효는 국민의 자유와 권리 및 이익 등의 존중을 위한 것이라면 가능한 것이고, 반대로 그러한 법익을 박탈하는 것이라면 인정할 수 없다.

(4) 경과법

법령이 새로 제정 또는 개폐된 때에 구법 시행시에 발생한 사항에는 구법을 적용하고, 신법 시행 후에 발생한 사항은 신법에 의해 규율되는 것이 원칙이다. 그러나 구법과 신법 시행시에 걸쳐진 사항, 즉 구법 시행시에 발생한 사항이 신법 시행 후에도 계속되고 있는 사항에 관하여는 구법을 적용하는냐 또는 신법을 적용하느냐가 문제된다.

이런 경우를 해결하기 위한 것이 경과법(Zwischenzeitsrecht)이며, 법령을 개폐할 때 명문으로 규정한다. 대개 신법의 부칙(예: 민법 부칙 제5조)에 규정하는 경과규정이 그것에 속한다. 같은 경과법인 상법시행법과 같이 별도로 규정하는 경우도 있다.

2. 법의 장소적 효력

법의 장소적 효력이란 법이 현실적으로 시행되는 지역적 범위의 문제이다. 그러나 법이 지배하는 것은 그 지역 그 자체보다도 거기에서 살고 있는 사람의 행동이므로, 이 문제는 결국 법의 인적 효력범위의 문제로 돌아간다. 다만, 지역적 범위에 중점을 두어 고찰하는 점이 다르다.

(1) 원 칙

한 나라의 법은 그 나라의 모든 영역에 걸쳐 효력을 미치게 하는 것이 원칙이다. 나라의 영역은 주권이 미치는 범위로서 영토·영해·영공을 포함하며, 이러한 영역 안에서는 국적 여하를 불문하고 모든 사람들에게 일률적으로 적용된다.

우리나라의 영토는 한반도와 그 부속도서이며, 영해는 현재 12해리로 하고 있고, 대한해협은 3해리로 하고 있다. 영해 외에 접속수역, 경제수역, 대륙붕, 군도수역 등은 그 수역에 적용되는 관할권의 한도 내에서 그 나라의 법규범이 적용된다.

(2) 예 외

한 나라의 영역 안에서도 사회적·경제적 사정에 의해 일정한 지역에서만 시행되는 법령이 있다. 광역시·도·시·군·구청이 제정한 조례와 규칙은 그 목적상 그 지방의 자치단체 안에서만 효력이 인정되며, 국제법상의 예외로서 치외법권에 의하여 영토 내에서 타국의 법이 시행되는 경우가 있다. 예를 들면, 외교사절의 관사(대사관·공사관 및 이들의 주택) 안에서는 본국법이 적용되며, 주재국의 관헌은 허가 없이 들어갈 수 없다.

또한 기국주의에 따라 선박·항공기·우주물체의 경우에 그 장소 여하를 불문하고 그 내부에서 발생하는 법률관계에 대하여는 그 등록국가의 법이 적용된다.

3. 법의 인적 효력

(1) 속지주의와 속인주의

법을 적용할 때에 어떠한 범위의 사람에게 적용하여야 하느냐의 문제가 법의 인적 효력의 문제이다. 이에 관하여 속지주의와 속인주의가 법의 적용 문제에 있어 서로 충돌하게 된다.

속지주의란 한 나라의 영역을 기준으로 그 안에 거주하는 사람이면 국적 여하를 불문하고 그 소재국의 법의 지배를 받게 하는 것을 말한다. 이에 대하여 속인주의란 사람을 기준으로 자기 나라 안에 사는 자국민은 물론 타국에 거주하는 자국민에 대하여서도 자국법을 적용하는 것을 말한다.

그러나 오늘의 국제사회에서는 서로 타국의 영역을 존중한다는 의미에서 속지주의를 원칙적으로 채용하고, 그것만으로 불편하다거나 모순이 되는 경우에는 이를 보충하기 위하여 속인주의를 병용하고 있다. 이리하여 참정권, 청원권, 병역의무 등의 헌법상의 권리·의무와 국제사법상의 권리능력(국제사법 제11조), 행위능력(국제사법 제13조), 혼인의 효력(국제사법 제36조), 상속문제(국제사법 제49조) 등은 본국법에 의한다.

(2) 예 외

1) 치외법권

치외법권이란 국제법상 특정한 사람의 현재 주재하고 있는 국가의 과세권, 경찰권, 재판권 등에 복종하지 않는 특권이다. 국제관례상 인정된 이러한 특권은 외국원수(대통령, 국왕), 외교사절(대사, 공사 기타) 및 그 가족·수행원 그리고 타국의 영해상의 군함의 승무원 등이 갖게 된다.

외국에 거주하는 군대에 관해서는 양국간의 협정에 의하여 그 지위가 결정된다. 예를 들면, 1953년 한국과 미국과의 상호방위조약 제4조에 의한 시설과 구역 및 한국에서의 미국 군대의 지위에 관한 협정에서 상세한 규정을 두고 있으나 이는 치외법권을 인정한 것은 아니다.

2) 대통령과 국회의원의 특권

대통령은 내란 또는 외환의 죄를 범한 경우를 제외하고는 재직 중 형사상의 소추를 받지 아니한다(헌법 제84조)는 규정이 대통령의 형사상의 특권이다. 그러나 대통령직을 그만 둔 뒤에는 소추될 수 있으며, 재직 중의 민사상의 책임까지 면제받는 것은 아니다.

국회의원은 불체포의 특권이 있고(헌법 제44조), 또한 국회에서 직무상 행한 발언과 표결에 관하여 국회 외에서 책임을 지지 아니한다(헌법 제45조)는 면책특권이 있다. 이것이 헌법의 평등정신에 위배되지 않느냐 하는 문제도 생길 수 있으나, 임기 중 안심하고 직무를 수행할 수 있도록 하기 위한 정치적인 배려에 의한 것이라고 볼 것이다.

3) 보호주의

보호주의란 범죄인의 국적 및 범죄지에 관계없이 자국 또는 자국민의 법익을 침해하는 범죄에 대해서는 자국법이 적용되는 원칙이다. 우리 형법은 제5조와 제6조에서 보호주의를 규정하고 있어 외국에 있는 타 국민에 대해서도 국내법에 적용될 수 있도록 하고 있다.

제5장

법의 적용 및 해석

제1절 법의 적용

제2절 법의 해석문제

제1절 법의 적용

1. 법의 적용의 의의

법의 적용이라 함은 법의 내용 내지 효력을 구체적 사실에 대하여 실현시킴을 의미한다. 법의 내용 또는 효력은 추상적이며 일반적이므로, 이를 실제의 사회생활에서 발생한 현실적이고 구체적인 사실에 대하여 어떻게 실현시키느냐 하는 문제는 매우 중요하고 또한 곤란한 일이다. 법의 추상적 규정이 아무리 잘 되어 훌륭하다 하더라도 이를 구체적 사실에 실현시키는 작업이 졸렬하다든지 그르치는 경우에는 그 법의 실제적인 작용은 무의미하게 된다.

법을 적용하기 위해서는 먼저 구체적 사실이 어떠한가를 확정한 다음, 그 확정된 구체적 사실에 적용될 법규가 어떤 것이냐를 찾아 그 법규가 가지는 의미나 내용을 명백히 확정해야 한다. 전자에 관한 문제를 사실문제라 하고, 후자에 관한 문제를 법률문제라 한다.

법을 적용함에 있어서는 우선 발생한 사실이 어떠한 사실이냐를 확정하고, 다음에 이에 해당하는 법의 규정을 찾아 이의 해석을 내리고, 이 법의 규정을 대전제로 하고 발생한 사실을 소전제로 하여 3단논법에 의하여 논리적으로 추리하여 결론을 찾는 것이 원칙이 되어 있다. 예컨대, "타인의 재물을 절취한 자는 6년 이하의 징역 또는 5만원 이하의 벌금에 처한다"는 법규범을 대전제로 하고, "타인의 재물을 절취하였다"는 사실을 소전제로 하여 "징역 3년에 처한다"는 판결을 내리게 된다.

2. 사실의 확정

법을 적용하려면 먼저 큰 전제가 되는 법을 찾아내는 것도 중요하지만, 그보다 앞서 작은 전제가 되는 구체적 사실을 확정하는 것이 보다 중요하다. 구체적 사실을 명확하게 확정하지 못한다면, 이에 대하여 어떠한 법 조문을 적용하느냐 하는 것이 어렵게 된다.

사실을 확정하는 데는 다음과 같은 방법이 있다.

(1) 입 증

사실을 인정한다는 것은 이른바 사실문제이며, 사실의 인정은 증거에 의하지 않으면 안 된다. 왜냐하면 사실관계에 관하여 당사자간에 다툼이 없거나 누구에게나 명백한 것인 때에는 그대로 판결의 기초로 할 수 있어 별 문제가 없으나, 다툼이 있는 경우에는 법원이 그 존재 여부를 확정하여야 하는데 이때에 당해 법원의 자의적인 확신이 아니라, 객관적·합리적인 것으로 널리 승인될 수 있는 것이 아니면 재판의 신용은 유지될 수 없으므로, 이러한 객관성·합리성의 보장을 위하여 사실인정의 자료로서 증거(evidence, Beweis)가 요구된다. 객관적인 증거에 의하여 사실의 존재 및 내용을 확정하는 것을 증거재판주의라고 한다(형소법 제307조). 증거에 의하여 그 사실의 존부를 확정할 수 없는 경우에 법원은 그 사실의 존부를 당사자 중 어느 한쪽 편에게 불이익하게 가정하여 재판하는데, 이 때 법원으로부터 불이익한 법률상 판단을 받게 되는 당사자의 지위를 거증책임 또는 입증책임이라고 한다. 형사소송에서는 원칙적으로 검사가 거증책임을 부담하지만, 민사소송에서는 그 사실을 주장하는 자가 부담한다.

(2) 사실의 추정

당사자의 입증의 번거로움을 덜기 위해 법은 때로는 어떤 사실을 추정하는 일이 있다. 가령, 민법 제200조에서 "점유자가 점유물에 대하여 행사하는 권리는 적법하게 보유한 것으로 추정하는" 것이 그 예이다. 그러므로 추정이란 일정한 사실이 명확히 되지 아니 하는 경우에 입증의 번거로움을 피하기 위해 보통의 상태를 기준으로 하고, 우선 사실을 결정하여 거기에 일정한 법적 효과를 인정하는 것이다. 위의 예에서 점유자는 입증을 하지 않더라도 점유물을 적법으로 점유한다고 우선 인정한다는 것이다.

그러나 입증을 기다리지 않고 인정하는 것이므로 추정이란 잠정적인 결정에 불과하며, 이와 다른 사실을 주장하는 자가 반증을 들어 언제나 이 효과를 전복시킬 수 있다. 가령 '갑'이 책가방을 점유할 때 그 위에 행사하는 소유권은 잠정적으로 적법인 것으로 추정하지만, 이에 대하여 '을'이 그 책가방이 자기가 도난당한 물건임을 입증하여 그 소유권을 주장한다면 '갑'의 소유권의 적법성은 전복되고 만다.

(3) 사실의 간주

간주란 사실의 진부를 불문하고 법에 의하여 일정한 효과를 부여하는 것을 말하며, 법문에서 "간주한다" 또는 "본다"라고 표현하고 있는 것이 그것이다. 가령, 민법 제28조에 "실종선고를 받은 자는 실종기간이 만료할 때에 사망한 것으로 본다"고 규정한 것이 그 예이다. 즉, 간주는 법이 공익 또는 그 밖의 이유로 사실의 존재 또는 부존재를 확정하는 것이기 때문에 이에 대한 반증이 있어도 그 의제를 깨뜨리지 못한다. 이 점에서 추정과 다르다. 위의 예에서 실종선고를 받은 자가 생존하고 있다 하더라도 반증만으로 당장에 실종선고의 효과를 전복시키지 못하며, 따로 실종선고 취소의 법적 절차를 밟아야 한다.

제 2 절 법의 해석문제

1. 법해석의 필요성

법은 사물의 합리성의 표현으로서 일반적 및 추상적인 규범내용을 가지는 것이므로, 그가 예정하는 구체적인 사실에 대하여 법률효과가 생기기 위해서는 법의 적용이라는 과정을 거치지 않으면 아니 된다.

여기에서 이른바 법의 적용에 관한 문제가 발생한다. 법의 적용은 법의 규범적 의미의 타당성을 구체적인 사회적 생활관계 속에 확보시키기 위하여 법규와 구체적인 생활관계를 연관해서 구체적인 법률적 가치판단을 끌어내는 과정이며, 그것은 법원이 구체적인 생활관계에 대하여 법의 지배력을 실현하는 결과로서 법률효과를 확정하는 과정으로서 나타난다. 법의 적용에 대해서는 먼저 증거에 관한 규정의 정한 바에 의하여 문제가 되는 생활관계의 존재 및 내용이 확정되어야 한다. 요컨대 사실이 확정되지 않으면 법을 적용하지는 못하기 때문이다. 이것을 사실문제라 한다.

사실의 판단은 가치판단의 기초가 되고 가치판단을 좌우하는 것이므로 매우 중요하고 미묘한 문제이다. 따라서 이는 여러 가지 증거방법에 의할 것이나, 사실의 존부는 원칙으로서 그 존재를 주장하는 사람이 이것을 입증하여야 한다.

그런데 법은 가끔 입증의 번거로움을 피하기 위하여, 또는 공익상의 이유에 의하여 사실의 존재 또는 부존재를 추정하고 의제하는 일이 있다. 민법 제844조의 "처가 혼인 중에 포태한 자는 부의 자로 추정한다"와 같이 '추정한다'는 것은 일단 사실의 존재 또는 부존재를 잠정적으로 결정하는 것이며, 그가 추정되었기 때문에 불이익을 입을 우려가 있는 자가 반대의 사실을 입증한 것에 의하여 전복되는 것을 예정한다. 이에 반하여 민법 제1000조 제3항의 "태아는 상속순위에 관하여는 이미 출생한 것으로 본다(간주한다)"와 같이 '간주한다'는 것은 법의 일종의 의제이며, 이것은 진실과 관계없이 법의 의제라는 사실을 기초로 하여 적용되는 것이므로 반증을 들어 이를 전복시킬 수는 없는 것이다.

요컨대 확정된 생활관계는 판결규범인 법의 하위에 있고, 3단논법에 있어서의 대전제·소전제의 관계에 있게 되는 것이다. 이를 의율이라 한다.

그러나 법의 적용에 있어서는 문제가 되는 생활관계의 확정 후 의율에 앞서 반드시 법규의 내용이 밝혀지고 그 타당 범위의 정밀한 한정이 있어야 한다. 즉 법의 해석은 법의 내용이 현실화되는 과정이며 법적용의 전제이나, 이는 적용과는 별개의 문제인 것이다. 법의 해석은 과학의 문제이며, 정책의 문제나 기술의 문제는 아니다. 따라서 법의 적용은 반드시 이 과학적 조작의 과정을 수행되지 않으면 안 된다.

몽테스키외(Montesquiei)가 지적한 "재판관은 입에 불과하다. 다만 성문법에 정한 바를 선언할 뿐이다. 재판관은 무생물이다"라는 말은 절대로 긍정할 수 없으며, 앞으로도 긍정되어서는 아니 될 것이다. 즉 법의 적용에 있어서는 문제가 되는 생활관계의 확정 후 이른바 의율에 앞서서 반드시 법규의 내용이 명백히 되어야 한다. 왜냐하면 법규는 그냥 그대로 있어서는 모든 생활관계를 규율할 수 없고 반드시 해석이라는 과정을 통하여 비로소 그 내용이 명확하게 되기 때문이다.

이와 같이 법을 해석하고 다음으로 의율을 하고, 이에 의하여 법률효과를 확정하는 행위, 즉 이미 언급한 바 있는 사실문제를 법률문제라고 한다.

그리고 해석을 요하는 것은 비록 성문법뿐만 아니라 관습법도 역시 해석되는 것을 요하는 것이지만, 현행법의 대부분이 성문법이며 관습법은 그 대부분이 민족생활의 인습에 기인한 것이므로 구체적 색채가 농후하고, 따라서 해결에 있어서는 곤란이 없기 때문에 법의 해석은 전혀 성문법에 관해서만 전개되었던 이유가 여기에 있다.

성문법 해석은 필요성의 문제에 앞서 먼저 문제가 되는 사항은 과연 성문법이 모든 생활관계에 관한 규범을 빠짐없이 포함하고 있는 것인가의 문제이다. 즉 성문법의 불완전성의 문제이다. 과거의 입법자는 성문법의 완전성을 맹신했던 것이다.

로마의 유스티니아누스(Justinianus)는 그 법전을 완전한 것으로 판정하고 그 주석서가 세상에 나타남을 금하였으며, 근세에 있어서는 오스트리아의 1786년의 요셉(Joseph) 2세의 법전에도 같은 취지의 규정이 있고, 프로이센(Preussen)의 토지법(Landrecht) 제정에 있어 프리드리히(Friedrich) 2세도 이와 같은 규정을 만들었으며, 나폴레옹(Napoleon)은 그가 제정한 민법전이 공포된지 얼마 되지 않아 그 법전의 주석서가 출간되었을 때 "짐의 법전은 상실되었다"라고 한탄하였으며, 일본의 구 헌법도 "불마(不磨)의 대전(大典)"이라 하여 위엄을 떨쳤던 것이다. 그러나 문제는 입법자가 무엇을 생각하고 무엇을 규정하고 있는가의 점에 있는 것은 아니다. 바꿔 말하면, 성문법의 불완전성의 문제는 사물의 성질을 기초로 하여 논할 일이다. 왜냐하면 사물의 성질만이 오로지 문제의 모든 것에 대하여 해석을 주기 때문이다. 다시 말하면 사물의 성질을 기초로 하여 어떤 사물을 논한다면, 성문법의 불완전성을 면치 못하기 때문이다.

성문법이 이 불완전성을 단적으로 인식하는 것이 법률 그 자체의 인식을 타당하게 할 것이다. 성문법이 사람의 지능과 의사의 산물인 이상 사람의 힘의 한도에 의하여 제한된 것에는 불완전한 것이 있어야 할 것이다. 바꾸어 말하면, 입법자는 복잡한 사회생활 관계의 전부를 예견하는 것은 불가능한 것이며, 또한 가령 그것이 그 당시의 모든 사회생활 관계를 예견했다 하더라도 사회적 발전에 수반한 사건의 추이는 성문법이 예견치 못한 사후의 경험을 체험케 될 것이요, 다른 면에 있어서는 입법자의 의사표현인 성문법이 일정한 형식에 알맞은 경우에 있어서의 입법기술이 과연 입법자가 의도하는 그 자체를 표현할 수 있는 것인가는 심히 의문이다. 이러한 의미에서 성문법은 그 성질상 불완전성을 면치 못하는 것이다. 그리고 이 성문법의 불완전성은 곧 그 법전의 불완전성을 설명할 수 있고, 여기에 성문법의 결함을 보충하고자 성문법으로 하여금 사회적 발전의 사상에 적합시켜야 한다는 사회적 요청이 필요한 것이다.

성문법 해석의 필요성은 설사 성문법에 결함이 없고 완전한 것이라 할지라도 그 필요가 결코 없어지는 것은 아니다. 법규 중에는 그 포괄력을 증대하기 위하여, 다시 말하면 법규에 탄력성을 갖게 하기 위하여 극히 추상적이고 막연한 윤곽만을 지시하고, 어떠한 내용을 갖게 하는가는 구체적 경우의 사정에 따라 해결하는 자의 자유에 위임되는 것이 있다. 이른바 자타규정이라는 것이 이것이다. 예시하면 '정당한 사유', '부득이한 사유', '상당한 이유', '불가항력' 등의 표현을 가진 것이 이것이며, 이러한 표현이 사용되는 규정의 적용은 그 해석을 떠나서는 무의미하다. 왜냐하면 이러한 규정 그 자체가 포괄한다고 생각되는 구체적 범위는 각각의 경우에 대하여 구체적으로 결정되는 것 이외에는 적용방법이 없기 때문이다.

이리하여 신의성실의 원칙이 백지규정에 현실성을 갖게 하기 위하여 기능하는 것이 된다. 실로 백지규정은 그 내용을 어떻게 이해하고 어떠한 내용을 만드는가는 전혀 해석하는 자의 자유에 맡기고 있으나, 그 해석의 자유는 결코 해석하는 자의 자의에 맡기는 것이 아니라, 면책시정의 이유 또는 법률관계의 발생・변경・소멸의 사유를 신의칙의 적용범위 안에서 발생하게 하는 자유를 의미하는 것이다.

따라서 백지규정 자체가 포괄한다고 하는 범위는 구체적 경우에 대하여 신의칙에 비추어 결정되는 것이다. 뿐만 아니라 법규는 비록 그것이 백지규정이 아닐지라도 결국 추상적이기 때문에, 추상적인 것을 그대로 구체적인 실제 생활관계에 적용하는 것은 기계적이라 할 수 있으나, 법의 적용은 기계적이어서는 안 된다. 왜냐하면 법은 실생활로부터 발생하고, 실생활에 있어서 이상을 실현하기 위한 역할을 하고, 실생활을 지도해 나가지 않으면 아니되기 때문이다. 여기에서 기존의 법률을 출발점으로 하여 현재의 법률관계를 타당하게 처리하고, 장래에 향하여 적당한 보장을 주는 것으로서 법의 해석이 요청되는 것이다.

그리하여 재판이 구체적 타당성을 견지하기 위해서는 법규의 의미나 특정의 법규가 법률질서의 한 구성분자로 요구되는 것 등이 해석을 통하여 명백히 되지 않으면 아니 된다.

2. 법해석의 방법

법의 해석방법은 이를 유권해석과 학리해석의 두 가지로 크게 나누어 고찰할 수 있다.

(1) 유권해석

유권해석(authentic interpretation)이란 법규의 의미를 국가의 권한 있는 기관이 확정하고 설명하는 것을 말한다. 이것은 유권적 해석 또는 공권적 해석이라고도 한다. 유권해석은 다시 해석하는 국가기관에 따라 입법적 해석, 사법적 해석 및 행정적 해석의 세 가지로 나눠진다.

1) 입법적 해석

입법적 해석(legislative interpretation)은 법령으로써 법령의 용어를 해석하는 것이다. 즉 민법 제98조에서 "본법에서 물건이라 함은 유체물 및 전기 기타 관리할 수 있는 자연력을 말한다"라고 규정하고 있는데, 이것은 같은 법령 중에서 해석규정을 두고 있는 것이다.

이러한 해석규정은 독립된 법규를 이루고 있으므로, 이를 법규해석 또는 법정해석이라고도 한다. 물론 이러한 해석규정도 법규로서 해석의 대상으로 된다. 입법해석은 해석이라고도 하지만 본래적 의미에서의 해석이 아니고 그 자체가 법이므로, 다른 법해석과는 달리 절대적인 강제력을 가진다.

2) 사법적 해석

사법적 해석(judicial interpretation)은 법원에 의하여 행하여지는 법의 해석으로서, 이는 판결의 형식으로 이루어지며, 당해 사건에 대해서만 구속력을 가진다. 그런데 대륙법계에 속하는 독일이나 프랑스 또는 우리나라에서는 판례가 법원에 대하여 완전한 구속력을 가지지 아니하므로 사법적 해석을 유권적 해석에서 제외하여야 한다는 사람도 있으나, 여기에서도 상급법원에 의하여 내려진 유권적 해석으로 보는 것이 타당하다. 사법적 해석은 법원에서 하는 것이므로 재판해석이라고도 한다.

3) 행정적 해석

행정적 해석(administrative interpretation)은 행정관청에 의하여 행하여지는 해석으로서 법의 집행의 형식으로 또는 상급관청의 하급관청에 대한 회답·훈령·지령의 형식으로 이루어진다. 행정적 해석도 최종적인 권위가 있는 것은 아니다. 잘못된 법의 집행은 법원에서 판결에 의해 가려지는 것이다. 이러한 점에서 볼 때 사법적 해석이 행정적 해석보다 우위에 있다고 보아야 할 것이다.

(2) 학리해석

학리해석(doctrinal interpretation)이란 학리에 기하여 법규의 의미내용을 명확히 하는 것을 말한다. 이것이 본래적 의미의 해석이다. 이것은 개인이 그 학리적 사고를 기초로 하여 행하는 해석으로서 강제력이 없다는 점에서 무권해석이라고도 한다. 학리해석에는 문리해석과 논리해석의 두 가지가 있다.

1) 문리적 해석

문리적 해석(grammatical interpretation)은 법문의 문자와 문장의 의미를 확정하는 것을 말한다. 성문법은 문자와 문장으로 표시되므로 문리적 해석은 중요한 해석방법이며, 다른 해석방법에 비하여 1차적·전단계적으로 사용된다. 그러나 법문은 그 형식·내용에 있어서 완전한 것이 못 되고, 또 법률용어는 특수한 의의를 가지고 있으므로 법문의 의미를 법목적에 합치하도록 유의하여 해석하여야 할 것이다.

문리해석이 법의 해석에 있어서 불가결한 전단계적 방법이지만, 자의에만 구애되어 목적론적 해석을 잃으면 법해석으로서의 의미를 가질 수 없는 것이다. 따라서 해석의 시간적 기준은 해석 당시가 되어야 하며, 해석방법은 통상의 의미로 해석되어야 한다.

2) 논리적 해석

논리적 해석(logical interpretation)은 논리적 법칙에 따라 법규의 의미를 확정하는 것이다. 즉, 법규의 문자나 문장의 문법적 의미에 구애받지 아니하고 법문의 논리적 의의에 안목을 두어 법규의 의미를 확정하는 것으로 입법의 목적, 사회의 실제상황 등을 고려하여 해석하여야 하며, 문리해석의 전제하에서 이루어져야 한다. 이것은 법규의 주관적 의의를 초월한 객관성의 보장에 이바지하지만, 지나친 형식논리에 편중되면 개념법학의 폐단, 즉 법이 실제사회에 적합하지 않게 되는 모순이 발생하게 된다.

논리해석에는 다음과 같은 여러 가지가 있다.

① 확장해석

확장해석이란 법규의 문자나 문장의 언어적 표현의 의미보다 확장하여 해석하는 것이다. 즉 문리해석에 의한 법문의 단순한 해석으로는 너무 좁아 법규의 진정한 의도를 실현할 수 없는 경우에 논리적 방법으로 법문의 의미를 확장하여 해석하는 것이다. 예컨대, 형법 제366조에서는 재물손괴죄를 규정하고 있는데, 일반적으로 손괴란 '물건의 물리적 형태를 파괴하는 것'으로 사용되지만 형법상 재물손괴죄에서의 손괴에는 물리적 형태의 파괴뿐만 아니라 그 효용가치를 해하는 것도 포함하는 의미로 사용된다.

② 축소해석

축소해석이란 법규의 문자나 문자의 언어적 표현의 의미보다 축소하여 해석하는 것이다. 즉 문리해석에 의한 법문의 해석으로서는 너무 광범위하여 법규의 진정한 의도를 실현할 수 없는 경우에 합리적 방법으로 법문의 의미를 축소하여 해석하는 것이다. 예컨대, 형법 제329조의 절도죄의 객체인 재물에는 부동산이 포함되지 아니한다고 해석하는 것이다.

③ 반대해석

반대해석이란 법문에 명시되어 있지 아니한 경우에는 그와 반대로 해석하는 것이다. 예컨대, 민법 제832조에 부부의 일방이 일상의 가사에 관하여 부담한 채무에 대하여 다른 일방은 연대책임을 진다고 규정하고 있는 것으로부터 딸이 일상의 가사에 관하여 부담한 채무에 대하여는 부모가 책임을 지지 아니한다고 해석하는 것이다. 반대해석은 형식적으로는 당연한 것처럼 보이나, 반드시 그러한 것은 아니다. 반대해석은 법의 일반목적에 따라 목적론적 해석에 의하여야 하는 것이므로, 언제든지 가능한 것이 아니라 법의 목적에 비추어 허용될 수 있는 경우에만 가능하다.

④ 물론해석

물론해석이란 유추해석이나 확장해석이 상식상 명백하고 당연한 것으로 생각되는 경우를 말한다. 예컨대, 교량붕괴 위험으로 인한 우마차통행금지라고 하는 정찰이 있는 경우에는 탱크도 통행할 수 없다는 것이다.

⑤ **보정해석**

보정해석이란 법규의 문자나 문장이 법규의 의도에 명백히 반하는 경우에 문자나 문장을 보정하여 그 법규의 진의에 맞도록 해석하는 것이다.

⑥ **연혁해석**

연혁해석이란 법제정의 연혁, 법안이유서, 입안자 의견, 의사록 등의 자료에 따라 법규의 의미내용을 보충하여 그 법문의 진의를 해석하는 것이다.

⑦ **유추해석**

유추해석이란 법령에 규정이 없는 사항에 관하여 이와 성질이 유사한 다른 사항의 법령을 적용하는 것이다. 즉 유사한 갑·을 두 개의 사실 중 갑에 관하여서만 규정이 있는 경우에 을에 관하여서도 될 수 있는 대로 갑에 근사한 결과를 인정하는 것이 유추이다. 예컨대, 권리능력이 없는 사단의 법률관계에 관하여는 민법에 규정이 없으므로 법인의 규정을 유추적용하여야 한다고 해석하고 있다. 유추를 인정하는 것은 동일한 법이유가 존재하는 사항은 동일한 법적 취급을 받는 것이 타당하기 때문이다. 유사한 갑·을 두 개의 사항 중 갑에 관해서만 규정이 있는 경우에 을에 대해서도 갑과 동일한 결과를 인정하는 것이 유추인데 대하여, 이 경우에 을에 관하여 갑과 반대의 결과를 인정하는 것이 반대해석이다. 반대해석으로 할 것이냐 유추를 할 것이냐는 법의 일반목적에 따라 목적론적 해석에 의하여 결정하여야 할 것이다.

유추와 비슷한 것으로는 준용이 있다. 유사한 사항에 관하여 법규를 제정하는 경우에 입법기술상 별개의 규정을 중복적으로 규정하는 번잡을 피하고 법률을 간결하게 하기 위하여 다른 유사한 법규를 그에 적용하도록 규정하는 것이다. 유추가 법해석의 한 방법인데 대하여, 준용은 입법기술의 한 방법이다.

3. 법해석의 태도 및 변천

법해석의 태도는 시대에 따라 변천되어 왔다. 근래 성문법이 제정되던 시대에는 법의 형식이론적 해석에 시종하는 개념법학이 지배하였으나, 그 후에는 법의 목적적 고찰을 중요시하는 목적법학이 대두하였고, 최근에는 법학의 자유로운 탐구를 제창하는 자유법론이 대두하였다.

(1) 개념법학

근대에 들어와서 자유주의가 대두됨에 따라 인간의 자유와 권리를 보장하기 위해서는 영구불변하는 성문법체계를 구축하고, 이것으로써 국가권력의 남용을 방지해야 한다는 생각을 하게 되었다. 이에 따라 19세기의 유럽 각국은 옛 로마법을 모방하여 성문법을 제정하였으며, 이 성문법규를 가장 충실하게 사건에 적용할 수 있는 해석이론의 발달을 보게 되었다.

이때에 발달한 논리법칙으로서는 첫째, 법을 운영하는 자의 주관적 호악을 배제하고 법의 규범의미에 맞추어 객관적인 법적용을 하기 위해서 법규를 큰 전제로 하고, 둘째, 사건을 작은 전제로 하여 그 필연적인 결론으로서 판결을 끄집어 내는 형식이론학상의 3단논법과 법규에 나타난 자구를 해석함에 있어서는 엄격한 모순율(A is not non-A)이었다. 그리고 이러한 태도는 법규의 해석 · 적용에 있어서 유추해석(Analogie)을 해서는 안 된다는 것을 의미하였다.

이처럼 실정법을 스스로 만족하는 흠결 없는 완결된 체계로 보고, 3단논법과 모순율에 의하여 오로지 형식논리적으로 도출된 결론만을 위주로 법률문제를 처리하려고 하는 법해석의 태도를 예링(Jhering)은 개념법학(Begriffsjurisprudenz)이라고 하였다. 개념법학에서는 실정법을 유일 · 절대적인 영속불변의 금과옥조로 보기 때문에 법조만능의 사상이 만연되었고, 여기서는 법관은 실로 윗구멍에 사건을 넣어 아랫구멍에서 판결을 빼내는 자동기계에 불과하였다.

물론 성문법주의를 채택하는 이상 성문법규를 전제로 하는 개념구성이나 논리적 타당성을 무시하고서는 법질서의 안정이 보장될 수 없는 것이며, 개념법학에 내재하는 법적 안정성의 요구는 법해석에 있어서 하나의 근본적 제약으로서 존중되어야 하는 것이다. 실로 19세기에 있어서 개념법학은 절대군주의 자의적인 정치에 제동을 가하고 국민의 권리를 보장하는 시대적 역할을 하였다.

(2) 목적법학

목적법학(Zweckjurisprudenz)은 법을 목적의 소산으로 보고 법해석도 법의 목적에 의하여야 한다고 하면서, 목적 개념을 법학 내지 법해석의 지도이념으로 하는 것이다. 법이 목적에 의하여 창조되는 것을 인식하고 법의 해석도 목적이념에 의한다고 하는 사상은 한편으로 법의 의식적 창조의 면을 경시하는 역사법학에 대립하고, 또 다른 한편으로는 모든 가치목적을 배제하여 법의 순수구조를 고찰하는 순수법학과 대조된다.

법의 목적은 개별적인 법의 목적도 있지만, 이 외에 법의 전 체계에 일관하는 보편적인 최고의 법목적이 있다. 보편적인 최고의 법의 목적은 인간성의 존중이라고 하는 것이다. 인간성의 존중이란 개인성의 존중을 뜻하는 것으로서, 공공의 복지라고 하는 사회성의 확보와 대립되는 것이다.

헌법에서는 개인의 재산권은 보장된다(헌법 제23조 제1항)고 하여 개인성의 존중을 규정하면서, 동시에 재산권의 행사는 공공의 복리에 적합하도록 하여야 한다(헌법 제23조 제2항)고 하여 사회성의 확보도 규정하고 있다. 그러므로 법해석에 있어서는 개인성의 존중과 사회성의 확보를 조화하는 것이 중요한 것이다.

목적법학을 수립한 자는 예링(Jhering)이지만, 리스트(Franz von Liszt)의 목적형론, 벤담(Jeremy Bentham)의 공리주의 법학, 헤크(Philipp von Heck)의 이익법학도 목적법학의 계열에 포함되는 것이다. 목적법학이 법을 통하여 도덕, 정치, 경제 등의 객관적인 목적이념이 실현되는 관계를 명확히 하고, 또 개념법학의 논리주의를 타파하는 목적론적 방법을 확립한 점에서는 그 공적이 큰 것이다.

(3) 자유법론

성문법은 비록 제정 당시에는 완전에 가까운 것이었다고 할지라도 시대가 바뀌고 사회가 달라짐에 따라 법과 실제 생활의 사이에는 불가피하게 간격이 생긴다. 이 때에 만일 성문법의 적용만을 고집한다면, 그것은 법의 일반화・확실화를 도모하는 데에는 도움이 될지 모르나(소위 법적 안정성), 사회생활의 개성을 몰각하고 그 유동・발전에 대한 적응성을 결여하는 중대한 결함이 생길 수 있다. 그러므로 조문의 문맥과 정면으로 충돌하는 것은 해석상 취할 수가 없지만, 그렇지 않는 한 될 수 있는 대로 규정의 의미를 탄력성 있게 해석하여 그 폭넓은 규범의미의 테두리 안에서 '살아 있는 법'을 발견해 나가야 할 필요가 있다. 그리하여 반개념법학의 법사상으로서 자유법론(Freirechtslehre)이 대두되었다.

자유법론에서는 실정법의 완전성과 자족성을 믿는 형식논리적인 개념법학의 폐단을 비판하고, 이른바 살아 있는 법(lebendes Recht)의 탐구와 법관의 법창조적 기능을 강조한다. 즉 자유법론은 첫째로, 고정적인 법규가 유동적인 현실사회에 적응하지 아니한다는 사실을 인정하고 실정법을 획일·절대적인 금과옥조로 삼는 형식논리에 의한 법해석을 비판하고, 둘째로, 법원을 실정법에 한정하지 아니하고 사회관습이나 문화규범 또는 정의·형평의 이념이나 조리 등에서 구하며, 셋째로, 법관의 자유재량과 학자의 과학적인 법원 탐구에 의한 법의 발견을 인정한다.

자유법론의 대표자로는 프랑스의 제니(Francois Jény), 독일의 에얼리히(Eugen Ehrlich)와 칸토르비치(Herman Kantorowicz) 등이 있다. 자유법론은 개념법학의 결점을 시정하고 법사회학의 기운을 일으키는 데 중요한 역할을 하였다. 우리 민법 제1조에서 조리를 법원으로 인정한 것은 법관에게 자유재량권을 폭넓게 인정한 것으로서 자유법론을 채택한 것이다. 그러나 자유법론은 법의 운영을 법관의 주관적 감정에 맡겨 법적 안정성을 해하고, 또 법학의 논리적 과학성을 부인하는 경향이 있음을 인정하지 않을 수 없다.

제6장

권리와 의무

제1절 법률관계

사람이 사는 사회에 있어서의 여러 가지의 생활관계는 대단히 복잡하다. 이를 법률의 측면에서 보면 법률의 지배의 대상이 되는 생활관계는 정치, 경제, 사회, 매매, 양도, 임차 등에 관하여 법적으로 평가되고 규제되는 측면에서 법률관계가 발생한다. 법률의 세계 외에서도 여러 각도에서 평가할 수 있으나, 그것이 법률이라는 프리즘을 통하여 법적으로 평가되면 법률관계가 된다. 법률관계는 법률상 의미가 있는 것을 법적으로 평가한 생활관계이므로 추상적인 법률의 구체화라 할 수 있다. 법률은 사회적인 공동생활에 관하여 규율하는 것이므로, 법률이 취급하는 대상이 되는 생활관계는 당연히 사회적으로 의미가 있는 것이라야 한다. 법률관계를 형성하는 주체를 기점으로 볼 때, 가족・친족 등의 신분관계나 채무자의 채권자에 대한 채권관계인 재산법관계 등은 사람과 사람과의 법적 관계이다.

사람이 물건에 대하여 가지는 물건관계나 발명을 하여 특허를 얻는 무체재산관계 등 사람과 물건 또는 지능적 산물과의 법률관계도 있다.

이와 같이 법률관계는 권리・의무로 이루어지고 있으므로 법과 권리는 밀접한 관계에 있다. 우선 용어에 있어서 ius, Recht, droit, diritto, derecho, pravo(영어에서는 law와 right가 다르다)는 모두 법의 의미와 권리의 의미를 가지고 있다.

중세 봉건사회에 있어서 백성은 지배자를 위하여 부역을 하여야 하고 군역에 봉사하여야 하는 등의 의무만을 부담하였으므로 의무 본위의 시대라 할 수 있고, 여기에서 법률구조의 형식은 공법 위주로 나타났다. 그러나 근세에 이르러 자연법학파가 사람은 출생과 동시에 자연법에 기한 권리, 즉 자연권을 가진다고 주장하여 권리 본위의 사상이 대두되었다.

근대의 법제도는 원칙적으로 권리 본위의 사상을 기반으로 하여 형성된 것이고, 의무는 다만 권리의 반사에 불과한 것으로 생각되었다. 여기에서 법률구조의 형식은 사법 위주로 나타나고 권리 본위로 이루어져 있다.

오늘날에 이르러서는 이러한 권리 본위의 사상은 새로운 측면에서 비판을 받게 되고, 다시 의무를 중요시하는 경향이 있다. 특히 독일의 바이마르헌법은 "소유권은 의무를 부담한다. 그 행사는 공공의 이익에 따라야 한다"고 규정하였고, 또한 우리 헌법에서도 "재산권의 행사는 공공복리에 적합하도록 하여야 한다"(헌법 제23조 제2항)고 규정하여 권리는 동시에 의무를 수반하는 것으로 하였다. 그러나 이러한 의무화 현상은 다시 중세의 의무 본위의 사상으로 후퇴함을 의미하는 것은 아니다. 오늘날의 의무는 중세 봉건시대의 의무와는 전혀 그 성질과 기반을 달리한다. 여기에서 지배하는 법률구조의 형식은 공법적인 것도 사법적인 것도 아닌 이른바 사회법적인 것으로서 공공의 복지라고 하는 현대의 법이념이 구체화된 것이다.

제2절 권 리

1. 권리의 본질

권리(ius, rights, subjektives Recht, droit)의 본질에 관하여는 일찍부터 여러 가지의 학설이 주장되었으나 아직도 보편타당한 견해란 없다고 말할 수 있다. 주요한 학설을 소개하면 다음과 같다.

(1) 권리의사설

권리의사설(Willenstheorie)은 의사를 권리의 본질이라고 보는 견해로서, 주로 칸트(Kant)나 헤겔(Hegel) 등이 중시한 '의사의 자유'를 기반으로 하는 학설이다. 빈트샤이트(Bernhard Windscheid)는 권리를 의사의 힘(Willensmacht) 또는 의사의 지배(Willensherrschaft)라고 하였다.

그러나 권리의사설에 의하면 의사를 가지는 사람만이 권리를 가지고, 의사능력이 없는 태아나 심신상실자는 권리를 가질 수 없게 된다는 비난을 면할 수 없다. 이 학설은 권리주체가 권리행사를 하는 경우의 의사, 즉 권리의 동적 상태와 권리 그 자체를 혼동하고 있는 것이다.

(2) 권리이익설

권리이익설(Interessentheorie)은 이익을 권리의 본질이라고 하는 견해로서,

예링이 주장한 이익법학과 목적법학의 이론을 토대로 하는 학설이다. 예링은 사람에게는 목적이 있으며 인간이 어떤 목적을 지향할 때에는 반드시 어떤 이익을 목표로 한다고 하고, 권리는 법에 의하여 보호되는 이익(rechtlich geschütztes Interesse)이라고 하였다.

권리이익설에 의하면 의사무능력자도 권리를 가질 수 있으므로 권리의사설이 받는 비난을 면할 수 있다. 그러나 권리이익설은 권리의 목적과 본질을 혼동하고 있다. 즉, 이익은 권리의 목적이지만 이익은 권리 그 자체가 아닌 것이다. 뿐만 아니라 이 학설에 의하면 권리주체와 수익주체가 언제나 같아야 하며, 따라서 반사권도 권리로 취급하여야 한다. 반사권은 법률규정의 반사적 효과로서 각자가 누리는 이익을 말한다. 따라서 법률이 일정한 규정을 하였기 때문에 각 개인이 반사적으로 일정한 이익을 받는 경우가 있다면 각 개인은 반사권을 가지고 있는 것이다. 예컨대, 형법 제185조에는 "육로, 수로 또는 교량을 손괴 또는 불통하게 하거나 기타 방법으로 교통을 방해한 자는 10년 이하의 징역 …"이라 하여 교통방해의 죄를 규정하고 있는데, 이것은 교통안전이라는 사회 일반의 이익을 보호하려는 데 목적이 있고, 이로 인하여 개인은 안전하게 통행할 수 있는 반사적 이익을 받는다. 이러한 경우에 권리이익설에 의하면 이것도 권리라고 보아야 하는 것이다.

(3) 권리법력설

권리법력설(rechtliche Machttheorie)은 권리의사설과 권리이익설을 종합하여 발전시킨 학설이다. 레겔스베르거(Ferdinand Regelsberger)는 권리는 일정한 이익의 향수를 가능하게 하는 법률상의 힘이라고 한다. 즉 이 학설은 권리의 본질을 권리의 목적인 생활이익의 향수 내지 보호를 달성하기 위한 수단으로서 법에 의하여 인정된 힘이라고 보는 것이다. 결국 이 권리법력설은 권리의 실질적인 요소인 이익에 형식적 요소의 법률상의 힘을 결합한 것이다. 이 권리법력설이 오늘날의 지배적인 학설로 되어 있다.

2. 권리의 의의

권리란 권리법력설이 주장하는 것처럼 일정한 이익의 향수를 가능하게 하는 법상의 힘이라고 할 수 있다. 이를 나누어 살펴보면 다음과 같다.

첫째, 권리는 법상의 힘이다. 권리는 법상의 힘, 즉 법에 의하여 주어진 힘으로서 법이 사람의 이익보호의 수단으로 특정인의 특정이익의 실현을 위하여 법이 허용한 것이다. 따라서 권리는 법의 존재를 전제로 하는 것이며 법의 존재를 전제로 하지 아니하는 권리, 예컨대 자연법학자의 이른바 천부인권 내지 자연권은 여기에서 말하는 권리가 아니다. 그리고 법상의 힘(rechtliche Macht)은 법에 의하여 주어지는 힘이므로 사실상의 힘, 즉 실력(Gewalt)과는 다르다. 실력은 각자에 따라 강약의 차이가 있지만 권리는 각자에 대하여 평등하다.

특정인에게 법상의 힘을 인정하는 것은 타인을 구속하고 타인에 대하여 특정의 작위·부작위를 강제하는 것을 전제로 한다. 따라서 권리는 이 작위·부작위, 즉 의무에 대응하는 것이다.

둘째, 권리의 내용은 이익이다. 법은 일정한 조건하에 이익의 향수를 보호하여 각자에게 이익의 향수를 가능하게 한다. 따라서 법에 의하여 보호되는 이익 –일반적으로 이를 '법익'이라고 한다– 은 법상의 이익으로서 주장할 수 있는 것이고, 이것이 권리의 내용을 이루고 있다. 여기에서 말하는 권리의 내용이 되는 이익은 사람의 사회생활의 유지 및 발전을 위한 법익 일반에 대하여 말하는 것으로서 반드시 재산적 이익에 한하는 것이 아니고 생명, 신체, 자유, 명예 등과 같은 비재산적 이익도 포함하며, 또한 권리자의 개인적·주관적인 이익뿐만 아니라 국가 내지 사회에서 객관적으로 인정되는 이익, 즉 일반적으로 인정되는 관념상 법적 이익도 포함된다.

3. 권리와 구별되는 용어

우리는 권리와 법을 구별하여 사용하고 있으나, 프랑스·독일에서는 권리와 법을 구별하지 않고 droit, Recht 등 같은 용어를 사용하고 있다. 이런 점에서도 법과 권리는 밀접한 관계를 가지고 있다는 것을 알 수 있다. 이러한 권리와 비슷한 말이지만 그것과 구별되어야 하는 것으로는 권한, 권능, 권력, 반사적 이익 등이 있다.

'권한'이라 함은 타인을 위하여 일정한 사람에 대하여 일정한 법률효과를 발생케 하는 행위를 할 수 있는 법률상의 자격을 말한다. 예컨대 대리인의 대리권, 법인의 대표권, 국가의 기관(장관·처장·지사 등)의 권한 등이 그것이다.

'권능'은 권리 속에 포함되어 있는 하나하나의 작용을 말한다. 예컨대 소유권에는 사용·수익·처분이란 개개의 권능이 포함되어 있는데, 이를 하나하나 말할 때 사용의 권능, 수익의 권능, 처분의 권능 등으로 말하게 된다. 그러나 때로는 사용권·수익권·처분권이라고 쓰기도 한다.

'권력'은 일정한 개인이나 집단(국가기관)이 공익을 달성하기 위하여 다른 사람들을 강제 내지 지배할 수 있는 법에 의한 힘을 말한다. 예컨대 국가권력이라고 말하는 것과 같다.

'반사적 이익'은 일정한 사회적 공동이익을 보호하기 위한 법의 규정으로 말미암아 저절로(반사적으로) 개인이 누리게 되는 이익을 말한다. 따라서 이것은 사람에게 적극적으로 어떠한 법상의 힘을 부여하는 것이 아니고, 공익을 목적으로 하는 어떤 법의 규정의 덕택으로 자연히 이익을 누리게 되는 경우이다. 그러므로 그 이익의 향유를 다른 사람이 방해하더라도 권리로서 주장할 수 없는 것이다. 예컨대, 시민에게 자유로이 출입할 수 있도록 한 공원의 출입은 출입할 수 있는 권리가 있어서가 아니라 반사적 이익에 의하여 출입할 수 있는 것이다.

제 3 절 권리의 종류

권리는 여러 가지 표준에 따라 분류할 수 있다. 그 중에서 가장 중요한 분류는 공법과 사법의 구분에 대응하는 공권과 사권의 구분이다. 그러나 최근의 사회법의 대두에 주목하여 여기에 새로이 사회권을 넣어야 할 것이다.

1. 공 권

공권이란 공법관계에서 존재하는 권리, 즉 공법상의 권리로서 이는 국내법상의 공권과 국제법상의 공권으로 구분할 수 있다.

(1) 국내법상의 공권

국내법상의 공권은 국가 또는 공공단체가 가지는 공권과 개인이 가지는 공권으로 구분할 수 있는데, 전자가 국가적 공권이며 후자가 개인적 공권이다.

1) 국가적 공권

국가적 공권이란 국가, 공공단체 또는 국가로부터 권리를 수임한 자가 지배권자로서 국민에 대하여 가지는 권리이다. 국가적 공권은 그 작용상으로 입법권・행정권・사법권으로 구분할 수 있고, 목적상으로 조직권・처벌권・경찰권・군정권・재정권・공기업특권 등으로 구분할 수 있으며, 또한 내용상으로 하명권・강제권・형성권 기타 공법상의 지배권으로 구분할 수 있다. 이러한 국가적 공권은 원칙적으로 권리의 내용을 국가가 일방적으로 정할 수 있고, 자력으로 강제할 수 있다는 데 특색이 있다.

2) 개인적 공권

개인적 공권이란 개인이 지배권자에 대하여 가지는 공권이다. 개인적 공권은 그 작용상으로 참정권, 수익권, 자유권 등으로 구분할 수 있다. 개인적 공권은 사권과 달라 국가적・공익적 견지에서 인정되는 권리이므로 일반전속적 성질을 가지며, 그 이전성이 제한되고 포기가 제한되는 경우가 많다. 개인적 공권은 행정소송에 의하여 보호를 받는다.

(2) 국제법상의 공권

국제법상의 공권이란 국가가 국제법의 주체로서 가지는 권리이다. 국가는 대내적으로 최고의 지배권을 가지고 있는 통치단체임과 동시에 대외적으로 독립적인 인격자로서 국제법상의 권리・의무의 주체가 된다. 국가가 국제법의 주체로서 가지는 권리로서는 주권, 독립권, 평등권, 명예권, 교통권, 자위권 등이 있다.

2. 사 권

사권이란 사법관계에서 존재하는 권리, 즉 사법상의 권리이다. 사권은 그 효력의 범위에 따라 절대권 · 상대권, 그 내용인 이익으로 보아 재산권 · 친족권 · 상속권 · 사원권 · 인격권, 그 작용으로 보아 지배권 · 청구권 · 형성권 · 항변권, 권리의 주체와의 관계로 보아 일신전속권 · 비일신전속권 등으로 구분할 수 있다.

(1) 권리의 효력범위에 근거한 분류

1) 절대권

절대권(absolutes Recht)은 모든 사람에 대하여 대항할 수 있는 권리로서 대세권이라고도 한다. 이에는 물권, 인격권, 무체재산권 등이 있다. 절대권은 배타성이 있는 것이 그 특색이다.

2) 상대권

상대권(relatives Recht)은 특정인에 대하여서만 대항할 수 있는 권리로서 대인권이라고도 한다. 이에는 채권이 대표적인 예이다. 상대권에는 배타성이 없다.

(2) 권리의 내용에 근거한 분류

1) 재산권

재산권(Vermögensrecht)은 경제적 가치를 목적으로 하는 사권, 즉 재산상의 사권으로서 여기에는 물권, 채권, 무체재산권 등이 있다.

물권은 특정의 물건을 직접 지배하는 배타적 권리이다. 물권에는 소유권, 점유권, 지상권, 전세권, 지역권, 유치권, 질권, 저당권 등이 있다.

채권은 특정인(채권자)이 다른 특정인에 대하여 일정한 행위(채무)를 청구하는 것을 내용으로 하는 권리이다. 예컨대, 대주가 차주에 대하여 대금의 반환을 청구하는 권리라든지, 사용인의 노무자에 대하여 노무를 청구하는 권리 등이다. 물권과 채권의 근본적 차이는 물권은 물건에 대한 지배권으로서 배타성을 가지나, 채권은 사람에 대한 청구권으로서 배타성이 없으며,

또한 물권은 그 종류가 한정되어 있으나 채권은 그 종류가 무한하다. 채무자가 채무를 이행하지 아니하는 때에는 채권자는 강제이행을 구하거나 손해배상을 청구할 수 있다. 채권은 주로 계약이나 불법행위에 의하여 발생하나 사무관리나 부당이득에 의하여서도 발생한다.

무체재산권은 비유체적 이익에 대한 배타적 지배권이다. 무체재산권은 배타적 지배권이라는 점에서 물권과 같으나, 유체물에 대한 것이 아니고 비유체적 이익에 대한 것이라는 점에서 물권과 다르다. 무체재산권에는 저작권, 특허권, 실용신안권, 상표권, 의장권 등이 있다.

2) 친족권

부모와 자, 부와 처와 같이 신분상 특정의 지위에 있는 자가 가지는 권리이다. 부모의 친권, 부의 부권 등이다. 친족권 중에는 순수하게 신분적인 것도 있고 부양청구권, 재산관리권 등과 같이 재산적인 것도 있다. 친족권은 일신전속적인 권리로서 원칙적으로 양도나 대리행사가 허용되지 아니한다. 친족권은 의무적인 색채가 강하므로 그 부당한 행사는 권리남용으로 되기 쉽다.

3) 상속권

상속권은 사람이 사망한 경우에 그 사자(피상속인)에 속하였던 모든 재산상의 지위(또는 권리의무)를 포괄적으로 승계하는 것을 말한다. 우리 민법상 상속에는 재산상속만을 인정하고 있다.

4) 사원권

사원권은 사단법인을 구성하는 사원이 사원의 지위에 기하여 그 법인에 대하여 가지는 권리이다. 주식회사에 있어서는 이를 주주권이라고 한다. 사원권에는 자익권과 공익권이 있다. 자익권은 사원 자신의 경제적 이익을 위하여 존재하는 권리로서 영리법인에 있어서의 이익배당청구권, 잔여재산분배청구권 등이다. 공익권은 법인 자체 또는 사원공동의 이익을 위하여 존재하는 권리로서 의결권, 소수주주권, 각종의 감독권 등이다.

5) 인격권

인격권은 권리자의 인격에서 분리할 수 없는 이익, 즉 신체, 자유, 명예, 생명, 정조, 신용, 성명, 초상 등을 목적으로 하는 권리이다.

(3) 권리의 작용에 근거한 분류

1) 지배권

지배권은 권리의 객체를 직접적으로 지배하는 권리이다. 지배권은 청구권과 달라서 타인의 행위의 개입을 필요로 하지 아니한다. 물권, 무체재산권 등이 이에 속한다. 지배권을 침해하는 경우에는 손해배상청구권과 방해제거청구권이 생긴다.

2) 청구권

청구권은 타인의 행위(작위, 부작위)를 요구하는 권리이다. 채권이 그 주요한 것이지만 물권적 청구권, 혼인 외의 출생자의 인지청구권, 부부 상호간의 동거청구권 등도 이에 속한다.

3) 형성권

형성권은 권리자의 일방적인 의사표시에 의하여 법률관계의 변동(발생, 변경, 소멸)을 발생시키는 권리이다. 취소권, 추인권, 해제권, 해지권, 인지권 등이 이에 속한다. 형성권을 행사하는 경우에는 보통 권리자의 의사표시만으로 하는 것이 원칙이지만 사해행위취소권, 이혼청구권, 인지청구권, 혼인취소권 등에는 권리자의 일방적인 의사표시 외에 법원의 판결이 있어야 법률관계가 변동된다.

4) 항변권

항변권은 상대방의 청구의 존재는 인정하나 상대방의 청구의 목적인 급부를 거절할 수 있는 권리이다. 동시이행의 항변권, 최고의 항변권, 검색의 항변권 등이 이에 속한다.

(4) 권리의 주체와의 관계를 표준으로 하는 분류

1) 일신전속권

일신전속권이란 권리의 향유·행사가 권리자의 일신에 전속하여 권리자와 분리할 수 없는 권리이고, 따라서 양도나 상속이 허용되지 않는 권리이다. 인격권, 신분권 등이 이에 속한다.

2) 비일신전속권

비일신전속권은 권리의 향유·행사가 권리자에 전속하지 아니하고, 따라서 양도나 상속이 자유로이 허용되는 권리이다. 재산권은 원칙적으로 이에 속한다.

3. 사회적 기본권(생활권)

사회권은 국민이 사람다운 생활을 영위하는 데 필요한 조건의 형성을 국가에 대하여 요구할 수 있는 권리이다. 개인이 사람다운 생활을 영위하는 것을 보장할 책임이 국가, 사회에 있다고 하는 관념에서 발생한 권리이다. 이것은 대체로 생활권적 기본권과 동일한 관념이다.

제 4 절 권리의 행사

1. 의 의

권리는 법상의 힘이고 권리의 내용은 이익이므로, 권리의 내용인 이익을 실현하기 위하여는 법상 주어진 힘을 실현하여야 한다. 권리의 내용의 실현, 즉 권리의 내용인 이익을 실현하는 것을 권리의 행사라고 한다. 권리의 행사는 물권과 같은 지배권에 있어서는 주로 사실행위이고, 채권과 같은 청구권에 있어서는 급부를 청구하고 수령하는 행위이며, 또한 형성권에 있어서는 의사표시를 하는 것이다.

2. 권리행사의 자유

근대적 개인주의·자유주의하에서는 권리자가 권리를 행사하느냐의 여부는 오로지 권리자의 자유였고, 또한 권리를 행사하는데 있어서는 제한이 없다고 생각하였다. 즉 로마법 이래 "자기의 권리를 행사하는 자는 어느 누구도 해하지 아니 한다"(*Nemo damnum facit qui iure utitur*)든지 "권리의 행사는 침해를 수반하지 아니 한다"(*Iuris executio non habet injuriam*)고 하여 권리행사의 절대성의 관념이 지배하였다. 그러므로 모든 권리행사는 적법하고, 권리행사로 인하여 타인에게 손해가 되어도 이는 결코 불법행위로 되지 아니한다고 생각하였다.

3. 권리행사의 제한

봉건적 구속에서의 해방이 강조되었던 근대 초기에는 권리행사의 자유가 강하게 주장되었다. 그러나 권리는 사회적으로 상호적 승인이 있기 때문에 권리인 것이다. 그러므로 권리행사의 자유는 어느 사회에 있어서나 절대적일 수는 없다. 권리행사의 자유는 다른 권리행사의 자유와의 접촉면에서 어떤 한계를 가져야만 한다. 여기서 "권리의 근거는 사회적 승인이다. 따라서 권리는 본래 사회적으로 시인되는 범위에서만 존재하는 데 지나지 않는다"고 보아 권리 그 자체에 객관적 한계를 인정하게 되었다.

(1) 재산권의 제한

우리 헌법은 모든 국민의 재산권을 보장하고 있지만(헌법 제23조 제1항 전단), 그 내용과 한계는 법률로 정하며(헌법 제23조 제1항 후단), 재산권의 행사는 공공복리에 적합하도록 하여야 한다(헌법 제23조 제2항)고 정하고 있다. 우리 헌법은 사유재산권을 천부·신성불가침의 권리로서 그 행사에 무제한한 자유를 인정하지 아니하고, 공공복리를 위하여는 제한할 수 있음을 정하고 있는 것이다.

(2) 신의성실의 원칙

우리 민법은 권리의 행사는 신의에 좇아 성실히 하여야 한다(민법 제2조 제1항)고 정하고 있다. 신의성실(Treu und Glauben)이란 모든 사람은 사회공동생활의 일원으로서 서로 상대방의 신의를 헛되지 않도록 성실하게 행동하여야 한다는 것이다. 이것은 선량한 풍속 기타 사회질서와 함께 법과 도덕의 조화를 도모한 것이다. 권리의 행사가 신의성실의 원칙에 위배된 때에는 선량한 풍속 기타 사회질서의 위반으로 되어 무효가 될 것이며, 또는 권리남용에 의한 불법행위의 책임이나 채무불이행으로서의 책임이 발생하는 경우도 있을 것이다.

(3) 권리남용의 금지

우리 민법은 "권리를 남용하지 못한다"(민법 제2조 제2항)고 규정하고 있다. 권리남용(Rechtsmissbrauch)이란 "형식적으로는 권리행사의 외형을 가지고 있으나, 실질적으로는 법이 권리를 인정한 사회적 목적에 위반하였기 때문에 이것이 위법으로 평가되는 것"을 말한다.

권리남용의 판단기준은 주관적 기준에서 객관적 기준으로 변천되어 왔다. 즉 종전에는 권리행사가 권리남용인가를 권리행사자에게 있어서 가해목적의 유무를 기준으로 판단하였으나(주관적 기준), 오늘날에는 권리행사의 결과가 권리를 인정한 목적에 반하는지의 여부에 따라 판단한다(객관적 기준). 독일 민법 제226조에서 "권리의 행사는 타인에게 손해를 가할 것만을 목적으로 하는 경우에는 허용되지 아니 한다"고 규정한 것은 전자에 해당하고, 스위스 민법 제2조에서 "권리의 행사는 신의성실에 좇아 하여야 하며 권리의 명백한 남용은 법의 보호를 받지 못한다"고 규정한 것은 후자에 해당한다. 우리 민법 제2조 제2항의 규정도 후자에 해당된다.

권리를 남용한 경우에는 권리의 종류에 따라 다르나, 일반적으로는 권리행사의 효과가 없고 남용자의 요구에 따르지 않더라도 책임이 발생하지 않으며, 오히려 남용자의 행위가 불법행위로 되어 손해배상의무를 부담한다.

제 5 절 의 무

1. 의무의 개념

의무(duty, Pflicht, devoir)의 개념에 관하여도 권리의 개념에 관한 경우와 같이 학설이 대립해 있다. 즉 의무는 법에 의하여 정해진 의사의 구속이라고 하고, 법상의 책임이라고 하며, 또한 일정한 작위・부작위를 하여야 할 법상의 구속이라고도 한다. 이 중 최후의 학설은 권리의 개념에 관한 법력설에 대응하는 것으로서, 이것이 오늘날의 지배적인 학설로 되어 있다.

위에서 살펴본 바와 같이 의무란 일정한 작위 또한 부작위를 하여야 할 법상의 구속을 말한다. 여기에서 법상의 구속은 의무자가 일정한 작위 또는 부작위를 하여야 하는 것이 법에 의하여 구속된다는 것이며, 국가 또는 개인의 강제적 제재를 말하는 것은 아니다. 기술한 바와 같이 권리와 의무는 대체로 표리적으로 대립하여 존재하지만 반드시 그런 것은 아니다.

2. 의무의 종류

의무의 종류는 권리와 같이 공법, 사법의 분류를 표준으로 구분할 수 있고 또 의무의 내용을 표준으로 구분할 수도 있다.

(1) 공법, 사법의 구분을 표준으로 하는 분류

1) 공의무

공의무란 공법관계에서 존재하는 공법상의 의무이다. 이에는 국제법상의 공의무와 국내법상의 공의무가 있다.

2) 사의무

사의무란 사법관계에서 존재하는 사법상의 의무이다. 이에는 금전채무와 같은 재산법상의 의무가 있고, 또한 부부간의 동거의무와 같은 신분법상의 의무도 있다.

(2) 의무의 내용을 표준으로 하는 분류

1) 작위의무(적극적 의무)

작위의무란 의무자가 어떤 행위를 하여야 하는 의무, 즉 의무자가 어떤 의무를 이행하는 경우에 적극적인 행위를 필요로 하는 의무이다. 예컨대 매도인의 목적물인도채무, 매수인의 대금지급채무, 피용인의 노무제공채무와 같은 것이다.

2) 부작위의무(소극적 의무)

부작위의무란 의무자가 일정한 행위를 하지 아니하여야 할 의무, 즉 의무자가 의무를 이행하는 경우에 그 소극적 행위를 필요로 하는 의무이다. 예컨대 상업상의 경쟁을 하지 않은 의무, 조망을 방해하는 건축을 하지 않을 의무가 같은 것이다.

제 6 절 권리와 의무와의 관계

일정한 이익을 위하여 특정인에게 법에 의하여 부여된 힘인 권리가 주어진다면, 반드시 이에 상당한 법률상의 구속이 다른 사람에게 과해진다. 의무는 대개 권리와 대응하는 관계에 있거나, 권리의 다른 면으로서 존재하고 있다. 예를 들면, 물건을 판 사람은 대금의 지급을 청구할 수 있는 권리를 가지는 데 대응하여 그 물건을 산 사람은 대금을 지불해야 할 의무가 있다. 그러나 권리와 의무의 관계는 반드시 대응하는 것은 아니다. 형성권, 취소권과 같이 권리에 대응하는 의무가 없는 경우도 있고, 감독의무(민법 제755조)와 같이 의무만 있고 권리가 없는 경우도 있다.

의무의 이행은 신의성실의 원칙을 좇아 하여야 한다. 의무를 지면서 그 이행을 하지 아니하는 자는 법적 책임을 지고 일정한 불이익을 받거나 손해배상을 하여야 한다.

법률관계는 그 배후에 있는 사회의 존재양식에서 영향을 받는다. 중세 봉건사회의 법률관계와 근대 자본주의 사회의 그것과는 성격이 다르다.

대체로 본다면 중세사회의 법률관계는 '의무본위'의 것이었으나, 근대에 와서 비로소 개인의 존엄성이 인정됨에 따라서 '권리본위'의 법률관계로 전환되었다가 오늘날에 와서는 다시 권리와 의무의 중요성을 인정하려는 방향으로 나아가고 있다.

제 II 편

행정의 이해

제 1 장

행정의 의미

제 1 절 행정과 행정학

1. 행정의 개념

행정은 연구자의 관점이나 접근방법에 따라 다의적이고 복잡하여 단정적으로 정의하기 어렵다.

나이그로(Felix A. Nigro)는 "공공행정이란 ① 공공문제에 대한 협동적인 집단행동이며, ② 3권(입법, 사법, 행정)의 상호작용을 말하며, ③ 정치과정의 일부(공공정책의 형성에 중요한 작용을 하므로)이다. ④ 사행정(경영)과는 구별되고 중요한 기능을 한다. ⑤ 사회에 서비스를 제공하기 위하여 수많은 사람 혹은 집단들이 연결되어 있는 것"이라고 정의한다. 사이몬(H.A. Simon)은 "공공행정이란 중앙과 지방정부 및 의회가 설립한 위원회, 또는 정부공사의 행정기능을 말하며, 정부내 또는 비정부 내의 입법 내지 사법기관의 기능은 포함하지 않는다"고 규정하고 있다. 디목(Marshall E. Dimock)은 "공공행정은 일반행정이라는 큰 분야의 일부로, 모든 종류의 조직과 기관이 어떻게 조직되고 사람을 쓰고 재원을 마련하며 동기부여를 하고 관리하느냐에 관한 것이다. 그러나 공행정은 정치과정의 일부로서 정부의 행정은 정당의 정책과도 관련되며 정책결정에 참여한다"라고 하였다. 화이트(Leonard D. White)는 "행정은 공공정책의 수행이나 집행을 목적으로 하는 모든 작용으로 이루어진다"라고 했으며, 프레스시스(R.V. Presthus)는 "공공행정이란 공공정책을 구성하고 집행하는 기술과 과학이다"라고 정의했다.

이러한 학자들의 관점을 통해서 볼 때 공공행정은 사회현상의 일부로서 공공정책의 형성 및 집행과 관련된 활동으로 정의될 수 있다.

(1) 행정법학적 행정 개념

행정법학에서는 행정을 '국가작용 중 입법작용과 사법작용을 제외한 나머지 국가작용으로서, 국가목적을 구체적으로 실현하는 작용'이라고 보고 있다. 이러한 행정법학에서 행정 개념 규정은 근대국가에 있어서 3권분립 아래의 대의제를 전제로 한 제도론적 측면에서 정의하고 있다.

(2) 행정학적 행정 개념

일반적으로 행정학적 행정 개념은 행정관리설, 정치(통치)기능설, 행정행태설, 발전기능설 등으로 구별할 수 있다.

1) 행정관리설

행정관리설은 19세기말 이후부터 1930년대 초기까지 지배적이었던 견해로, 행정을 이미 수립된 법이나 정책을 구체적으로 집행·관리하는 기술적 과정 내지 체제로 파악한다. 즉 행정과 경영을 동질적인 것으로 보았으며, 행정에서 가치판단적 기능을 배제하였다. 대표적인 학자로는 윌슨(Woodrow Wilson), 화이트(Lenoard D. White), 귤릭(Luther Gulick), 어윅(Lyndall Urwick) 등을 들 수 있다. 행정관리설을 정치행정이원론 또는 공사행정일원론이라고도 한다.

2) 정치(통치)기능설

정치(통치)기능설은 1930년대 중반부터 대두되기 시작한 정치행정일원론자들의 대표적인 견해이다. 정치(통치)기능설은 행정의 본질을 정치 또는 정책과정과의 밀접한 관계에서 파악하려는 입장으로, 행정을 정치 또는 정책의 기능으로 이해한다. 즉 행정이란 이미 수립된 정책이나 법을 집행·관리하는 단순한 기술적 관리과정에만 한정되는 것이 아니라, 정책수립이라는 적극적인 가치배분의 기능도 담당한다는 것이다. 대표적인 학자로는 디목(M.E. Dimock)과 애플비(Paul H. Appleby)가 있다. 정치기능설을 정치행정일원론 혹은 공사행정이원론이라고도 한다.

3) 행정행태설

행정행태설은 1940년대 중반부터 대두되기 시작하여 공행정과 사행정을 구별하지 않고 행정을 사회적 집단행동으로 파악하며, 제도보다는 인간의 행동에 연구의 주된 관심을 두는 것이 특징이다. 또한 가치판단을 배제하고 순수한 과학성을 추구한다는 점에서도 특징을 가진다. 이것은 공·사행정의 본질적인 차이를 인정하지 않고, 행정에 있어서 가치판단적 요소를 배제하며 순수한 과학성을 추구한다. 사이몬(H.A. Simon)을 비롯하여 왈도(Dwight Waldo), 나이그로(Felix A. Nigro) 등의 학자들의 지지를 받고 있는 입장으로,

흔히 행정행태설을 정치행정 새 이원론 혹은 공사행정 새 일원론이라고도 한다.

4) 발전기능설

행정이란 스스로 국가의 발전에 기여하기 위하여 정치・경제・사회목적에 적극 참여하고 정책과 기획의 형성과 집행 및 관리기능을 주도하는 것으로 파악한다. 이 학설은 정치기능론과 동일하지만 보다 더 적극적인 행정참여기능을 주장하는 행정의 변동대응능력을 강조하는 점에서 통치기능설과 차이를 인정할 수 있다. 대표적인 학자로는 와이드너(E.W. Weidner), 에스만(Milton J. Esman), 가우스(John M. Gaus) 등이다. 발전기능설은 공사행정간의 차이점을 고려하지 않는 공사행정일원론의 개념과 유사하다.

이와 같이 행정의 개념은 여러 가지 측면에서 정의할 수 있지만 요약해 보면 행정이란 '정치권력을 배경으로 공공정책을 형성하고 집행하는 기능 및 과정'이라고 할 수 있다. 이는 결국 다수의 이익을 위한 것이라고 볼 때, 결과적으로 행정은 '공익을 위한 활동'이라 할 수 있을 것이다.

행정 개념 속에는 다음과 같은 특징들이 내포되어 있다. 첫째, 행정은 정치권력을 배경으로 한다. 둘째, 행정은 공공의 성격을 지니며, 특정한 사익이 아닌 공공의 이익을 추구해야 한다. 셋째, 협동적 집단행위, 즉 2인 이상의 협동적 행위를 말한다. 넷째, 합리성, 즉 목적에 대한 수단의 적합성을 지녀야 한다.

2. 정치와 행정

일반적으로 정치란 국가의사에 관한 정책을 형성하며 의회가 주체가 되는 가치판단의 활동이고, 행정은 의회에 의해 형성・결정된 정책을 집행하는 행위로서 정부관료제가 그 주체가 된다. 정치는 대표성・당파성・지도성・공개성 등이 요구되는 한편, 행정은 합리성・중립성・익명성 등이 요구된다. 이렇게 볼 때 정치는 행정보다 우위에 있는 것이며, 행정은 수단적 성격을 띠게 된다. 그러나 이와 같은 정의는 전통적인 행정형태에 근거한 논리이고, 오늘날에 있어서 행정과 정치의 영역을 정확하게 구분하기는 어렵다.

오늘날 행정과 정치는 상호 밀접하게 관련되어 있고 모든 행정은 정치적 환경 속에서 정치체제를 유지하고 정치권력의 뒷받침을 받으며, 행정인은 정치적 역할을 수행하고 가치를 선택하며 정책결정에 큰 영향력을 미치고 있다. 현실적으로 행정은 정치가 결정한 목적을 달성하는 중립적・몰가치적 수단이 아니라, 목적 그 자체를 창출하는 주도적 역할을 맡고 있다.

정치와 행정을 행정학의 발전이라는 관점에서 파악하여 구분한 대표적인 입장에 따르면 정치행정이원론, 정치행정일원론, 정치행정 새 이원론, 그리고 정치행정 새 일원론으로 구분할 수 있다.

(1) 정치행정이원론

윌슨(W. Wilson)은 『행정의 연구』(*The Study of Administration*, 1887)에서 정치와 행정의 분리를 주장하였다. 정치와 행정은 분명히 구별되며 행정을 경영과 같은 것으로 보고 있다. 이를 기술적 행정학이라고도 하며 초기 행정학의 입장이다.

정치와 행정의 구별에 앞서 행정인과 정치인의 분류가 선행되어야 할 것이다. 행정인은 공정한 절차에 따라 공개자격시험을 거쳐 선발되어 공무원으로 근무하는 사람이라 말할 수 있으며, 정치인은 선거에 의해 선출되거나 정무직 공무원이라고 규정하는 것이 타당할 것이다. 따라서 정치는 국가목표설정의 과정이며, 행정은 효율적인 목표달성을 위한 과정으로 본다. 따라서 정치는 어떻게 하면 국민들의 의사를 잘 반영시킬 수 있느냐에 있으며, 행정은 국민이 원하는 행정수요를 얼마나 효율적으로 공급하느냐에 있다. 즉 정치는 민주성을 확보하는 과정이고, 행정은 능률성 또는 효율성을 확보하는 과정이다.

정치와 행정을 이와 같이 구분하는 입장을 정치행정이원론이라 한다. 19세기 말의 엽관제도의 폐단을 극복하고 행정의 능률성을 확보하기 위해 행정의 정체성을 관리기술에서 찾는 정치행정이원론은 당시의 시대적 환경에서는 많은 공감대를 형성할 수 있었다.

(2) 정치행정일원론

1940년대를 시점으로 정치행정이원론이 비판을 받으면서 정치와 행정이 밀접한 관계에 있다는 정치행정일원론이 제기되었다. 뉴딜(New Deal) 정책에 따른 행정부의 정책결정에 대한 적극적인 역할이 강조되고, 행정부는 정치적 기능과 분리될 수 없음을 인식하게 되었다. 정치나 행정이 다같이 정치권력을 내포하고 있으며 이론적으로 또는 논리적으로는 정치와 행정이 분리 가능하나 행정이 이미 수립된 정책을 구체화하는 과정에서도 가치를 완전히 배제할 수는 없다는 것이다. 이를 정치행정일원론이라 하며, 기능적 행정학이라고도 한다.

정치행정일원론이 대두하게 된 원인은 ① 행정의 전문성 증대, ② 교통·통신의 발달로 빠른 정책결정의 요청, ③ 입법부의 대응력 부족 등을 들 수 있다.

(3) 정치행정 새 이원론

1940년대 이후부터 행태론적 행정학을 주장한 사이몬(H.A. Simon)이 초기 정치행정이원론과 구별되는 정치행정 새 이원론을 제기하였다. 초기 정치행정이원론과 다른 점은 행정의 정책결정기능을 부정하지 않고 행정의 과학화를 위해 가급적 사실적인 것과 가치판단적인 것을 구분하여, 행정연구에 있어서는 그 대상을 가급적 사실적인 것에 국한하려는 논리적·실증주의적 이원론이었다는 점이다.

(4) 정치행정 새 일원론

1960년대 들어 발전행정론이 대두되면서 와이드너(E.W. Weidner), 에스만(M.J. Esman) 등이 전통적인 정치우위론을 뒤집고 행정우위론을 주장하면서 정치행정 새 일원론을 주장하게 되었다. 정치행정 새 일원론은 발전도상국의 국가발전사업을 추진하는 데 있어서 행정관료조직이 가장 효율적이며, 다른 정치조직 및 그 하위조직들은 발달하지 못해 시급한 국가발전사업을 행정부가 역할수행을 할 수밖에 없다는 측면이다.

3. 행정과 경영

행정과 경영의 또 다른 표현은 공행정(public administration, 公行政)과 사행정(business administration, 私行政)이다. 공행정이란 국가 또는 공공기관이 공익이나 특정 목표를 달성하기 위하여 행하는 활동을 말하며, 사행정이란 사기업이나 민간단체가 조직목표를 달성하기 위하여 행하는 활동을 말한다. 일반적으로 공행정을 행정이라 하고 사행정을 경영 또는 기업행정이라 한다.

행정학을 올바르게 정의하려면 반드시 공행정이 사행정과 어떻게 다른가를 규명해야 한다. 정치행정이원론, 즉 기술적 행정학에서는 공사행정을 같은 것으로 보는데, 이는 행정을 관리기술로 파악하여 수단·방법의 합리화에 주력하기 때문이다. 정치행정일원론, 즉 기능적 행정학에서는 공사행정이 다른 것이라고 주장하고 있다. 이는 공공의 목적과 가치를 중시하여 공사행정을 본질적으로 다른 것으로 보고 있다.

(1) 행정과 경영의 유사점과 차이점

1) 유사점

① 목적달성을 위한 수단성

행정과 경영이 추구하는 목표는 서로 다르지만 목표달성을 위한 수단이라는 점에 있어서는 차이가 없다.

② 관료제적 성격

행정이든 경영이든 전문화, 분업, 계층제, 비정의성, 일반적인 법규체계 등을 특징으로 한다. 관료제적 성격으로 연유되는 순기능과 병리적인 역기능이 행정과 경영에 함께 존재하고 있다.

③ 협동행위

행정과 경영은 목표달성을 위한 협동적인 집단노력이라는 점에서 유사하다.

④ 관리기술

행정은 공과 사를 막론하고 어떻게 하면 인적·물적 자원을 효율적으로 이용·관리하느냐 하는 것이 주된 임무이다. 그러므로 관리기술성을 공통적으로 지니게 되며 광범위한 관리적 행위가 이루어지게 마련이다. 행정과 경영은 계획수립, 조직, 인사, 예산, 의사전달, 리더십, 통제에 있어서 유사하다.

⑤ **합리적 의사결정**

행정과 경영을 막론하고 조직의 목표를 효율적으로 달성하기 위하여 많은 대안 중에서 최선의 것을 선택하는 행위를 하게 된다.

⑥ **봉사성**

행정은 국민, 경영은 소비자에게 봉사를 도모한다. 즉 대상은 다르나 각각의 대상에 따른 봉사활동이라는 점에서 유사하다.

⑦ **개방체제**

행정이든 경영이든 개방체제로서 외부환경과의 유기적인 상호의존작용 관계를 유지하여야 한다는 점에서는 차이가 있을 수 없다.

2) 차이점

① **주 체**

행정의 주체는 국가 또는 지방자치단체이고, 경영의 주체는 기업체 또는 회사이다. 따라서 동일한 성질의 활동을 추구한다고 할지라도 양자는 그 주체에 있어서 차이가 있다.

② **목표의 일원성과 다원성**

행정은 공익을, 경영은 이윤극대화를 추구한다. 더 나아가 행정은 공익을 최고의 궁극적인 목표가치로 기준을 정하고, 질서유지·공공복지·봉사 등을 추구하고 있으나, 경영은 이윤의 극대화에 목표를 두고 있다.

③ **독점성·경쟁성**

행정은 독점성을 지니고 있어 경쟁성이 없거나 극히 제약된다. 이에 반해 경영은 독점성을 지니기 어렵고 경쟁성이 강하기 때문에 상대적으로 생산성이 높으며 고객에 대한 봉사의 질이 높다.

④ **능률성과 성공의 척도**

행정은 능률성과 성공 여부에 대한 단일의 척도가 없으나, 경영은 이윤이 그 척도로서 이용된다. 더 나아가 행정은 능률을 측정하고 성과를 계량화할 수 없는 경우가 많으나, 경영은 성과에 대한 평가를 수치로 표시할 수 있다.

⑤ **권력수단의 유무**

행정은 강제적·정치력을 보유하지만, 경영은 원칙적으로 그런 권력을 지니지 않으며 공리적 권력을 주된 통제수단으로 삼는다.

⑥ 정치적 성격

행정은 정당, 의회, 이익단체, 일반국민, 민간단체 등의 참여가 이루어지며, 그들의 비판과 통제를 직접적으로 받아들이게 된다는 점에서 정치적 성격을 강하게 내포하는 데 비해 경영은 결코 행정만큼 정치적 성격이 강하지는 못하다.

⑦ 법적 규제

행정은 경영에 비해 엄격한 법적 규제를 받게 된다. 경영은 회사 자체의 정관이나 규칙에 의하여 운영되며, 행정은 국가공무원법에 의하여 규제를 받게 된다.

⑧ 평등원칙의 유무

행정은 '모든 국민은 법 앞에 평등하다'는 이념에 입각하여 이루어지고 있지만, 경영은 이윤의 극대화를 추구해야 하므로 고객에 따라 달리 취급된다.

⑨ 공개성의 원칙

행정은 원칙적으로 인사·조직·예산·운영 등이 공개되어야 하지만, 경영은 기업의 운영에 대한 전반적인 사항들이 공개되지 않을 수 있으며, 경우에 따라서는 기업의 이익을 저해할 수 있기 때문에 철저하게 비밀이 보장되어야 한다.

(2) 우리나라 행정과 경영의 관계

우리나라 학자들은 양자간에 절대적·본질적 차이가 존재하는 것으로 보고 있다. 그 이유는 행정과 경영 간의 차이가 크지 않고 상호 접근되어 가고 있는 선진국과는 대조적인 경향을 지니기 때문이다. 이는 국가경제 발전을 관주도형으로 추진함에 따라 행정의 정치적·권력적 성격이 매우 강하며, 행정이 개인적·정파적 이해관계에 좌우되어 서비스의 평등성이 확립되어 있지 못하고, 사기업이 행정에 예속화되고 정치권력과 밀착되어 행정에 대한 자율성이 약화되었기 때문이다.

따라서 앞으로 고도의 민주적 정치발전의 실현과 사기업의 합리적 고도성장이 이루어지고, 행정의 고도수준의 합리적 발전이 이루어지면 우리나라에서도 양자간의 차이는 상대적·양적 차이에 불과해질 것이며 유사성이 높아질 것으로 전망되고 있다.

4. 왜 행정학을 공부하는가

행정학은 행정현상을 연구하는 학문이다. 행정학을 공부한다는 것은 공공성을 특징으로 하는 행정현상에 관한 지식, 기술, 가치를 학습하는 것이다. 우리가 행정학을 공부하게 되는 목적은 다음과 같은 세 가지 측면이 있다.

첫째, 행정학을 공부하는 일차적 목적은 좋은 정부(good government)를 만들어서 국민의 삶의 질(quality of life)을 높이기 위해서이다. 좋은 정부와 좋은 행정이 구현될 때 우리의 삶의 질이 높아진다. 정부와 행정이 바람직하지 못하면 국민은 피로감에 지치게 된다.

둘째, 행정학을 공부하는 동기는 문제해결(problem solving) 능력을 향상시키기 위해서이다. 공적 문제들(public affairs)은 문제가 복잡하고 해결하기 어려운 경우가 많다. 특히 여러 집단들 간에 이해관계가 다양하게 얽혀 있고, 추구하는 목표가 다양하며, 인적·물적 자원을 동원하는 데 어려움이 있다. 이러한 문제를 해결하기 위하여 문제의 정의, 대안의 탐색, 자원의 동원 및 관리 등이 요청된다. 특히 협동의 기술이 중요하다. 행정학 교육은 이와 같은 문제해결 능력을 제고시키는 데 있다. 특히 정보지식사회에서는 창조적인 아이디어와 미지의 세계에 대한 도전정신, 전문적인 지식과 수평적인 사고, 위험을 떠맡는 주체적인 정신이 필요하게 된다.

셋째, 행정학을 공부하는 또 다른 이유는 직업으로서의 교육을 받기 위해서이다. 우리 사회에서 공무원은 사회적 영향력 면에서 아주 중요한 위치에 있다. 공무원으로서 국가와 국민을 위해 봉사하고 싶은 사람은 우선 공직에 진출해야 한다. 공직에 진출하기 위해서는 행정고시 등 공무원 채용시험에 응시해야 한다. 최근에는 개방형 임용제가 도입됨으로써 외부 전문가가 공직에 채용되는 길이 열려 있다. 그러나 공직 진출의 주된 통로는 공무원 시험이다. 현재 많은 공무원 시험에 행정학 과목이 들어 있고, 아직 없는 시험에는 행정학 과목이 추가될 필요가 있다.

공직에 진출하지 않는 경우에도 행정학 공부는 필요하다. 실제로 행정학과 학생들이 공무원보다는 다른 직업, 즉 기업, 금융기관, 정부투자기관 등에 많이 진출하고 있다. 이 경우에도 문제해결 능력, 관리자로서의 능력을 함양하기 위해 행정학을 공부하게 된다. 특히 정부를 상대로 하는 업무를 맡는 경우에는 행정학 공부가 매우 유용하다. 최근 정부와 기업 또는 정부와 민간단체 간의 상호작용이 증가하는 추세를 볼 때 정부와 계약을 맺거나 입법 및 규제 과정에 영향력을 발휘하기 위해서는 정부의 정책결정 및 집행 메커니즘을 이해할 필요가 있기 때문이다.

제 2 절 정부와 행정

1. 정부의 개념

정부라는 용어는 여러 가지로 사용된다. 넓은 의미로 정부는 행정부뿐만 아니라 입법부와 사법부까지 포함한다. 이때 정부는 사회제어장치로서 모든 통치구조를 미분화한 형태로 사용하는 개념이다. 사회를 구성하는 모든 사람들을 하나로 결집하여 공공목적을 달성하는 데 동원할 수 있는 것은 통치구조 전체인 정부에 의해서 이루어진다.

[그림 1-1]과 같이 입법부·사법부 및 행정부는 각각 다른 목적을 위해 존재하지만, 궁극적으로는 공공목적을 달성하기 위해 행정과 상호유기적인 관계를 형성하고 있다. 입법부는 공공목적을 달성하기 위하여 여론을 형성하고 법률을 제정하며 자원을 조달하고 배분하는 결정을 하며, 사법부는 공공목적이 입법부가 규정한 법체계 내에서 적합하게 이루어지고 있는지를

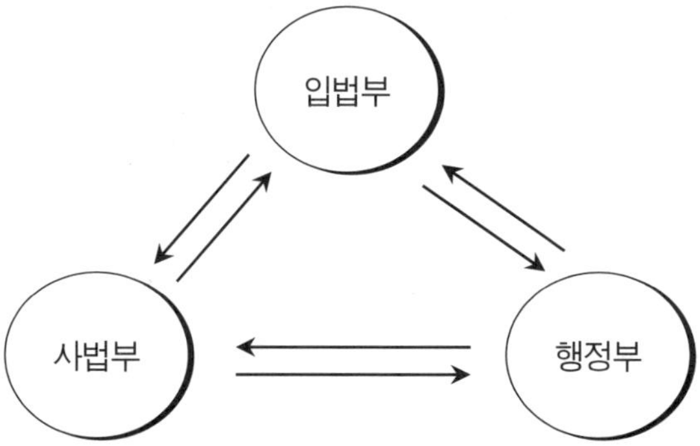

[그림 1-1] 입법부, 사법부, 행정부의 관계

감시하고 법률의 제정과 관련하여 발생하는 문제를 처리한다.

그러나 국민을 대신하여 공공목적을 구체적으로 실현할 수 있도록 조직화되어 있는 것은 행정부이다. 입법부와 사법부도 공공목적을 실현하는 데 중요한 역할을 하지만, 행정부와 같이 구체적인 활동을 조직화하도록 되어 있지는 않다. 이러한 의미에서 행정부를 정부라고 부르기도 한다. 결국 정부라는 말은 넓게는 국가를, 좁게는 입법부나 사법부에 대한 행정부를 지칭하기도 한다. 행정부를 정부라고 칭하는 이유는 정부의 활동 중에서 행정부가 수행하는 일이 가장 많고 광범위하기 때문이다.

2. 정부관

(1) 이념에 따른 정부관

이념의 영역을 크게 보면 극좌파와 극우파로 구분해 볼 수 있다. 전자를 진보주의, 후자를 보수주의라고도 한다. 우선 진보주의 인간관은 욕구, 협동, 오류 가능성의 여지가 있는 인간관으로서, 자유와 평등을 중요시하고 이를 위하여 정부의 개입을 주장한다. 또한 진보주의자들은 효율성, 공정성, 번영 및 진보에 대한 자유시장의 잠재력을 인정하되, 시장의 결함과 윤리적 결여도 중요시한다. 또한 이들은 빈곤자, 여성, 장애자 등의 소외계층에 대한 지원 및 배려를 중요시하고 소비자보호, 의료보호, 깨끗한 환경 등을 위한 정부의 규제를 선호하며, 조세제도를 통한 소득재분배 정책에도 관심이 높다. 따라서 진보주의자들은 복지국가, 진보주의, 규제된 자본주의, 개혁주의 등을 주장한다.

보수주의는 자신의 이익을 위하여 합리적 경제인간관을 갖고 있다. 그들은 기회의 평등과 자유를 강조하고 소득, 부 또는 기타 경제적 결과의 평등을 경시한다. 이들은 배분적 정의보다는 교환적 정의를 중요시하며, 평등이나 공정과 같은 가치판단에 있어서 갈등을 일으킬 때는 자유를 선호한다. 따라서 이들은 소외집단에 대한 각종 정책을 선호하지 않으며 의료보장, 실업, 공해, 규제 등에 관심이 없고, 기업성장을 저해하는 조세제도에 저항한다. 따라서 이들은 경제문제에 대한 정부개입을 반대하고 자유방임적 자본주의 정책을 지지하는 경향이 있다.

(2) 역사적 관점에 따른 정부관

19세기 야경국가 시대의 정부는 소극적인 차원에서 질서유지 기능에 그치고 가능한 시민의 자유를 방임적으로 유지하는 데 그쳐야 하는 것으로 보고 있다. 따라서 정부의 역할보다 시장의 자율적 기능을 중요시하고 자원의 배분은 '보이지 않는 손'(invisible hands)에 의하여 이루어진다고 보고 있다. 따라서 최소의 정부가 최선의 정부로 받아들여지고 있다. 이 시대의 국가의 임무는 국방, 법무, 재무, 건설 등에 제한되어야 하는 것으로 보고 있다.

20세기 초기에 정부는 공공복지를 증진하면서 경제·사회·문화 등 각종 부문에 걸쳐 자유와 평등을 보장하고 보다 적극적으로 국민의 생활에 관여하기 시작하였다. 산업혁명으로 경제규모가 확대되고 노사간의 갈등이 발생하는 등 정부의 적극적 개입으로 공공수요가 급증하기 시작하였다. 20세기 후반에는 복지국가를 지향하면서 최대의 봉사가 최선의 정부로 보고 복지사회프로그램의 확대와 복지 관련 재정지출이 증대함으로써 정부의 기능이 크게 확대되었다.

21세기 지식정보화 시대의 정부관은 큰 정부, 작은 정부에 역점을 두는 것이 아니라 시민의 자율적인 참여와 권리를 보장해 주는 정부가 되어야 한다. 즉 정부가 규제나 서비스를 직접 전달하는 것보다, 시민의 자발적인 참여가 이루어지면서 시민의 삶의 질이 촉진되는 정부를 원하는 것이다.

3. 정부는 어떻게 구성되어 있는가

여기서는 정부 및 행정에 대한 이해를 돕기 위해 우리나라 정부의 조직구조에 역점을 두고 살펴보고자 한다. 이렇게 이해하는 것을 정부에 대한 제도적 접근방법이라고 한다.

(1) 광의의 정부

광의의 정부형태는 국가통치기구를 의미하는 것으로 입법부, 사법부, 행정부의 삼권분립구조를 이룬다. 우리나라의 입법부는 국회를 지칭하며 단원제 형태이다. 국회에는 상임위원회와 특별위원회가 있고, 국회사무처와

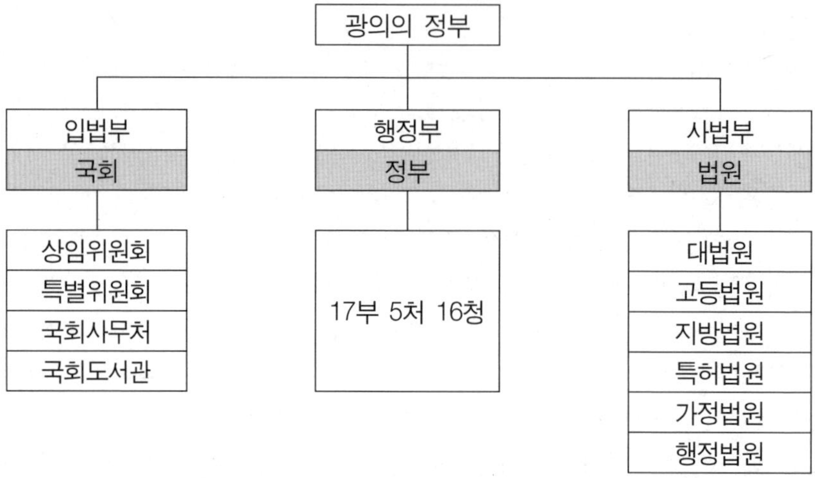

[그림 1-2] 광의의 정부형태

국회도서관이 있다. 행정부에는 2원 17부 5처 16청(2014년 기준)의 정부기구가 있다. 사법부인 법원에는 대법원, 고등법원, 지방법원, 특허법원, 가정법원, 행정법원이 있다. 그리고 헌법기관에는 헌법재판소와 선거관리위원회가 있다.

(2) 중앙행정기관

협의의 정부는 행정부만을 지칭한다. 행정부의 조직구조는 헌법기관과 비헌법기관으로 나눌 수 있다. 헌법기관에는 대통령, 국무총리, 감사원과 국무회의, 국가안전보장회의, 민주평화통일자문회의, 국민경제자문회의 등이 있다. 비헌법기관은 정부조직법 또는 개별법에서 규정하고 있다. 여기에는 대통령 직속기관으로 대통령비서실, 국가정보원, 금융위원회 등과 5처(2014년 기준)가 있다.

중앙행정기관은 정부조직법과 다른 법률에 특별한 규정이 있는 경우를 제외하고는 부, 처 및 청을 지칭한다(정부조직법 제2조 제2항). 우리나라 정부조직법 제2조에 의하면 중앙행정기관은 17부 5처 16청 6위원회로 구성되어 있다. 현재 17부에는 기획재정부, 미래창조과학부, 교육부, 통일부, 외교부,

법무부, 국방부, 행정자치부, 문화체육관광부, 농림축산식품부, 산업통상자원부, 보건복지부, 환경부, 고용노동부, 여성가족부, 국토교통부, 해양수산부가 있다. 5처는 법제처, 국가보훈처, 식품의약품안전처, 국가안전처, 인사혁신처이다. 그리고 부 산하에 16개의 청이 있다. 그리고 위원회에는 방송통신위원회, 금융위원회, 국민권익위원회, 국가인권위원회, 공정거래위원회, 원자력안전위원회가 있다. 행정 각부의 장은 국무위원이며, 국무총리의 제청으로 대통령이 임명한다.

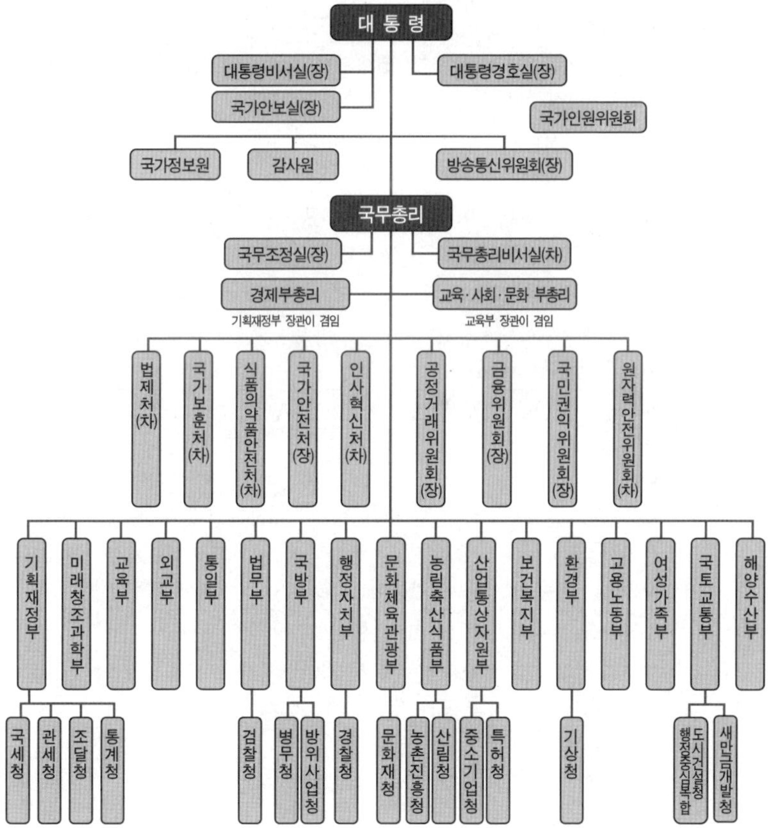

[그림 1-3] 정부조직기구도

〈표 1-1〉 각 행정부처의 주요 기능

행정부처	주요 기능
기획재정부	중장기 국가발전전략수립, 경제·재정정책의 수립·총괄·조정, 예산·기금의 편성·집행·성과관리, 화폐·외환·국고·정부회계·내국세제·관세·국제금융, 공공기관 관리, 경제협력·국유재산·민간투자 및 국가채무에 관한 사무
교육부	인적자원개발정책, 학교교육·평생교육 및 학술에 관한 사무
미래창조과학부	과학기술정책의 수립·총괄·조정·평가, 과학기술의 연구개발·협력·진흥, 과학기술인력 양성, 원자력 연구·개발·생산·이용, 국가정보화 기획·정보보호·정보문화, 정보통신·방송·미디어의 융합·진흥 및 전파관리, 정보통신산업, 우편·우편환 및 우편대체에 관한 사무
외교부	외교정책의 수립·시행, 다자·양자 경제외교 및 국제경제협력외교, 대외경제 관련 외교정책의 수립·시행 및 총괄·조정, 국제관계업무에 관한 조정, 조약 및 그 밖의 국제협정, 문화협력, 대외홍보, 재외동포 정책의 수립, 재외국민 보호·지원, 국제정세의 조사·분석 및 이민에 관한 사무
통일부	통일 및 남북대화·교류·협력·인도지원에 관한 정책의 수립, 북한정세분석, 통일교육·홍보, 그 밖에 통일에 관한 사무
법무부	검찰·행형·인권옹호·출입국관리 그 밖에 법무에 관한 사무
국방부	국방에 관련된 군정 및 군령과 그 밖에 군사에 관한 사무
행정자치부	중앙정부의 보조업무와 행정관리 및 지방정부에 대한 관리·조정에 관한 사무
문화체육관광부	문화·예술·영상·광고·출판·간행물·체육·관광, 국정에 대한 홍보 및 정부 발표에 관한 사무
농림축산식품부	농산·축산, 식량·농지·수리, 식품산업진흥, 농촌개발 및 농산물 유통에 관한 사무
산업통상자원부	상업·무역·공업·통상, 통상교섭 및 통상교섭에 관한 총괄·조정, 외국인투자, 산업기술 연구개발정책 및 에너지·지하자원에 관한 사무
보건복지부	보건위생·방역·의정(醫政)·약정(藥政)·생활보호·자활지원·사회보장·아동(영·유아 보육을 포함한다)·노인 및 장애인에 관한 사무
환경부	자연환경, 생활환경의 보전 및 환경오염방지에 관한 사무
고용노동부	고용정책의 총괄, 고용보험, 직업능력개발훈련, 고용평등과 일·가정 양립지원, 근로조건의 기준, 근로자 복지후생, 노사관계의 조정, 노사협력의 증진, 산업안전보건, 산업재해보상보험과 그 밖에 고용과 노동에 관한 사무
여성가족부	여성정책의 기획·종합, 여성의 권익증진 등 지위 향상, 가족과 다문화가족정책의 수립·조정·지원, 건강가정사업을 위한 아동업무 및 청소년의 육성·복지·보호에 관한 사무
국토교통부	국토종합계획의 수립 및 조정, 국토 및 수자원의 보전·이용·개발, 도시·도로 및 주택의 건설, 해안·하천 및 간척, 육운·철도 및 항공에 관한 사무
해양수산부	해양정책, 수산, 어촌개발 및 수산물 유통, 해운·항만, 해양환경, 해양조사, 해양자원개발, 해양과학기술연구·개발 및 해양안전심판에 관한 사무

(3) 중앙정부와 지방정부

정부는 관할범위에 따라 중앙정부와 지방정부로 구분된다. 중앙정부와 지방정부의 구분은 권력의 집중과 분산에 따라 중앙집권적 형태와 지방분권적 형태로 구분한다. 우리나라는 1991년 지방의회가 구성되고 1995년 지방자치단체의 장을 선출함으로써 지방자치제가 부활되었다. 우리나라의 지방정부는 광역자치단체와 기초자치단체의 계층구조를 지니고 있으며, 광역자치단체에는 특별시와 광역시 및 도가 있고, 기초자치단체에는 시・군・자치구가 있다.

(4) 공공서비스의 공급주체

지금까지 살펴본 공공서비스 기관인 정부기관 이외의 공공서비스 주체는 여러 가지가 있다. 정부기업 형태인 조달청이 있으며, 준정부기관인 국민건강보험공단과 같은 정부산하기관이 있으며, 정부투자 및 출자기관으로 공사 형태인 한국전력공사, 한국철도공사 등이 있다.

〈표 1-2〉 공공서비스의 공급주체

공공부문					민간부문		
정부부문		준정부부문			비영리부문		영리부문
정부부처	정부기업	정부산하기관	정부출연 연구기관	정부투자 및 출자기관	시민단체	시민	기업
• 기획재정부 • 행정자치부 등	• 조달청 • 국립중앙극장 등	• 국민건강보험공단 • 한국마사회 등	• 한국개발연구원 • 한국행정연구원 등	• 한국전력공사 • 한국철도공사	• 참여연대 • 경실련 • 시민행동 등	• 자원봉사자	• 민간위탁기업 • 민자유치 참여기업

자료 : 이종수・윤영진(2005) 참조.

4. 정부는 어떠한 역할과 기능을 하는가

(1) 넓은 의미의 정부기능

정부의 기능을 넓은 의미로 이해할 때는 국가와 민간시장의 관계에서 보아야 한다. 정부의 역할은 시장을 포함하는 것이다. 시장은 공급자와 수요자 간에 자발적으로 가격을 형성하는 사회적 관계이다. 시장이 완전경쟁을 이룰 때 최적의 자원배분이 이루어지고 민간부분의 이익과 공공부분의 이익이 조화를 이룬다. 정부는 목적이나 특성에 있어서 윤리적이고 공공적인 선택을 한다.

그러나 민간은 치열한 경쟁관계가 이루어지기 때문에 정부는 공정한 게임이 이루어지도록 규제하고 통제하기도 한다. 따라서 정부는 민간부분에 대해서도 광범위하게 규제·조장·지원하는 기능을 수행한다. 예컨대, 부동산투기가 과열되면 정부는 부동산 투기지역을 규제하여 부동산시장을 안정시키고, 중소기업을 육성·발전시킬 정책적 필요성이 있다고 판단되면 중소기업을 지원하기 위한 각종 금융 및 세제지원을 하는 경우를 생각해 볼 수 있다.

(2) 좁은 의미의 정부기능

1) 사회질서 유지기능

국가는 법과 질서의 유지가 제1차적 기능이다. 민주주의 국가의 질서는 지배나 통제를 위한 것이 아니고 국민의 공동복지를 실현하기 위한 것이다. 이러한 기능을 담당하는 정부기관은 행정자치부, 법무부, 국가정보원 등이다.

2) 국방 및 외교기능

국민의 생명과 재산을 보호하고 외국과 외교관계를 유지하는 기능으로서 국민의 주권적 기능이다. 이러한 기능을 담당하는 정부기관은 국방부, 외교부, 통일부, 국가안전보장회의 등이다.

3) 경제관리기능

제반 경제정책을 통하여 기업 및 소비자의 경제활동을 보장해 주고 보다 나은 경제적 삶을 영위하도록 지원해 주는 기능을 한다. 보조금, 기술제공 등 원조의 제공, 국민경제의 규제, 공익사업의 운영, 국민경제에 대한 기획과 안정화정책이 여기에 속한다. 이러한 기능을 담당하는 정부기관은 기획재정부, 산업통상자원부, 농림축산식품부, 국토교통부 등이다.

4) 사회복지기능

국민의 사회적 요구를 충족시켜 주는 기능으로서 여성, 약자, 소외계층을 대상으로 하는 기능이다. 이러한 기능을 담당하는 정부기관은 보건복지부, 고용노동부, 환경부, 여성가족부, 국가보훈처 등이다.

5) 교육 및 문화기능

국민들의 교육, 문화 및 예술활동을 지원하고 청소년 문제를 주관하는 기능이다. 이러한 기능을 담당하는 정부기관은 교육부, 문화체육관광부 등이다.

제 3 절 행정은 누가 담당하는가

1. 공무원의 분류

행정을 담당하는 사람은 공무원이다. 여기서는 우리나라 공무원제도를 중심으로 살펴보고자 한다. 공무원을 분류하는 기준은 임용주체, 소속, 경비부담, 실적, 신분보장 등을 들 수 있으나 각 국가의 사정에 따라 여러 기준이 복합적으로 적용되어 분류된다.

지방자치제를 실시하는 모든 국가는 공직을 1차적으로 임용주체나 소속에 따라 국가공무원과 지방공무원으로 분류하고, 다시 실적의 적용이나 신분보장 여부에 따라 공직을 분류한다. 우리나라의 경우 공무원의 임용주체에 따라 국가공무원과 지방공무원으로 분류하고, 다시 실적의 적용과 신분의 보장 여부에 따라 경력직 공무원과 특수경력직 공무원으로 구분한다.

(1) 국가공무원과 지방공무원

우리나라는 공무원을 국가공무원과 지방공무원으로 분류하고 있다. 국가공무원은 국가사무를 수행하고 보수는 국비로 한다. 지방공무원은 지방자치단체가 임명하거나 지방자치단체의 선거에 의하여 취임하는 공무원으로, 보수는 지방비로 지급한다. 물론 이 원칙에는 예외가 있다.

(2) 경력직 공무원과 특수경력직 공무원

국가공무원은 다시 경력직 공무원과 특수경력직 공무원으로 구분된다(〈표 1-3〉 참조). 경력직 공무원은 업적・자격・능력에 의하여 임용되고 신분보장이 이루어지는 공무원을 말한다. 여기에는 ① 일반직 공무원, ② 특정직 공무원, ③ 기능직 공무원 등이 있다.

특수경력직 공무원은 경력직 공무원 이외의 공무원을 말하는 것으로서, 선거나 지명에 의하여 임용되는 공무원을 의미한다. 여기에는 ① 정무직 공무원, ② 별정직 공무원, ③ 전문직 공무원, ④ 고용직 공무원 등이 있다.

〈표 1-3〉 공무원의 분류

경력직 공무원	일반직	행정일반, 기술, 연구 등
	특정직	법관, 검사, 외무, 경찰, 소방, 교육, 군인, 군무원, 국가정보원 직원 등
	기능직	1등급~10등급까지의 기능직 공무원
특수 경력직 공무원	정무직	선거에 의하여 취임하는 공무원, 국무총리, 장・차관, 국가정보원장
	별정직	국회 전문위원, 감사원 사무차장, 국정원 조정실장, 비서관 등
	전문직	연구・기술 등의 분야에 국가와의 채용계약에 의해 일정기간 근무
	고용직	단순 노동자

2. 공무원의 현황

우리나라 공무원 수를 보면 총 1,006,474명이다. 그 중 행정부 소속 공무원은 983,819명으로서 국가직은 624,401명이고, 지방직은 359,418명이다. 헌법기관이 22,605명이다(2013년 6월 기준).

행정부 소속 국가공무원을 직렬별로 보면 교원이 56%를 차지하고 있으며, 그 다음 경찰공무원과 일반직 공무원이 각각 16%를 차지하고 있다.

행정부 국가공무원의 정원은 전반적으로 사회의 발전 및 문화 정도에 비례하여 증가 추세를 보이고 있으며, '95년 지방자치제 실시, '98년 IMF 외환위기 극복을 위한 정부부문 구조조정 및 '05년 철도청 공사 전환 등 특정 요인에 의해 일부 시기에 감소하였다. 정권별 공무원 정원을 보면 김영삼·김대중 정부가 56만명, 노무현·이명박 정부가 60~61만명 수준을 유지하고 있다. 박근혜 정부에 들어와서는 공무원 수가 대폭 증가하여 일백만명을 초과하고 있다.

제 4 절 행정활동의 유형

1. 행정활동의 유형

현대국가의 행정활동은 다양성을 지니고 있어 이를 유형화하는 것이 결코 쉬운 일은 아니지만, 행정에 대한 체계적 이해를 위하여 유형별 분류가 필요하다.

(1) 기능별 분류

행정활동은 그 기능에 따라 ① 국방행정·치안행정 등의 주권적 기능, ② 금융행정·교역 및 상업행정·농림수산행정 등의 경제관리적 기능, ③ 보건행정·복지행정·교육행정 등의 사회관리적 기능, ④ 재무행정·인사행정 등의 조직관리적 기능의 4가지로 분류할 수 있다. 이러한 기능별 분류를 보다 구체적으로 구분하게 되면 정부의 각 부처별 기능 분류와 같다.

(2) 대민간관계별 분류

행정활동이 민간활동과 어떻게 관련되어 있는가를 중심으로 ① 민간활동을 규제하는 규제행정, ② 민간활동을 조장하는 조장행정, ③ 교육・의료・복지 등의 분야에서 민간활동의 부족한 부분을 보완해 주는 보완행정, ④ 국방・외교・경찰 등 민간활동으로는 감당할 수 없는 부분을 담당하는 주권행정의 4가지로 분류할 수 있다.

(3) 성질별 분류

행정활동을 성질별로 규제행정과 급부행정의 2대분야로 나눌 수 있는데, 물론 행정활동의 전체를 규제행정과 급부행정의 2가지로 분류할 수는 없다. 외교와 국방은 그 어느 쪽에도 포함시키기 힘든 것이다. 그러나 대외적인 측면을 무시하고 국내활동에 주로 초점을 맞추면 대부분의 행정활동이 ① 국민의 권리를 제한하고 의무를 부과하는 규제행정, ② 국민에게 편익을 제공하는 급부행정으로 분류할 수 있다.

행정활동의 유형은 이 외에도 여러 가지로 분류할 수 있겠지만 여기에서는 성질별 분류방식에 입각해 설명하기로 한다.

2. 규제행정

규제는 국민생활을 제약한다는 점에서 중요하면서도 논란이 많은 행정활동이다. 규제행정은 민간의 사회・경제세력에 일임되었던 생활영역에 침투하는 정부권력의 직접적 행사를 의미한다. 규제행정을 담당하는 공무원과 독립된 규제기관들은 상당한 권력을 소유하게 되고, 이들 규제기관들은 법적・행정적・사법적 권한을 가지는 경향이 있다. 즉 규칙을 제정하고, 강제집행하고, 규칙적용의 가부를 판결한다.

민주사회에서 개인, 집단, 기업은 자유로이 의사를 결정하고 행위를 할 수 있는데, 정부규제는 공익이나 국익을 달성하기 위해 이들의 행위에 영향을 주어 제한을 가하는 것이다. 그러나 오늘날 규제행정의 범위가 확대됨에 따라 규제행정의 경제적·정치적·사회적 편익비용에 관심이 집중되어 규제의 완화에 대한 관심이 높아지고 있다.

(1) 정부규제의 유형

1) 경제적 규제

경제적 규제(economic regulation)란 생산자의 본질적 활동에 대한 정부규제를 의미한다. 이는 시장의 자원배분이나 소득분배가 최적이 아니라는 전제하에서 출발한다. 이러한 경제적 규제는 독과점적 횡포의 방지, 부당이득의 방지, 부당한 가격차별의 방지, 교차보조를 통한 서비스공급의 확대, 과당경쟁의 방지, 산업육성, 불공정한 기업간 경쟁의 방지 등에 목적을 두고 있다.

2) 사회적 규제

사회적 규제(social regulation)는 생산자의 사회적 행위에 대한 정부의 규제를 의미한다. 즉 생산자의 행위가 사회적 영향을 가질 때 이에 대하여 사회적 책임을 강제하기 위한 정부의 활동이다. 물론 사회적 규제가 반드시 생산자만을 대상으로 한 것이라고 보기는 어렵다. 예를 들어, 환경규제의 대상이 기업이 될 수도 있지만 공공장소에서의 흡연규제는 개인을 대상으로 하기 때문이다. 이러한 사회적 규제는 주로 삶의 질 확보, 인간의 기본적 권리의 신장, 경제적 약자의 보호와 사회적 형평의 확보를 그 목적으로 한다.

(2) 행정규제의 방법

1) 정보의 공개

기업체들이 자발적으로 발표하지 않으려는 소비자 정보의 공개는 정부의 가장 일반적인 규제형태 중의 하나이다. 정부의 상표부착과 등급표시정책 등이 이에 속한다.

2) 인가・허가

개인이나 기업에게 그 운영에 관한 면허를 취득할 것을 요구하는 것이다.

3) 기준 제시

여기에서의 기준이란 재화나 용역이 최소한의 수준에 부합하여야 한다는 것으로 환경오염, 안전과 보건, 제품의 질, 고용과 같은 것은 강제적인 기준에 의해 규제된다.

4) 과세와 회수

이는 규칙 준수에 대한 부정적인 유인책으로 고려될 수 있는데, 국내생산물과 경쟁적인 수입품에 보호관세를 부과하는 것이 규제적 과세의 한 예이다. 또 규제기관은 소비자에 대하여 중대한 결함이 있는 소비재의 회수명령을 내릴 수 있다.

5) 경제적 유인

정부는 보조금, 세제혜택, 대출보증과 같은 유인책을 통해 개인이나 기업이 바람직한 행동을 하도록 유도한다.

3. 급부행정

(1) 급부행정의 의의

급부행정이란 국가, 공공단체 또는 이들로부터 허가를 받은 사인이 수익활동을 통하여 국민의 이익을 직접적으로 조성시켜 줌으로써 사회공공복리를 증진하는 행정활동을 의미한다.

(2) 급부행정의 종류

급부행정은 임무에 따른 분류, 급부종류에 따른 분류, 급부의 법 형식에 따른 분류 등 여러 가지 기준으로 구분할 수 있다. 여기에서는 행정의 임무에 따른 분류를 중심으로 설명하기로 한다.

1) 공급행정

공급행정은 일명 배려행정이라고도 하는데, 공업화・기술화・도시화를 특색으로 하는 현대사회에 있어서 사회구성원이 일상생활에 필요한 재화, 역무, 시설 등을 공기업, 공물 등을 통하여 공급하는 행정을 말한다. 이러한 공급행정으로는 교통・통신시설의 제공, 상하수도・전기・가스시설 등의 설치 및 관리, 보호시설, 복지시설 등의 설치・운영 등을 들 수 있다.

2) 사회보장행정

사회보장행정이란 개인의 건강과 문화적인 생활을 촉진하기 위한 행정으로서 사회개발행정이라고도 부른다. 이러한 사회보장행정으로서는 사회보험, 사회원호, 사회구호, 보건위생 등을 들 수 있다.

3) 조장행정

조장행정은 일명 조성행정이라고도 하는데, 국민 개인의 생활영역을 구조적으로 개선시켜 주는 정부의 행정활동을 말한다. 즉 농업・공업 등 각종 산업의 발전, 개인의 기업운영, 장학 등을 위한 자금조성, 사회적・경제적・문화적 목적을 가진 기술적・재정적 원조가 이에 속한다. 이러한 조장행정에는 ① 자금지원(자금조성), ② 사적 권리 보호, ③ 사기업 조장, ④ 지역개발, ⑤ 소비자 보호 등이 있다.

4. 민원행정

(1) 민원행정의 의의

행정기능이 확대・강화되면 일선행정기관과 국민의 접촉은 더욱 빈번하게 되며, 민원사무처리를 근간으로 하게 되는 민원행정은 정부행정의 중요한 한 분야가 된다. 민원이란 민원인이 행정기관에 대해서 특정 행위를 요구하는 의사표시를 뜻하며, 이에 관한 사무를 광의의 민원사무라 한다. 따라서 민원행정이란 각급 행정기관이 민원인의 의사표시를 수용해서 신속・친절・공정하게 처리하여 국민이 겪고 있는 각종 민원불만사항을 사전에 제거하기 위하여 민원제도를 개선하고, 주로 민원실 및 민원창구로 구성되고 있는 민원행정기구를 국민편의 위주로 설치·운영함으로써 대민봉사행정의 실효를 거두기 위한 일련의 행정행위와 그 과정을 포괄적으로 일컫는 것이다.

(2) 민원의 유형

1) 개별민원과 집단민원

이는 민원인이 개인이냐 또는 다수인이냐에 따른 분류이다. 여기에서 행정이 특히 관심을 가져야 하는 것은 집단민원이다. 왜냐하면, 이는 용납될 수 없는 요구를 집단의 힘으로 관철하려고 하면서 소란스러운 집단적 항의나 시위를 동반하는 일이 많기 때문이다.

2) 단순민원과 복합민원

민원인이 하나의 민원목적을 실현하기 위하여 관련되는 기관이 단수인가 혹은 복수인가에 따른 분류이다. 단순민원은 민원인이 하나의 목적을 실현하기 위하여 하나의 법령 또는 행정기관으로부터의 처분만 받으면 목적 실현이 가능한 민원이다. 복합민원은 민원인이 하나의 목적을 실현하고자 할 때 복수의 법령 혹은 기관에 의하여 복수의 인허가 등 처분을 받아야 하는 민원이다.

3) 창구즉결민원과 유기한민원

법령에 정한 민원사무의 처리기간에 따른 분류로서, 창구즉결민원은 민원창구에서 민원인으로부터 민원서류를 접수한 즉시 행정처분이 행해지는 경우를 말한다. 유기한민원이란 창구즉결민원 이외의 정형민원을 말한다.

4) 정형민원과 비정형민원

민원의 반복성과 정형성의 유무에 따라 분류한 것이다. 정형민원은 프로그램이 가능한 민원을 뜻하는 것으로 인허가, 면허, 증명, 등록, 확인, 추천, 신고 등이다. 비정형민원은 프로그램이 불가능한 민원으로 이의신청, 진정, 건의, 질의 등이 이에 속한다.

5) 문서민원, 전화민원, 방문민원, 신문방송민원, 중계민원

이는 민원인이 민원을 표시하는 수단 혹은 매체를 중심으로 한 분류를 말한다. 여기에서 특히 관심을 가져야 할 분야는 중계민원으로서, 이는 상급기관의 민원업무를 하급 일선기관이 대신 전달하는 것과 민간이 대행하는 것으로 구분할 수 있다. 민간이 민원업무를 대신함으로써 정부의 업무를 간소화할 수 있다는 점에서 이의 적극적 활용이 요구된다고 할 수 있다.

(3) 민원행정의 발전방향

1) 민원행정의 민주화 구현

민원행정의 민주화를 구현하기 위하여 ① 국민이 민원행정에 참여할 수 있는 기회의 확대, ② 국민의 불만이나 민원에 대한 행정구제제도의 확립, ③ 민원행정의 공개, ④ 행정체계의 분권화, ⑤ 행정인의 능력발전을 기할 수 있는 방향으로 행정체계가 개선되어야 할 것이다.

2) 민원행정능률의 향상

국민들의 최상의 서비스 요구에 적절히 대응하기 위한 행정능률의 향상은 바로 정부에 대한 신뢰의 향상과 직결되므로 그 비중이 매우 높다고 하겠다. 오늘날 행정의 능률관은 수단의 합리성에 치중하는 기계적 능률뿐만 아니라, 인간적 능률과 봉사능률 등과 같은 사회적 능률의 중요성이 강조되고 있다. 민원행정의 능률 향상도 이러한 방향으로 추진되어야 할 것이다.

3) 민원행정의 합법성 확보

오늘날 행정재량의 범위는 확대되고 있다. 이러한 행정재량의 확대가 자의적인 행정활동을 조장하는 결과를 초래하지 않도록 제도적 장치가 마련되어야 할 것이다.

5. 정부중재와 행정지도

(1) 정부중재

정부중재는 행정중재라고도 하는데, 이는 사회갈등의 존재를 인정하고 이를 해결하려는 정부의 활동방식이라고 할 수 있다. 정부가 갈등당사자 사이에 개입하여 양측의 협상과정을 돕거나 협상과정에서 문제점들을 감소 또는 제거시킴으로써 갈등이 수용한계를 벗어날 정도로 악화, 확대되는 것을 막고 유리한 결과를 실현시키는 데 도움을 주는 과정이다. 이와 같은 정부중재는 정부가 제3자의 위치에 있을 때만 가능한 것이며, 정부가 갈등당사자 중의 하나일 경우에는 중재자로서의 자격이 없다는 점에 주의해야 한다. 즉 정부중재의 대상은 민간간의 사회적 갈등문제 해결이 되는 것이다. 따라서 정부중재의 주체는 행정기관이나 그 대리자가 되는데, 정부중재가 갈등당사자간에 수용될 수 있으려면 이들을 대등하게 다루려는 공정한 위상을 정립하고 있어야 한다.

정부중재가 민간간의 사회적 갈등을 해결하는 중요한 방법 중의 하나가 된 것은 민간이 주체가 된 갈등당사자간의 자율적 해결이 원만치 않기 때문에 국가가 사회적 갈등에 적극적으로 개입하게 되기 때문이다. 즉, 사회 내에 갈등을 해결할 수 있는 능력을 갖춘 집단이 존재하지 않을 때 정부가 공익의 수호자로서 이에 적극적으로 개입하게 된다.

(2) 행정지도

행정지도란 행정기관의 공무원들이 행정목적을 실현하기 위해 국민에게 미치려는 행위로서 비강제적・비법률적인 성격을 갖고 있다. 이러한 행정지도의 필요성으로 흔히 지적되고 있는 것이 현대의 적극적 국가관에 따른 행정기능의 강화, 행정책임성의 증대, 임의적・비권력적 수단사용의 편의성 등이다. 행정지도는 ① 사실조사・분석, ② 행정지도계획의 수립, ③ 계획의 시행, ④ 행정지도의 평가 및 통제의 네 가지 기본과정을 거치면서 이루어지게 된다.

이와 같은 행정지도의 유형은 그 기준에 따라 여러 가지로 분류할 수 있는데, ① 기능별 분류, ② 법령의 근거에 따른 분류, ③ 객체의 종류에 따른 분류, ④ 작용형태에 따른 분류 등이 제시되고 있다. 이 중 가장 유용한 형태의 분류방법은 기능별 분류로서, ① 물가억제를 위한 권고, 공해방지를 위한 규제 등과 같은 규제적 행정지도, ② 노사간 협의와 같은 조정적 행정지도, ③ 중소기업 합리화 지도, 생활개선지도와 같은 조성적 행정지도로 분류할 수 있다.

우리나라의 경우 행정지도를 실시함에 있어서 주민이나 조직의 특성을 무시한 획일적이며, 일방적인 행정지도를 하고 있다는 것이 가장 큰 문제점이다. 또 행정환경은 끊임없이 변화하고 있는데 융통성 없는 지도를 하고 있는 것도 시정해야 할 문제점이다. 따라서 앞으로는 민간의 자율성을 높여주면서 환경에 적절히 대응할 수 있는 신축성 있는 행정지도가 요청된다.

제2장

행정학의 발달과 접근방법

제 1 절 행정학의 발달사

행정에 대한 체계적인 연구는 18세기에 시작되었다고 볼 수 있지만, 학문적으로 인정받은 것은 제1차 세계대전 이후 대학에 행정학과가 개설된 때를 그 기준으로 해야 할 것이다. 그러나 공공행정 문제라 할 수 있는 공공의 문제는 인간이 집단생활을 하면서부터 시작되었다고 할 수 있다.

1. 관방학과 슈타인 행정학

관방학(Kameralwissenschaft, Kameralismus, Cameralism)은 16세기 중엽부터 18세기 말에 이르는 동안 독일과 오스트리아에서 발달한 정책학이며 절대주의국가의 행정사상이다. 정치적으로는 경찰국가체제하의 절대주의적 지배과정 속에서 이루어진 것이며, 사회적으로는 영국의 중상주의나 프랑스의 중농주의에 대응하는 독립적 변형이었다. 관방학의 근본사상은 이른바 행복촉진주의적 복지국가관에서 나온 것이었다.

(1) 관방학의 내용

3세기에 걸쳐 계속된 관방학은 프리드리히 빌헬름 1세가 1727년 할레(Halle)대학과 프랑크푸르트(Frankfurt an der Oder)대학에 관방학의 강좌를 개설한 것을 기준으로 하여 전기와 후기로 나눈다.

전기 관방학은 공공복지의 사상적 기초를 신학에서 찾았고, 왕실재정과 국가재정을 구별하지 않았으며, 사가계적·사경제적 이론을 포함한 재정학, 경제정책과 혼재되고 있었다. 유스티가 대표하는 후기 관방학의 특색은 공공복지의 사상적 기초가 계몽사상의 압도적 영향을 받았다는 것과 경제정책이나 재정학과 구별된 독자적인 경찰학의 체계를 수립하고자 했던 점이다. 유스티는 『경찰학원리』(*Grundsatze der Polizeiwissenschaft*, 1756)에서 국가이념을 통일적 계기로 삼는 광의의 관방학을 경찰학, 경제학, 협의의 관방학, 기타로 체계를 세우고 경찰학은 모든 국가자재의 유지 및 증식을 연구하는 것이라고 하였다.

(2) 관방학의 비판

1) 경찰국가에의 봉사적 성격

관방학은 절대군주를 위한 통치술의 연구라는 범위를 넘지 못했으며, 군대와 관료제에 의하여 강제된 기계적인 권력장치로서의 경찰국가에 봉사하는 것에 지나지 않았다.

2) 정치와 행정의 미분화

관방학은 권력주체와 별개의 독자적인 경험적 혹은 과학적 법칙을 가진 것이 아니며, 통치술이라기보다 오히려 마술과 긴밀하게 결합된 것이었다. 절대군주제하의 행정은 정치와의 관계에 있어서 미분화의 상태에 있었고, 어디까지나 정치의 시녀로 간주되었을 뿐이었다.

(3) 슈타인 행정학

슈타인(Lorenz von Stein)은 관방학의 근본개념이었던 절대적인 경찰 개념을 헌정(Verfassung)과 행정(Verwaltung)의 두 개념으로 분리시킴으로써 관방학을 비판하였으며, 또한 행정에 대하여 헌정이 법형태에 있어서 갖는 절대적 우위를 역설한 공법학에 대하여서도 비판을 가하면서 독자적인 행정학이론을 발전시켰다.

1) 슈타인 행정학의 내용

슈타인은 헌정과 관련시키면서 철학적·사회학적·심리학적 방법에 의하여 행정의 적극적 개념을 구성하였다. 그는 헌정은 국가라는 유기체를 구성하는 개인이 국가의사의 결정에 참여하는 국가적 권리이며, 행정은 국가가 모든 개인의 향상을 촉진시킬 임무를 수행하기 위한 국가의 행정 혹은 활동수단이라고 보았다. 슈타인은 이러한 국가생활을 외무행정, 군무행정, 재무행정, 법무행정, 내무행정이라는 다섯 가지의 영역으로 구분하는 행정체계를 세웠다.

슈타인은 헌정과 행정의 대립관계에 관하여 헌정이 행정에 대하여 절대적 우위를 차지하고 있다고 보는 공법학의 입장과는 달리 양자간에 서로 우위를 차지하고 있다는 이중관계를 설정하였다. 행정에 대한 헌정의 우위를 내세우면서 행정이 시민의 참여에 의하여 형성되는 국가의사를 구체적으로 수행한다고 규정한 법치행정원리의 형식성을 비판하고, 이와 같은 외견적 헌정이 실현됨으로써 일어나는 사회적 모순을 보충시킨다는 의미에서 행정을 헌정보다 우위에 두는 다른 관계를 그는 주장하였다.

2) 슈타인 행정학의 평가

슈타인은 독자적인 이론을 제창하였으나, 그의 행정학은 실질적으로 그의 죽음과 더불어 망각되고 발전을 보지 못했다. 슈타인의 체계적 사색과 기초적 관념은 새로운 시대의 각광을 받고 등장한 행정법학의 발전에 이바지하였다. 그러나 슈타인의 이론은 관방학과 동일시할 수 없으며 오히려 현대행정학의 참다운 선구적 지위를 차지하고 있다고 말할 수 있다.

슈타인 행정학의 몰락원인은 첫째, 슈타인이 행정의 문제를 이른바 보수주의적 사회개량주의의 입장에서 고찰한 데 대하여 성립기의 행정법학은 시민적 법치국가사상에 입각하여 행정의 법적 적합성의 검증에 주력하였다는 것이다. 즉, 이념국가의 개념과 현실국가의 개념이라는 이원적 혼합 위에 성립되어 있는 슈타인의 행정학설은 법치국가적 자유주의시대의 정치적 성격에 부합되지 않았다. 둘째, 북독일연방의 성립(1866)과 독일제국주의 건설(1871)에 따라 헌법을 비롯하여 각종의 행정법규가 제정되고 행정재판소의 설치에 의하여 행정판례가 출현함으로써 학자들은 필연적으로 공법의 해석이론에 전념하게 되었다. 현실에 대한 역사적·정치적 고려는 법사실의 해석과는 관련성이 없다고 단정하고 순수하게 형식이론적인 입장에서 하는 공법학의 연구가 급속도로 전개되었다.

2. 현대행정학의 발달

현대행정이 행정으로 인정을 받게 된 것은 현대국가가 탄생하고 현대 행정관과 그의 능률적인 봉사가 필요하게 된 이후부터라고 할 수 있다. 행정(Public Administration)이라는 용어가 서구제국에서 나타나게 된 것도 17세기 절대군주제하에서 공적 행정과 왕의 사적 행정을 구분한 때부터라고 볼 수 있다.

현대적 의미의 행정은 현대국가 탄생 후부터인데, 이때 교회가 국가에서부터 분리되고 국가, 즉 정부가 국민의 모든 영역을 관할하기 시작한 후부터라고 말할 수 있다.

행정학의 필요는 19세기 후반부터 인정받게 되었으며, 이 필요는 무엇보다 정부의 기능이 증대되면서부터라고 할 수 있다. 그런데 영국과 미국은 그 방법상에 약간의 차이가 있었다. 특히 영국에서는 비교적 최근까지 행정학의 공식적인 교육을 기피하는 경향이 있었다. 행정학에 대한 영국식 접근법은 행정학의 범위에 공익의 집행과 관련 있는 모든 잡다한 것을 포함시키는 경향이 있었다.

미국의 접근법은 법 위주의 유럽식을 비판하고, 현대행정학 발전의 주종을 이루었다.

(1) 행정학의 태동기

미국 행정학의 기원은 1887년 윌슨(W. Wilson)의 「행정의 연구」(*The Study of Administration*, 1887)라는 논문에서 찾을 수 있다. 윌슨은 처음으로 행정의 중요성을 인식하고 행정을 독립된 연구의 대상으로 확정하는 이론적 기초를 마련하였다. 이 논문은 행정의 제문제에 관하여 지금까지도 중요한 의의가 있는 통찰력과 사색이 함축되어 있는 논문이기도 하다.

이후 윌슨의 논문발표와 공무원제도의 개혁 등을 바탕으로 미국 행정학은 20세기 초에 그 기초를 확립하였으며, 1910년대에 이르러 하나의 학문으로 자리잡게 되었다. 이 시기의 중심적인 이론은 정치행정이원론, 과학적 연구, 행정원리, 능률에 관한 것이었다. 행정을 정치로부터 분리하고, 행정의 영역은 과학적으로 연구되어야 하며, 이러한 연구를 통하여 행정원리를 발견하여 통치기능이 가장 경제적이고 능률적으로 행사될 수 있는 방법을 결정하여야 한다는 상호관계가 중요한 관심이었다.

윌슨이 행정의 체계적인 연구를 창조하였다고 한다면, '행정학의 아버지'로서는 굿노우(Frank J. Goodnow) 교수를 들 수 있다. 그의 『정치와 행정』(*Politics and Administration*, 1900)은 행정학의 가장 빛나는 고전으로서 주로 비교행정법의 책이었으며, 그 속에서 미국 정부제도의 전반적인 개혁을 부르짖고 있다. 이 책에서 굿노우는 정치행정이원론을 체계화하였다. 그는 행정은 정치로부터 분리되어야 할 뿐만 아니라 정책결정 일반으로부터 분리해야 한다고 주장하였다. 또 미국에서의 정치의 압력이 너무 강하여 능률적인 행정의 집행에 막대한 지장이 있다고 말하였다. 비정치적인 행정의 기능은 정치 못지않게 중요하며, 정치란 병폐와 부정이 개재하고 있으므로 보다 강력한 행정권이 행정부를 지도·감독하여야 된다고 말하였다. 이와 같은 정치행정이원론은 제2차 세계대전 말까지 계속된 미국 행정학의 전통이다.

(2) 행정학의 성립·발전기: 정치행정이원론

미국 행정학은 엽관제를 극복하고 효율적인 행정을 구축하기 위한 실천적인 정치개혁으로부터 출발했으나, 과학적 관리법 및 고전적 조직이론과 접목되면서 독자적인 학문영역을 구축하였다. 1920년대에서 1930년대에 걸쳐 능률에 기초한 관리를 주장하는 '관리과학'으로 특징지어지는 정통 행정학은 정치행정분리론으로 집약되는 당시의 행정이론과 고전조직이론이 합류하여 행정관리론으로 개화(이 시기의 미국 행정학은 경영학과 유사)되었다.

(3) 정치행정일원론

1929~1933년의 대공황과 제2차 세계대전으로 비롯된 사회 전반의 큰 변화는 행정국가화의 추세를 본격화시켰다. 계획경제적인 측면뿐만 아니라 노동 및 사회보장 등의 문제에 대한 정부의 역할이 증대되고 행정의 범위도 급격히 확대되었다. 행정권에 대한 위임입법의 급증, 행정적 자유재량 범위의 확대, 행정부의 정책결정기능 수행 등 행정의 기능이 변화되고 그 성격도 매우 다양하고 복잡하게 되었다. 이처럼 변화된 행정의 기능과 성격은 더 이상 정치행정이원론으로는 설명될 수 없게 되어 정치행정일원론이 재등장하게 되었으며, 이는 다시 행정행태론, 비교행정론, 발전행정론 등과 같은 다양한 흐름으로 전개되어 왔다.

이 시기의 정치행정일원론은 과거와 달리 행정이 정치보다 오히려 우위에 있다는 행정국가의 사고에서 출발한다. 행정이 정치의 정책결정이나 입법의 기능까지 통합하여 수행할 필요성이 증대하였고, 따라서 자연스럽게 정치의 기능과 행정의 기능이 융합되는 현상이 발생하게 되었다.

가우스(J.M. Gaus)와 애플비(P. Appleby) 등으로 대표되는 정치행정이원론은 정치와 행정의 관계를 현실적인 권력의 상호작용으로 파악하고, 정책의 문제와 행정의 문제는 상호 배타적인 것이 아닌 전체적인 문제로 취급하고 있다. 또한 종래 정치행정이원론의 입장에 있었던 귤릭(L.H. Gulick), 디목(Marshall E. Dimock), 화이트(L.D. White)도 정책을 통한 행정의 정치와의 필연적 관련성을 강조하면서 정치행정일원론을 주창하였다.

(4) 행정행태론

정치행정이원론에 대한 비판으로 정치행정일원론이 다시 등장하면서, 원리접근법에 대한 근본적인 반성도 점차 나타나기 시작하였다. 왈도(Dwight Waldo)가 행정학에 참다운 원리가 존재하지 않는다고 주장한 것과 같은 맥락에서, 사이몬도 종래의 '행정의 원리'는 과학적 보편타당성이 결여되어 받아들일 수 없는 것이라고 비판하였다. 즉, '행정의 원리'는 행정의 능률을 높이기 위해서 어떻게 하는 것이 바람직한가를 내용으로 하는 것일 뿐, 실제 경험적인 검증을 거치지 않았기 때문에 격언에 불과하여 과학적 이론이 되지 못한다는 것이다. 따라서 행정학의 연구도 자연과학에서와 같이 실제 경험적 과정을 거쳐서 진위가 검증된 이론에 기초하여야 한다는 것이다. 과학으로서의 행정학은 가치(value)와 사실(fact)을 분리하고, 사실에 대한 경험적인 연구에 그 중점을 두어야 한다는 것이다. 가치가 포함된 행정은 곧 정치와 다를 바 없으므로, 진정한 의미의 행정은 논리적으로 검증이 가능한 사실의 세계를 대상으로 하게 된다. 이는 초기의 정치행정이원론과는 전혀 다른 이유로 정치행정이원론적 입장에서, 관찰 가능한 '조직 내의 인간행태'를 중심으로 한 행태론적인 연구를 주장한다.

3. 비교행정론

(1) 비교행정의 의의와 발달배경

1) 비교행정의 의의

미국행정학회의 비교행정연구회(CAG)는, 비교행정이란 다양한 여러 문화와 국가의 제도에 응용될 수 있는 행정이론과 검증될 수 있고 확장해 나갈 수 있는 사실적 자료의 집합체라고 정의하고 있다.

그러나 비교행정을 광의로 해석해 보면 여러 나라의 공공행정의 비교는 물론 사경영, 병원행정, 교육행정 등도 포함된다.

2) 비교행정의 발달배경

① 행정학의 과학화를 위한 노력과 전통적 방법론의 비판

미국의 학자들은 그 동안 발전시켜 온 행정이론이 상당한 정도의 과학성과 보편성을 지니고 있어 어디서나 적용되는 것으로 생각하였으나, 신생국의 행정에 실제로 적용해 본 결과 예상과 크게 다르다는 것을 인식하게 되었다. 따라서 학자들은 세계의 모든 나라에 보편적으로 적용될 수 있는 행정이론의 구성을 위해 노력하게 되었다. 이와 같이 행정학의 과학화를 기하는 최선의 방법은 실험적 방법을 이용하는 것이겠으나, 사회과학의 경우에는 실험이 가능한 것이 극히 적어 차선의 방법인 비교방법이 발달하게 되었다. 즉 행정의 연구대상을 사회환경으로부터 격리시켜 제도면에 중점을 두면서 기술적·규범적·정태적 방법으로 연구하였던 종래의 전통적 방법을 비판하고 보편적인 이론을 모색하게 된 것이 비교행정의 연구를 자극하게 되었다.

② 비교정치론의 배경

비교정치의 연구는 비교행정의 연구에 큰 영향을 미쳤다. 제2차 세계대전 후 비교정치론(Comparative Politics)은 종래의 제도적 접근방법을 지양하고 기능적인 접근방법으로 방법론의 전환을 이룩하였으며, 연구의 초점도 서구 중심에 대한 어떠한 개념적인 구조에도 반드시 정치체계 안에 있는 행정적 요소를 비교할 수 있는 방법이 포함되기 마련이다.

③ 신생국 원조계획과 학자들의 참여

제2차 세계대전 이후 신생국에 대한 경제·군사·기술원조계획에 의한 경험과 여기에 많은 학자들이 참여하여 외국행정을 경험하게 된 사실이 비교행정의 연구를 촉진시켰다. 여기서 신생국에 대한 원조는 특정 국가의 정치적·사회적·문화적 제 조건의 성격에 대한 고려 없이 제공될 때에는 무익하다는 것이 실증되었다.

④ 유럽학자들의 학문적 배경

행정법 및 행정과학(Administrative Science) 분야에 대한 유럽학자들의 관심이 비교행정의 발전에 공헌을 하였다. 슈누(Schnur)는 미국에서 비교행정이 발전하게 된 원인으로서 1933년 이래 이민해 온 독일학자들의 영향, 1945년 이후 미국의 세계정치 무대에의 등장 등을 들고 있다.

⑤ **비교행정연구회(CAG)의 활동**

비교행정연구회는 포드재단의 재정적 지원을 받아 연구세미나, 학술회의 등을 통하여 비교행정연구에 커다란 공헌을 하였으며, 『비교행정저널』이라는 정기간행물까지 발행하고 있다.

(2) 비교행정의 접근방법

리그스(Fred W. Riggs)는 비교행정의 접근방법은 규범적 접근방법에서 경험적 접근방법으로, 개별적 접근방법에서 일반법칙적 접근방법으로, 비생태적 접근방법에서 생태적 접근방법으로 전환하고 있다고 지적하고 있다.

리그스는 구조・기능적 분석에 입각하여 사회의 분화 정도에 따라 융합사회, 분화사회로 나누고 그 중간단계로서 전이사회(Prismatic Society)라는 이론모형을 구성하여 이론을 전개하고 있다. 후진국 및 신생국의 행정행태를 개방체제적 관점에서 고찰하여 그들 후진국・신생국의 행정행태의 특성 형성에 관련되는 사회・문화적 환경요인을 규명하여 주었다. 일반체제모형의 정립으로 비교행정론의 발전에 가장 큰 기여를 하였으며, 행정의 종합과학적 연구를 촉진하였고, 발전행정론의 대두에 교량역할을 하였다.

(3) 비교행정론의 평가

1950년대는 비교행정의 시대라고 할 만큼 비교연구가 널리 행해졌다. 또한 비교연구를 통해 행정의 과학화도 진일보하였다. 그러나 비교행정은 실용적 목적에서 출발하였지만 결과적으로 이론화・과학화에 치중하게 되었다.

비교행정의 배경이 신생국의 발전을 유도하는 데 있었으나, 실제로는 신생국 행정체계의 특징을 분석하는 측면으로 학문적 관심이 기울어졌고, 신생국의 발전을 위한 실제적 방법을 제시하는 데에도 소홀하였다. 또한 비교행정은 적용 가능성이 희박한 일반이론의 구성이나 가설정립에만 몰두하여 그 가설의 검증을 통한 과학적 이론을 도출하는 데에는 소홀하였다. 그리고 비교를 위한 접근법으로 사용된 기능주의는 근본적으로 보수성을 내포하고 있다.

4. 발전행정론

1960년대에 들어서 비교행정론의 한계를 극복하기 위한 새로운 이론으로서 발전행정론이 대두되었다. 발전행정론은 비교행정 연구가 미국의 대외정책의 효율성을 위한 원래의 실용적 목적에서 벗어나 비실용적 이론화에 집착하였던 한계를 극복하기 위한 이론적 시도였다.

(1) 발전행정론의 의의

1) 발전의 개념 및 특질

발전이란 양적 성장과 질적 변화를 포괄하는 개념이며, 상대적・비교적・가변적이다. 발전은 가치지향적・목표지향적・동태적 변화과정으로 계획적・의도적・인위적 변화과정이다. 따라서 발전은 사회변동 대응능력 내지 자율성의 증진이다. 또한 발전은 정치적・경제적・사회적・문화적・기술적 변동의 복합체로서 다차원적・복합적 변화과정이다.

2) 발전행정의 개념

발전행정은 적극적 개념과 소극적 개념으로 나눌 수 있는데, 적극적 개념은 발전행정이 '국가발전사업의 관리'와 '행정 자체의 발전'을 포함하는 개념이라고 본다. 이러한 적극적 개념이 일반적 견해이다. 또한 소극적 개념은 발전행정이 전체 사회체제의 변화의 산물이라고 본다. 그리고 행정발전의 개념과 국가발전의 개념을 살펴보면 행정발전의 개념은 '국가발전사업의 관리'와 '행정 자체의 발전'을 포함하되 후자에 보다 중점을 두는 개념이다. 따라서 발전행정과 행정발전의 개념은 비중의 정도 차이에 불과한 것이다. 국가발전의 개념은 정치, 경제, 사회, 심리, 행정 등 각 분야의 발전을 포괄하는 개념이다.

3) 발전행정론의 성립배경

발전행정론은 비교행정의 비관적인 결정론적 견해에 대한 반발, 즉 행정체제의 종속변수적 측면만을 강조하는 소극적 견해에 대한 반발로서 대두하게 된다. 발전행정론은 비교행정이 완성하고자 했던 행정이론의 과학화를 기다릴 수만은 없는 후진국의 발전에 대한 시급한 입장을 배려하여 등장하며,

미국의 대외원조계획과 관련하여 성립·발전되었다. 넓은 의미로는 유엔 기술지원계획이 관련되며 포드재단의 원조계획과도 관련된다.

비교행정연구회와 하와이대학 동서문화센터의 활동이 발전행정론의 성립과 발달에 또한 영향을 미쳤다.

4) 발전행정론의 특징

발전행정론은 행정을 국가발전의 목표·정책의 수립 및 집행과정으로 파악하며, 행정인의 정책결정능력의 향상을 중요시함으로써 정치행정일원론의 입장을 취한다. 이는 행정이 정치를 주도하는 행정우위론의 입장이다. 발전행정론의 특징은 다음과 같다.

첫째, 국가발전목표를 달성하려는 행정으로서 효과성을 최고의 행정이념으로 강조한다. 둘째, 행정의 모든 변수 중 행정인을 가장 중요한 독립변수로 인식하여 행정의 변화·발전을 위한 견인차로서의 행정인의 역할을 강조하고 있다. 셋째, 과학성보다 기술성을 강조하며, 사회의 변화·발전을 위한 정책·가치·규범지향적 입장을 취한다. 넷째, 다차원적·복합적인 변화현상을 다루고자 하는 발전행정론은 종합과학적 성격을 지닌다. 다섯째, 집권화를 지양하고 참여를 통하여 발전목표의 달성이 가능하다고 주장한다. 여섯째, 발전행정론은 행정을 사회체제의 하위체제로 보고 행정체제의 발전을 통해 국가사회의 발전을 유도·촉진시키고자 하는 전략을 중심 내용으로 한다.

(2) 발전행정의 접근방법

1) 행정체제적 접근방법

행정체제적 접근방법은 국가발전에 있어 행정의 역할을 중시하여 행정체제의 발전을 통하여 국가발전을 이루어 가려는 접근방법으로, 이를 다시 균형적 행정발전전략과 불균형적 행정발전전략으로 나눌 수 있다.

① 균형적 행정발전전략

이는 행정 전반에 걸쳐 전면적 균형발전을 동시에 이룩함으로써 국가발전을 꾀하는 전략이다. 즉 인사행정, 재무행정, 기획제도, 조직관리 등이 상호보완적으로 동시에 발전되어야 한다는 것이다.

② 불균형적 행정발전전략

이는 행정능력이 부족하고 근대적 행정체제를 확립하지 못한 신생국에서는 균형적 행정발전전략이 비현실적이므로, 행정체제의 어느 한 부문을 우선적으로 발전시키고 그를 통하여 국가발전을 지향하는 전략이다.

2) 사회체제적 접근방법

사회체제는 상호의존적인 여러 하위체제로 구성되어 있음을 전제로, 행정의 다른 하위체제와의 상호의존관계를 중요시하는 접근방법이다.

① 균형적 사회발전전략

이는 행정체제의 종속변수적 역할에 치중하여, 다른 부문체제의 발전이 병행 또는 선행되어야 한다고 보며, 행정체제의 발전이 앞서는 경우에는 관료제의 권력비대와 역기능이 초래된다고 보는 입장이다.

② 불균형적 사회발전전략

이는 행정체제의 독립변수적 역할을 강조하여 행정체제의 주도적 역할을 통하여 다른 여러 분야의 발전을 유도할 수 있다고 보는 전략이다.

(3) 발전행정론의 평가와 과제

1960년대 이후의 발전행정론의 대두는 발전도상국의 경제발전과 사회발전 및 국민형성을 위한 동태적인 이론을 발전시키고, 실천적인 정책과 발전전략을 개발하는 데 많은 공헌을 하였다. 한편, 발전행정론이 해결해야 할 과제는 다음과 같다.

첫째, 발전의 개념을 명확히 하여야 한다. 발전을 양적 변화를 의미하는 성장이나 서구화 또는 진화와 구분되어야 한다.

둘째, 발전모형과 발전전략을 모색함에 있어서 자국의 사회문화 및 기타 여러 가지 상황적 여건을 고려해야 한다.

셋째, 국가발전을 행정이 주도하게 되므로 행정관료제의 비대화와 독주를 초래할 우려가 많으며, 이는 결국 국민의 피동화, 정치부문의 발전 저해, 의회 · 정당 · 이익단체 · 비관료세력의 기능 약화, 개인에 대한 관료통제의 강화로 독재정치 강화(자유민주주의의 이념에 배치) 등을 가져올 수 있다.

넷째, 발전목표의 달성이 지나치게 강조됨으로써 외형적인 산출 · 목표수치의 달성에만 주력하게 되어 행정의 형식화를 초래하게 되고, 상대적으로 정책형성에의 참여 · 투입이나 과정을 경시하게 된다.

5. 신행정론

(1) 신행정론의 의의

신행정론(new public administration)은 기존 행정이론에 불만을 품었던 미국의 소장학자들, 특히 1968년의 미노브룩(Minnowbrook)회의에 참여하였던 젊은 학자들을 중심으로 하여 주장되었던 이론이다. 이러한 신행정운동은 월남전의 충격, 소수민족 문제의 확산, 신・구세대 간의 갈등 등 격동기의 미국사회를 배경으로 전개되었다.

사회형평, 인본주의적 경향, 반합리주의 등으로 특징지울 수 있는 신행정론은 전통적 이론이 능률지상주의와 조직의 대내적 측면에 중점을 두었으며, 사회적・경제적으로 불리한 입장에 있는 소수파를 고려하지 않았다고 비판하였다. 그러나 이러한 신행정론자들에게 공통되는 이념적 통합성은 존재하지 않는다.

(2) 신행정론의 특징

1) 사회적 형평

행정에 있어서의 사회적 형평은 행정적 가치중립성이 불가능하고 바람직하지 않다는 것을 의미한다. 종래에 있어서 정부기관으로부터 받게 되는 행정서비스의 차이는 특정 행정기관에 대한 특정 집단의 접근능력에 의하여 좌우되고, 보다 강력한 집단이 보다 큰 혜택을 입었기 때문에 가치중립성은 불평등을 더욱 촉진시켜 왔다고 보는 것이다. 따라서 행정인은 사회적 불평등을 제거해야 할 의무가 있으므로, 부유층이나 강력한 집단 대신 사회적・정치적・경제적으로 불리한 입장에 있는 계층을 위하여 보다 나은 행정서비스를 보다 많이 제공함으로써 사회적 형평을 실현해야 한다는 것이다.

2) 적극적 행정인의 중요성

적극적 행정인은 소속기관의 정책이 소망스럽지 못하다고 판단되면 이에 도전하고 해결해야 하며, 사업계획의 집행에 있어서도 사회형평의 구현에 중점을 두어야 한다는 것이다. 행동주의자, 실재주의자로서 새로운 행정인은 자신의 혁신지향적 신조를 관철할 수 있게끔 조직을 움직여 나가야 한다는 것이다.

3) 수익자지향성과 참여의 확대

행정조직은 수익자, 고객을 감독대상으로만 보지 않고 수익자의 이익을 적극적·직접적으로 도모해야 한다는 것이다. 이를 위하여 조직은 관리상의 필요보다 수익자의 필요를 충족시킬 수 있는 구조를 가져야 하며, 수익자가 조직의 산출 내지 효과성을 평가할 수 있도록 하여야 한다는 것이다.

4) 행태론과 규범주의의 추구

신행정론은 '무엇을 위한 지식인가'를 염두에 두면서 가치중립적·현장추진적·보수적인 행태론이나 실증주의를 비판하고, 사회의 병폐에 대한 구제책을 제시하려는 규범주의를 지향하고 있다. 따라서 행정이론은 현실문제의 해결에 중점을 두는 사회적 관계성(social relevance)을 가져야 한다고 강조한다. 이러한 관점에서 행정이론은 순수이론적이기보다 응용적, 응용적이기보다 처방적, 조직지향적이기보다 수익자지향적, 중립적이기보다 목적지향적이어야 한다는 것이다.

5) 반계층제적 입장과 새로운 조직론의 모색

계층제, 권위와 베버의 관료제론을 중심으로 하는 전통적 조직이론에 반발하면서 분권화와 참여의 확대를 지향하는 조직개편이 주장되고 있다. 반계층제적·비관료제적 조직모형으로 다원적 권위, 프로젝트 조직(project team), 상황적 적응성, 조직간의 이동성, 수익자의 참여 등을 특징으로 하는 연합모형이 제창되었다.

또한 프레드릭슨(Frederickson)은 신행정론의 입장에서 행정조직의 기본과정을 배분적 과정, 통합적 과정, 행정기관과 그 수익자 상호간의 접속관계를 의미하는 경계교환적 과정(boundary-exchange process), 개인과 집단의 행태적 특성의 변동과 관련되는 사회감정적 과정(socioemotional process) 등으로 나누고 있다.

(3) 신행정론의 문제점

신행정론의 문제점은 다음과 같다.

첫째, 적극적 행정인은 스스로의 권한과 지위의 축소·약화를 초래할 경우에도 사회형평의 실현을 위하여 적극적 행정활동을 할 것으로는 기대되지 않는다. 특히 관료제에 대한 민주적 통제가 취약한 국가에서는 관료의 지나친 가치지향적 행동은 행정의 통일성과 능률성을 저해할 우려가 있다.

둘째, 수익자집단이 행정에 적극적으로 참여하여 특수이익을 추구하는 경우, 공익이나 행정기관의 목표와 대립하게 되면 그 해결이 어렵다. 한편 행정의 민주화가 확립되어 있지 않은 개발도상국가에서는 수익자, 고객의 행정참여에는 많은 제약이 따른다.

셋째, 행정의 세계에 있어서 비계층제적 조직의 모색이 현실적으로 충분히 가능한가의 문제가 제기될 수 있다. 계층제, 전문화, 통제, 직접감독이 무의미하게 되는 관료제는 지나치게 낙관적·비현실적이다.

넷째, 어떤 사람에 대한 사회형평은 다른 사람에 대하여는 사회적 불평등이 될 수도 있으며, 규범적 가치는 특정인의 규범적 가치일 수도 있다고 보아야 한다.

제 2 절 행정학의 접근방법

행정학에서 학자들이 따르고 있는 접근방법은 기타 사회과학의 접근방법과 큰 차이가 없으나, 행정학이 인접 사회과학과의 교류가 긴밀한 만큼 그 접근방법도 다양하다. 그런데 이러한 접근방법은 상호 배타적인 것은 아니며, 전적으로 한 가지 접근방법만을 따르는 경우는 없고 일정한 접근방법을 따르면서도 다른 방법이 병용되고 있다.

복잡한 행정현실을 포괄적으로 인식하는 데는 다원적 접근방법이 요구된다. 하나의 접근방법을 전체의 진리로 설명할 수 없으며, 또한 경험세계에 관한 연구자 자신의 이해를 진리 자체로서 볼 수도 없는 것이다. 어떻든 이론이 없는 경험적 연구는 성과가 없고, 규범적 인식이 없는 이론은 도움이 되지 못하며, 또한 이론적 분석과 연구가 없는 규범적 인식은 지적 책임을 부정하는 것이다.

1. 전통적 접근방법

(1) 전통적 접근방법의 내용

전통적 접근방법은 인간을 해석하는 데 있어서 개인은 경제적 이윤을 추구하는 데 가장 합리적 존재라는 것이다. 다시 말해서 인간은 어떠한 욕구보다 경제적 욕구를 중요시하는 경제적 존재라는 것이다. 이들이 추구하는 기본이념은 능률과 절약이며, 이러한 능률과 절약은 합리적인 조직구조나 일련의 원리를 통해서 이루어질 수 있다고 믿었다. 이때의 원리란 능률에 인도되는 원리이다. 테일러(Frederick W. Taylor)는 능률을 확보하는 원리로서 과학의 개발, 과학적인 노동자의 선발, 노동자의 과학적 교육과 훈련 및 경영자와 노동자 간의 우호적인 협조체제를 들고 있다. 귤릭과 어윅이 추구하는 원리는 합리적인 조직구조를 중심으로 엮어지는 원리이다.

전통적 입장에서 생각하는 행정의 과제란 작업, 사람 및 작업장소 간의 관계를 체계적으로 설정하고, 권한과 책임을 합리적으로 배열하고, 이러한 책임들이 이행되도록 통제장치를 마련하는 것이다. 한마디로 목표에 대한 능률적인 수단을 합리적으로 강구하는 것이다. 행정현상은 어디까지나 행정 내에서의 현상이지 행정 밖의 현상은 아니다. 다시 말해 전통적인 접근방법은 행정이라는 '울타리' 안에서 일어나는 것만 취급함으로써 행정 밖의 현상은 연구대상으로 삼지 않는다.

(2) 전통적 접근방법에 대한 비판

이 접근방법은 인간을 생리적・기계적・합리적・경제적인 존재로만 보았기 때문에 사회심리적인 존재나 감정적인 존재로서 나타나는 현상을 설명하지 못하고 있다.

첫째, 합리적 구조와 원리를 주장하는 전통주의학파들은 행정의 능률은 전문화의 원리, 명령통일의 원리, 통솔의 범위 및 부서편성의 원리 등에 의해서 향상된다고 하는데, 이러한 원리들은 상호모순되고 있다는 것이다.

둘째, 행정에 영향을 주는 외적 요인들을 고려하지 않고 있다. 즉 행정은 행정 자체의 원리나 윤리에 의해서 움직이지 그 밖의 환경적 요인들에 의해서 작용되거나 영향을 받는다고 생각하지 않는다. 여기서 이들이 이해하는 행정체제는 폐쇄체제이지 개방체제가 아니다.

셋째, 이들이 추구하는 능률은 주로 비용-효과의 비교에서 따지는 기계적 능률이기 때문에 조직 전체의 신축적 운영이나 장기적 능률에 크게 관심을 기울이지 않는다. 따라서 기계적 능률의 확보에 치중하기 때문에 조직구성원의 인간화를 소홀하게 다루고 있다.

2. 사회심리학적 접근방법

전통적 접근방법에 대한 불만을 품고 인간행태를 연구하기 위하여 나타난 것이 사회심리학적 접근방법이다. 이 접근방법은 인간이 단순한 기계적 존재가 아니라 감정, 신념, 의사, 인격을 가진 존재이기 때문에 공식적인 지시나 기준에 어긋나는 행위를 할 수 있다는 사실에 착안하여, 인간의 내면에 숨겨진 요인과 그 요인이 결정행위에 미치는 영향을 찾아내려고 하는 데 주안점을 둔다. 또한 생산력의 결정요인은 경제적 요소가 아니라 사회심리적 요소이며, 이러한 요소를 조절하기 위해서는 개인으로서보다는 집단구성원으로서 행동하고 반응하는 근로자의 작업과 조직구조의 관계가 적절하게 조화되어야 한다고 본다. 따라서 이러한 접근방법을 따르게 되면 관료조직 내의 의사결정과정과 경쟁, 대립, 갈등과 같은 행태를 쉽게 분석할 수 있다. 그 외에도 리더십, 커뮤니케이션, 비공식적 조직 및 참여문제가 사회심리학적 접근방법으로 해부될 수 있는 영역에 속한다.

이 접근방법은 개인의 행동을 설명하고 예측하는 데 있어서 심리적 요인을 엄밀하게 분석함으로써 행정학의 과학성을 높여주고 있다. 그러나 지나치게 개인에게 초점을 맞추다 보니 다음과 같은 결점을 배제할 수 없다. 소집단 중심이기 때문에 대규모 조직의 특성과 통일성을 파악할 수 없고, 경제적 욕구에 대한 심리적 욕구의 우위론을 일반적 가정으로 받아들여 잘못된 처방을 내릴 가능성이 있으며, 조직내 갈등이 에너지를 소모시키는 부정적 영향뿐만 아니라 경쟁을 통한 능률과 새로운 창조의 근원이 될 수 있다는 긍정적 측면을 간과하고 있어 진리의 일면을 무시하는 단편적 이론을 만들어 낼 위험성이 있다.

3. 행태론적 접근방법

이것은 합리적 조직이나 제도・절차 또는 이념 등과 관련되는 문제보다 인간적 요인에 초점을 두고 행정현상을 분석하려는 접근방법이다. 행태론은 특히 행정체제를 구성하는 관료의 행태유형을 비롯하여 의식구조・가치관이나 동기 등을 중심으로 행정이론을 정립하려는 입장이다. 이러한 점에서 구조・제도의 연구에 치중하는 전통적 접근방법과는 구별된다.

(1) 행태론적 접근방법의 특징

의사결정, 리더십이론, 집단이론, 권위 및 갈등이론과 동기이론 등의 조직행태론의 발전에 현저한 공헌을 한 행태론의 특징을 요약하면 다음과 같다.

① **일반화**: 인간의 행태에는 일관성 있는 질서와 규칙성이 있다고 믿고, 이것을 찾아내어 일반화를 시도하려고 한다.

② **가치중립성**: 가치와 사실을 구분하고, 가치를 연구의 대상에서 제외하여야 한다. 행정학의 과학화를 위해서는 눈에 보이는 객관적인 사실만을 대상으로 하며, 다분히 주관적인 가치문제는 소홀히 다루고 있다.

③ **계량적 분석**: 객관적 사실이나 경험적으로 검증될 수 있는 사실을 중요시하여 행정행태에 관한 계량적 분석, 미시적 분석에 중점을 둔다.

④ **의사결정과정**: 사이몬은 행정현상을 의사결정과정으로 본다. 따라서 의사결정의 합리성과 동태적 결정과정에 나타나는 갈등을 중요한 문제로 다루고 있다.

⑤ **종합과학적 성격**: 행태론은 복잡한 인간의 행태를 설명하려고 하기 때문에 이에 필요한 관련학문, 즉 심리학, 사회학, 문화인류학, 정치학의 지식 등을 동원하지 않으면 안된다. 따라서 행태론은 종합과학적 성격을 강하게 지니고 있다.

(2) 행태론적 접근방법의 한계와 비판

행태론적 접근방법은 행정연구에 광범하게 적용되고 있으며 행정의 과학적 연구에 크게 기여하였으나, 접근방법상의 한계와 이론의 제약성 때문에 다음과 같은 비판을 받게 되었다.

① 정책결정에는 대립적인 가치체계간의 선택이 불가피하며 각 대안의 결과에 대한 판단이 요구되는데, 가치판단의 논리적인 배격은 극히 비현실적이다.
② 행태론적 접근방법은 지나치게 논리적 엄격성과 이론적 정밀성을 강조하기 때문에 형식논리에 빠지기 쉽고, 그 결과 행정의 실상에 대한 이해를 어렵게 하고 현실의 행정문제에 대한 해결을 하는 데 무력하다. 또한 행정인의 표리가 부동하고 형식주의가 만연한 발전도상국에서는 이러한 접근방법이 행정의 실상을 왜곡할 위험성이 더욱 높아진다.
③ 행태론적 접근방법은 방법의 신뢰성에 너무 치중한 결과 행정의 연구대상과 범위를 지나치게 제약한다. 따라서 미시적 현상을 분석하는 데 그치고 포괄적 이론을 기대하기 힘들다.

4. 생태론적 접근방법

생태론적 접근방법은 행정과 그 환경 간의 상호작용에 초점을 두고 연구하는 접근방법으로서, 환경적 요인이 행정에 미치는 영향과 행정이 환경에 대응해 가는 기능을 중심으로 고찰하는 것이다. 환경이란 모든 외부조건의 총체를 의미하며, 행정은 그 물리적・사회적 환경과 끊임없는 상호작용을 가진다. 생태란 개념에 의하여 행정과 그 환경 간의 계속적인 교류・상호작용을 파악할 수 있으며, 생태란 살아 있는 유기체와 그 물리적・사회적 환경과의 상호작용을 의미한다.

(1) 이론의 변천

행정은 개방체제로서 동태적인 환경과의 계속적인 상호작용을 통하여 투입으로서 사람, 자원, 정보를 환경으로부터 받아들이고, 이를 전환과정을 거쳐 산출로서 환경으로 내보내며 다시 환류작용으로 연결된다.

1) 행정과 환경의 단절

전통적 행정이론이나 베버의 관료제이론, 고전적 조직이론 또는 초기의 인간관계론은 행정의 환경보다 행정조직의 구조나 구성원의 역할에 대한 대내적 분석에 중점을 두었다. 즉, 행정조직을 폐쇄체제로서 인식하여 조직에 대한 환경의 영향을 도외시하고 조직의 내부구조, 과정만을 다루었으나 오늘날의 이론은 조직을 개방체제로서 파악하고 있다. 전통적 이론은 능률·기술·관리를 중시하고 행정이 수행되는 상황·환경을 과소평가하였다.

2) 생태이론: 행정에 대한 환경의 영향

행정에 미치는 환경의 영향을 인식하는 데 선험적 역할을 한 가우스(John M. Gaus)는 『행정에 관한 반성』에서 환경과의 유기적 상호관계를 고려하면서 정부기능이 분석되어야 한다는 행정의 생태론적 연구를 시도하였으며, 행정에 영향을 미치는 환경적 요인 또는 변수로서 다음과 같은 7가지를 들고 있다.

① 주민: 연령, 지역, 기간, 계층별의 인구분포 변화는 공공정책이나 행정에 영향을 미친다.

② 장소: 물적·인적 자원의 지역적 변동도 영향을 미친다.

③ 물리적 기술: 자동차의 발달, 고속도로 건설 등과 같이 물리적 기술의 변화는 중요성을 가진다.

④ 사회적 기술: 사회제도, 사회기술의 변화와 그 계속적인 영향도 중요한 의미를 가진다.

⑤ 욕구와 사상: 국민의 욕구나 사상은 정치적 행동을 촉구하게 되며 행정요소의 충족을 필요로 하게 된다.

⑥ 재난: 긴급사태와 재난 등은 행정이 당면하는 과제로서 대책이 요구된다.

⑦ 인물: 사회적·물리적 기술을 발전시키거나 국민의 사상에 큰 영향을 미친 인물을 연구할 필요가 있다.

가우스의 생태이론이나 리그스가 비교행정방법론으로 제기한 일반체제이론은 행정이 환경에 의해 제약되고 특징지워진다고 이해하였다. 변화하는 환경 속에 존재하는 행정조직은 환경으로부터 받는 영향·압력에 적응해 나가야 하며, 특히 관료조직으로서 변동저항적·현상유지적 성격이나 보수적 경향이 강한 행정조직일수록 환경에 대한 적응이 요청된다.

그러나 이러한 입장은 행정의 환경요인에 의한 제약성・피동성을 너무 강조한 데 문제점이 있었다. 생태이론이 처음 주장되었을 때에는 환경이 행정에 미치는 요인이 중요시되고 행정의 피동적 성격이 지적되었다. 그러나 이러한 입장을 취하는 경우 신생국이 직면하고 있는 낙후된 경제상・사회상에 비추어 발전에 대하여 비관론・악순환론・숙명론에 빠질 우려가 있었다.

3) 발전론: 환경에 대한 행정의 영향

1960년대부터 발전론이 활발하게 논의되면서 행정을 환경의 종속변수로 생각하는 생태론적 결정론이 비판을 받게 되고, 행정이 능동적으로 환경의 변동을 유도・촉진시키는 기능을 중요시하게 되었다. 리그스(Fred W. Riggs)도 『발전의 생태론』(*The Ecology of Development*, 1964)에서 종전의 이론적 입장인 결정론을 역전시킴으로써 동태적・발전적 요인을 강조하였다. 미국에서도 1970년대에 신행정론이 제창되면서 행정기능에 의하여 적극적으로 사회형평을 실현하도록 강조되고 있다.

(2) 생태론적 접근방법에 대한 평가

생태론적 접근방법은 특정 사회의 포괄적 행정상황과 현상의 존재이유를 설득력 있게 설명해 주는 힘을 지니고 있으며, 따라서 행정학의 과학성을 높이는 데 상당한 기여를 하였다. 그러나 다음과 같은 몇 가지의 단점도 내포하고 있음이 지적되고 있다. 첫째, 현상진단력은 뛰어나지만 처방의 제시가 어렵고, 둘째, 행정의 환경에 대한 의존성・종속성을 강조하다 보니 행정의 적극적・주체적 역할을 설명하기 힘들며, 셋째, 환경적 요인의 설명에 있어서도 정치・경제・사회・문화들 중 어느 요인이 각각 얼마만큼 영향을 미치는지의 상대적 영향력을 측정하기 힘들다. 마지막으로 거시적 분석에 치중하다 보니 구체적 행정조사자인 행위자의 생각과 행동을 설명할 수 없고 또한 행동방향의 예측도 어렵게 된다.

5. 체제론적 접근방법

오늘날 사회과학에서 가장 유행하고 있는 접근방법은 체제이론(system theory)이다. 이에 따르면 어떤 현상이라는 것은 전체의 한 부분이며 행정현상은 사회라는 전체 속의 한 부분체제로서 다른 많은 체제와 서로 영향을 주고 받으며 존재한다는 것이다. 체제는 다소 분화되고 이질적인 요소가 있지만 전체를 위한 목표로 통합되며 질서체계를 가진다.

(1) 체제론적 접근방법의 내용

대부분의 체제는 그보다 작은 하위체제를 가지며, 각 체제는 외부와 내부의 흐름을 균형 있게 하려는 경계(boundary)를 가지고 유용한 자원을 내부로 투입시키며 불필요한 것을 유출시킨다. 이러한 과정을 통하여 체제는 균형상태를 도모하며 환경과의 상호작용 속에서 자기의 정체성을 유지하려는 속성을 가진다.

체제이론에서는 투입(input)과 전환과정(conversion process), 그리고 산출(output)의 흐름으로 체제의 본질을 파악하며, 산출의 영향이 다시 체제에 투입되는 환류(feedback)로서 체제의 계속성이 유지된다는 것이다. 정치체제나 행정체제에서는 국민적 요구나 지지가 투입되고, 투입된 요구에 반응하여 전환과정, 즉 정책의 형성을 위한 활동을 거쳐 행정서비스나 재화가 산출된다.

(2) 개방체제의 구성요소

체제 중에서 환경과의 상호관련성이 강조되는 것이 개방체제인데, 개방체제는 환경과의 상호작용 속에서 투입-전환과정-산출-환류의 역동적 작용을 수행한다. 여기서 환경이란 체제에 영향을 받는 개인, 집단, 기관 또는 사회적·경제적·정치적 상황 등을 의미한다.

① **투입**: 외부환경으로부터 어떤 형태의 에너지를 받아들이는 것으로, 정치·행정체제에서 요구와 지지로 구분한다.

② **전환**: 투입된 에너지를 처리하거나 가공하여 새로운 산출물로 만드는 과정이다.

③ **산출**: 체제가 어떤 결과를 환경으로 배출하는 것이며, 정치・행정체제에서는 주로 정책이 된다.

④ **환류**: 산출의 결과를 차기의 새로운 투입으로 환원하여 반영시키는 과정이다.

(3) 체제의 기능

파슨스에 의하면 체제는 목표를 달성하기 위하여 다음 네 가지의 기본적 기능을 수행한다고 한다.

① **적응기능**: 체제의 유지・존속을 위하여 그 자체를 환경에 적응시켜야 하며 자원과 정보를 수집하여 환경의 변동에 대응해야 한다.

② **목표달성기능**: 환경으로부터 조달된 자원들을 이용하여 물자, 서비스, 지식 등의 유형・무형의 가치를 산출함으로써 목표를 달성하게 한다.

③ **통합의 기능**: 체제를 구성하는 하위체제를 목표에 맞추어 조직화하고 활동을 조정하는 기능을 한다.

④ **체제유지기능**: 체제가 자신의 기본적인 가치체계를 유지, 창조와 재생산을 위한 기본형태를 유지하는 것이다.

(4) 체제론적 접근방법에 대한 평가

체제론적 접근방법은 연구대상을 상징적으로 다루므로 추상적이며, 부분적 구조보다는 전체를 중요시한다. 그리고 변동을 다룬다는 점에서 동태적이며, 업무기능의 수행에 관심을 가진다는 점에서 실제적이라는 특징을 가진다. 사회체제나 정치・행정체제 사이의 비교분석을 용이하게 하며, 문제의 원인규명을 통하여 합리적 해결방안을 제시할 수 있고, 인과관계를 객관적이고 체계적으로 설명함으로써 행정이론의 과학화에 기여할 수 있다는 장점이 있다.

그러나 체제의 주체적 역할을 경시하고, 인물의 성격 및 리더십을 과소평가한다. 따라서 발전도상국의 정부주도적 발전이라는 행정현상을 설명하기 힘들다. 이는 체제이론이 안정된 선진사회를 중심으로 구성되었기 때문이다. 사회체제의 안정・균형・조화를 강조하다 보니 체제옹호 내지 보수편향으로 흐르기 쉽다. 거시적 모델에 지나치게 의존하므로 구체적 행정현실이나 여러 가지 국면을 정확하게 반영하기 힘들다.

6. 현상학적 접근방법

사회과학에서 지금까지 주류를 이루어 온 것은 행태주의, 객관주의 및 논리실증주의였다. 이러한 연구경향은 행정학의 과학화에 공헌을 했지만 가치를 배제함으로써 행정의 방향을 제시하지 못하고, 또한 논리성 및 정밀성을 강조한 나머지 행정의 실상을 외면한 형식논리에 빠지기 쉽다는 비판을 받고 있다.

이와 같은 한계를 보완하는 새로운 측면의 연구가 현상학적 접근방법이다. 현상학적 입장에서의 현상이란 인간의 의식작용을 통해서 어떤 의미가 부여된 모든 것을 말한다. 그것이 현실이든 상상이든 실제이든 관념이든 상관없다. 현상학이란 사회적 행위의 해석에 있어서 의식을 중요시하는 학문으로, 사회적 세계의 현상의 행위를 연구하는 방법과 관련된다.

(1) 현상학의 내용적 특징

첫째, 현상학의 기본사상은 모든 현상을 직시적으로 연구하는 데 있으며, 편견・선입관・무지를 배제한다. 둘째, 현상학의 과제는 의식의 본질, 지각의 본질 등 모든 본질의 연구에 있으며, 여기에는 단순한 감각적 자료뿐만 아니라 생활세계의 즉각적인 통념의 지각까지 이용된다. 셋째, 현상학에서 주요 개념인 순수체험, 자아의식을 주관적으로 환원시키는데, 이를 통하여 나에게 타당한 객관적 세계가 타인에게도 본질적인 관계를 맺어 선험적 주관성을 갖는다. 넷째, 현상학적 분석기법은 현상학적 환원, 형상적 환원, 인지대상과 인지현상 간의 관계분석의 3가지 주요 과정을 밟는다. 다섯째, 사회적 행위의 주관적 의미를 객관적으로 이해하는 방법을 발전시키기 위해서는 논리적 일관성, 주관적 해석, 적합성 등 3가지의 원리에 따라야 한다. 현상의 분석이 판단논리와 순수논리에 기초하고 있으며, 철학적 사고와 방법이기 때문에 이론의 과학성을 높여준다. 사회현상의 통찰과 판단작용이 생활 속의 관련성의 체계 아래 이루어지므로 연구대상을 언제나 접할 수 있다.

(2) 현상학의 비판

첫째, 이 접근방법은 지나치게 사변적이고 철학적이기 때문에 주관적인 철학의 범주를 벗어나기 어렵다. 둘째, 이 접근방법은 행위의 목적성과 의도성을 찾아내는 데 주안점이 있지만, 이것을 해결하는 방법에 대해서는 언급이 없다. 셋째, 인간의 모든 행위는 의식과 의도의 산물이라고 가정하고 있는데, 인간행위의 많은 부분이 무의식이나 집단규범 또는 외적 환경의 산물이라는 것을 간과하고 있다. 넷째, 조직 내의 개별적 행위들에 대해서는 설명을 잘하고 있지만 조직의 전체성을 파악하는 데에는 미약하다.

7. 공공선택론적 접근방법

공공선택론(public choice)은 사회적 선택 또는 집단적 선택이라고도 불리는 것으로, 1960년대부터 본격적으로 시작된 부캐넌과 툴록(G. Tullock) 등의 현대 정치경제학 연구에 힘입어 형성된 행정연구의 한 접근방법이다. 이 접근방법은 시장의 범주 밖에서 일어나는 결정행위를 경제학적으로 접근하고 연구하는 것으로서, 인간은 철저하게 자기이익을 추구하는 데 있어서 합리적이라는 전제하에서 정치나 행정영역에서 일어나는 결정행위를 경제학적으로 분석・파악한다.

(1) 공공선택론의 성립배경

공공서비스를 독점적으로 공급하는 전통적인 정부관료제는 시민의 요구에 민감하게 반응할 수 없는 제도적 장치이며, 동시에 조직화된 압력단체들의 영향하에 공공서비스를 독점적으로 공급하고 소비자인 시민의 선택을 억압하게 된다. 공공선택론에서는 정부를 공공재의 생산자로서, 그리고 시민들을 공공재의 소비자로서 파악하고, 이러한 관점에서 비용의 극소화와 시민의 편익을 극대화할 수 있는 서비스의 공급과 생산은 공공부문의 시장경제화를 통해 가능하다는 것이다. 공공선택론에서는 정부실패의 원인을 공공재의 생산과 공급에 정부관료제의 독점적 영향력에 있다고 본다. 따라서 공공서비스의 제공은 시민 개개인의 선호와 선택을 존중하고 경쟁을 통하여 서비스를 제공함으로써 행정의 대응성을 높일 수 있다고 주장한다.

(2) 공공선택론의 기본가정 및 특징

1) 방법론적 개인주의

공공선택론은 방법론상으로 개인중심적 입장을 취하며 개인의 행동(선택)을 기본적 분석단위로서 중요시한다. 이러한 개인은 개인마다 다른 선호와 이기심을 가진 인간이며, 대안의 우선순위를 정할 수 있는 합리인으로서 자기의 선호에 비추어 최고의 순이득을 가져올 대안의 선택을 의미하는 극대화전략을 채택할 것으로 가정된다.

2) 정책의 파급효과 중시

정치경제학적 성격이 강한 공공선택론은 공공재와 공공서비스의 특질을 중요시하고, 공공정책이란 공공재와 공공서비스를 사회에서 합리적으로 배분할 수 있는 수단으로 파악한다. 그리고 정부활동의 어느 한 부문의 공공정책은 사회의 모든 부문에 직접・간접으로 영향을 미치게 되며, 이 영향은 긍정적일 수도 있지만 비의도적인 부정적인 효과를 내는 경우도 있다.

3) 제도적 장치의 활용

민주행정을 위한 공공선택론은 다양한 공공재와 공공서비스를 제공하기 위해 각 수준에 맞는 분권적 조직이나 중첩적인 제도적 장치가 마련되어야 한다.

(3) 공공선택론의 평가

공공선택론은 경제적 합리성을 지나치게 강조함으로써 인간의 비합리적 측면과 경험 등을 제외시킨 결과, 이론적 명제의 타당성을 크게 저해할 수 있다는 비판을 받는다. 그러나 공공선택론은 방법론적 개인주의와 경제적 합리성을 기본가정으로 하여 공공재와 공공서비스의 효율적인 공급을 가져오기 위한 실증적이고 규범적인 설명을 제공하고, 행정의 분권화와 탄력성 및 대응성을 제고시킴으로써 민주행정의 실현과 자원배분의 효율성을 달성할 수 있게 하였다는 점에서 그 유용성이 인정된다.

제3장

행정국가와 현대행정

제 1 절 국가관의 변천과 행정국가의 전개

1. 행정국가의 형성

근대적 의미의 행정은 자유주의적 권력분립주의의 영향 아래서 성립된 개념이다. 권력분립이론은 국가권력을 입법・사법・행정의 3권으로 나누고 그것을 각각 입법부・사법부・행정부로 하여금 분장케 하고, 동시에 상호 견제시킴으로써 권력집중으로 인한 전제를 방지하고 국민의 자유를 보장함을 목표로 한 것이었다.

초기 자본주의 발달과정에서는 국가의 역할보다는 개인의 사적 활동이 중요시되었다. 그리고 그러한 사적 활동들은 사회영역에서 이루어지며 국가가 가능한 한 그들의 활동을 간섭해서는 안된다는 가정이 지배적이었다. 사회 내에서 이루어지는 사적인 활동들은 '보이지 않는 손'에 의해 자동적으로 조화와 균형을 이루기 때문에 국가는 그러한 활동영역에 간섭할 필요가 없으며, 국가의 주된 임무는 전체 사회를 보호하기 위한 국방과 국내 치안질서의 유지라는 두 가지 목적에만 국한되었다. 이와 같은 18~19세기 야경국가 또는 입법국가에 있어서의 행정은 가능한 한 국가활동영역의 감축을 원리로 하는 것이었다. 다시 말해서 시민에 대한 국가의 간섭을 가능한 한 배제하고 개인의 자유와 평등을 최대한으로 보장하려는 자유주의적 사상이 행정의 기본적 지도원리로 작용되었으며, 이러한 자유주의적 사상은 경제적으로는 절대적인 사유재산의 보호와 자유경쟁의 보장으로 나타났다.

그러나 고전적 시장경제원리의 핵심이라고 할 수 있는 시장의 자기규제적 메커니즘의 한계가 노출됨에 따라 독점자본주의의 형태가 나타나게 되고, 이것은 국가의 개입을 강력히 요구하게 되었다. 사실상 1929년의 경제공황에 대처하기 위한 뉴딜정책은 자유방임주의에 대한 국가통제의 필요성을 새롭게 인정한 것이라고 볼 수 있으며, 사회 자체가 각 방면에 걸쳐 국가활동을 요청하기에 이르렀던 현실에 입각한 것이라 할 수 있다. 그리하여 국가의 기능, 특히 행정의 기능이 점차적으로 그 중요성을 인정받기에 이르렀으며, 이것이 바로 야경국가 또는 보안국가로부터 직능국가, 행정국가로 변모된 현상인 것이다. 행정국가는 행정기능의 확대・강화에 따라 본래 국정의 집행기관인 행정부가 정부의 기본정책을 수립·유지·발전시킴에 있어서 입법기관보다도 실질적인 우위를 점하고 중추적 역할을 담당한다는 기능적 관점에서의 국가 개념이다.

2. 행정국가의 특성

(1) 구조적·양적 측면

① 행정기능의 확대·강화

단순한 질서유지나 집행에 그치던 행정기능이 1930년대 이후에 사회·경제적 병리 극복, 규제문제, 교통·도시·빈곤·실업·공해 문제 등에 직면하게 되면서 행정기능의 확대·강화가 초래되었다. 특히 발전도상국은 경제발전과정에서 정부의 유도·발전이 불가피하기 때문에 이에 따른 행정기능이 증가되고 있다.

② 행정구조의 확대와 민영화의 추세

행정기능의 확대와 업무량 증가에 따라 행정기구가 확대되고 있다. 그러나 1970년대에는 세계적인 재정위기로 민영화와 작은 정부를 지향하는 경향이 나타나고 있다.

③ 공무원 수의 증가

행정기능과 기구의 확대, 증가와 더불어 공무원의 수가 증가한다. 그러나 파킨슨은 공무원 수의 증가는 업무량의 증가와는 관계없이 증가한다고 한다. 이를 파킨슨 법칙(Parkinson's Law)이라고 한다.

④ 재정규모의 팽창

행정기구 확대나 공무원 수의 증가는 급격한 재정규모의 팽창을 초래한다.

⑤ 공기업 수의 증대

현대 행정국가에서 행정부의 경제적 기능이 증가함에 따라 정부는 공공성과 기업성을 결합하여 공기업을 증대시키고 있다.

(2) 기능적 · 질적 측면

① 행정의 전문화 · 기술화

현대사회의 기능적 분화와 더불어 행정분야에서도 전문화 · 기술화 현상이 광범하게 나타나고 있다.

② 정책결정과 기획의 중시

1930년대의 대공황 발생, 국제정세의 긴장과 세계대전의 발발 등으로 행정기획의 중요성이 인식되고 각종 경제, 사회계획이 추진되었다. 특히 발전도상국에서도 예외 없이 발전계획이 추진되고 있다.

③ 행정조사와 통계의 중시

불확실성과 유동성 및 확산성을 지닌 행정수요를 미리 예측하여 보다 정확하고 신속한 행정서비스를 제공하기 위해 행정조사와 통계를 활용하고 있다.

④ 컴퓨터와 관리과학의 이용

행정의 합리적 · 효율적 운영을 위해 컴퓨터에 의한 행정관리의 전산화, 체제분석, PERT 관리기법, 관리정보체제를 활용한다. 이들은 행정에 있어서의 문제해결, 의사결정, 정책분석 등의 효율화에 기여하고 있다.

⑤ 예산과 계획의 연결 필요성 증대

행정부의 계획기능이 중시되고 증대됨에 따라 사업계획의 효율성을 높이기 위하여 통제와 전년도 답습을 중시하던 예산제도를 벗어나서 예산을 제도적으로 연결시킬 필요성이 증대하였다. 그리하여 목표관리(MBO), 계획예산(PPBS), 영기준예산(ZBB) 등이 도입되고 있다.

⑥ 행정조직의 동태화

조직의 경직성을 최소화하고 불확실한 행정수요에 대응하기 위하여 계층제에 구속받지 않고 사업을 수행하는 프로젝트 팀, 태스크포스 등의 동태적 조직을 활용하고 있다.

⑦ 행정의 광역화

교통통신의 발달에 따른 국민의 생활권 · 경제권 확대로 행정수요가 종래의 지역적 행정수요에서 광역적 행정수요로 변화되었다. 따라서 광역행정의 필요성이 증대하게 되었다.

⑧ 행정평가의 중시

행정인, 행정조직, 공공정책 등을 목표의 달성도와 효율성을 고려하여 평가하려는 경향이 두드러지고 있다.

⑨ 행정책임과 행정통제의 중시

행정기능의 확대와 공무원의 재량권의 증대로 행정의 책임문제가 중시되면서 행정책임을 효과적으로 보장하기 위한 행정통제 또한 중시되고 있다.

3. 작은 정부론

근대국가가 출범할 당시 대부분의 국가는 국방・사법・치안・외교와 같은 기능만을 수행하는 작은 정부를 지향하였고, 그 밖의 기능은 민간부문이 담당하여 왔다. 그러나 20세기에 들면서 정부기능이 점진적으로 확대하는 경향을 보였으며, 1929년 대공황과 제2차 세계대전을 겪으면서 가속화되었고 1970년대 초에 그 절정에 이르렀다. 이러한 거대정부(big government) 경향은 1970년대 이후 비판을 받기 시작하여 1980년대에 와서는 정부기능의 축소와 민간부문의 확대라는 새로운 양상으로 변모되었다. 1980년대 이후 선진국들은 효율적인 정부론을 내세우면서 정부기능을 축소하여 작은 정부로의 지향을 추진해 왔다.

작은 정부론이 주장되는 배경의 근본적인 것은 정부실패에 대한 대응논리로서 공공사무의 일부를 민간부문으로 이전하여 시장원리를 회복하고 시장복권 등을 이루어야 한다는 주장이 대두되면서부터이다.

제 2 절 시장실패와 정부실패

1. 시장실패

전통적으로 자본주의체제하에서 자원배분기능을 담당하는 제도적 장치인 시장과 정부는 상호 대체적인 관계인 것으로 인식되어 왔다. 즉 '시장' 아니면 '정부'라는 이분법적 사고가 지배해 왔다. 시장과 정부의 이러한 상호대체적 역할분담 관계를 설명하고 있는 것이 바로 시장실패와 정부실패 이론이다.

시장은 완전경쟁 조건이 충족될 경우 가격이라는 '보이지 않는 손'에 의한 조정을 통해 효율적인 자원배분을 달성할 수 있다. 그러나 완전경쟁시장은 그 전제조건의 비현실성과 불완전성으로 인해 실패할 수 있다. 시장기구를 통해 자원배분의 효율성을 달성할 수 없는 경우가 발생할 경우, 이를 시장실패라 한다. 시장실패를 야기하는 요인으로는 공공재의 존재, 외부효과의 발생, 자연독점, 불완전한 경쟁, 정보의 비대칭성 등이 제시되고 있다. 이러한 요인들에 의해 시장실패가 발생할 경우 이를 방지하기 위한 정부의 시장개입이 필요하게 된다.

시장실패를 방지하기 위한 정부의 역할은 공적 공급 또는 정부의 직접공급, 보조금 등 금전적 수단을 통해 유인구조를 바꾸는 공정유도, 법적 권위에 기초한 정부규제 등으로 구분해 볼 수 있다.

2. 정부실패

1980년대 이전까지만 하더라도 시장실패를 방지하기 위해 등장한 정부는 항상 무오류라는 것을 전제하고 정부의 기능이 논의되었다. 그러나 1980년대 이후 정부의 무오류에 대한 회의가 증가하고 정부에 대한 신뢰가 크게 줄어들면서, 시장실패를 줄이기 위해 등장하는 정부부문이 오히려 새로운 비효율과 불공정성을 창출할 수 있다는 사실을 인식하기 시작했다. 이처럼 정부의 시장개입이 의도한 결과를 나타내지 못하거나 기존의 상태를 오히려 악화시키는 결과를 초래하는 경우, 이를 정부실패라 한다.

일반적으로 정부실패를 야기하는 요인으로는 사적 목표의 설정, 비효율·비용체증, 예측하지 못한 파생적 외부효과, 권력의 편재 등을 들 수 있다. 이러한 요인들의 작용에 의해 정부실패가 발생할 경우, 이를 방지하기 위한 방법으로는 신자유주의적 시장체제로의 회귀 또는 시장기능의 복원이라는 기본방향에 입각하여 민영화 및 민간위탁, 보조금 등 정부지원의 삭감 또는 폐지, 규제완화 등을 들 수 있다.

그러나 정부실패를 방지하기 위해 정부의 역할을 다시 시장부문에 이양하는 것은 또 다른 시장실패를 유발할 수 있다. 이러한 문제를 해결하기 위해 최근 시장실패와 정부실패를 함께 방지할 수 있는 제도로서 거버넌스가 제시되고 있다.

제 3 절 뉴거버넌스

서구 선진국들의 경우 19세기 말에서 20세기 말에 이르기까지 한 세기 동안 그들이 제도화해 온 행정국가시대를 마무리하고, 21세기에 들어서면서 신행정국가시대로 이행이 이루어지고 있다. 신행정국가의 이행은 신자유주의 이데올로기의 확산, 탈근대주의 사조의 대두, 전 지구화로 지칭되는 세계체제의 변화, 그리고 정보화로 대표되는 과학기술의 발달 등에 의해 촉진되고 있다.

1. 거버넌스의 개념

거버넌스(governance)는 전통적인 정부 이미지와 대조되는 새로운 방식의 통치라는 의미를 지니는 것으로, 학자들 간에 다의적으로 사용되는 용어이다. 정부라는 용어는 ① 거버닝(governing) 활동 및 과정 또는 거버넌스의 의미도 있지만, ② 명령된 규칙의 조건, ③ 통치자의 의무를 책임지고 있는 사람들, ④ 특정의 사회가 통치되는 방식・방법 또는 체계 등의 의미도 지니고 있다.

반면에 거버넌스라는 용어가 갖는 의미는 이와 같은 전통적 의미의 정부와 동의어가 아닌 ① 하나의 새로운 거버넌스 과정, ② 규칙・지시・조건의 변화 또는 ③ 사회에 대한 새로운 관리방식을 강조함으로써 전통적인 정부가 갖는 의미에 변화를 가져오려는 개념이다. 또한 정부의 개념보다는 좀더 넓은 개념이며, 정부부문의 제도들보다는 과정이나 결과를 의미한다.

거버넌스는 통치, 국가경영, 네트워크 관리, 협치(協治) 등 다양한 용어로 번역되고 있으나, 거버넌스라는 원어를 그대로 사용하거나 국정관리 혹은 국정운영(national governance)과 같은 용어가 무난하다. 국가수준 이외의 다른 수준에서는 시정관리(city governance), 도정관리(provincial governance), 국제관리(international governance) 등의 용어로도 표현되고 있다.

2. 뉴거버넌스의 의미

1980년대초 이후 영미권을 중심으로 하는 서구 나라들 사이에서 유행해 온 뉴거버넌스는 다음과 같은 여섯 가지 다른 의미를 지니고 있다.

(1) 최소국가

거버넌스를 최소국가의 의미를 나타내는 것으로 정의하는 방법이다. 공공개입의 범위와 형태를 재정의하고, 공공서비스 공급에 있어서 시장과 준시장을 활용하려는 것이다. 즉 사적 부문이 더 높은 질의 공공서비스를 제공할 수 있다는 것이다. 자유무역과 시장원칙에 의한 전 지구화 상황에서 사업을 직접 수행하는 사적 부문이 경제발전의 원동력이 되고 있으며, 그러한 상황에서는 정부가 시장에 대한 규제를 완화시켜야 한다는 주장이다. 구체적으로 ① 더 적은 수의 이슈를 다루는 작은 정부일 것, ② 국제적인 시각과 융통성을 지닌 정부일 것, ③ 책임성 있는 정부일 것, ④ 공정한 정부일 것 등이 강조된다.

(2) 기업적 거버넌스

기업적 거버넌스는 기업의 전반적인 방향제시, 최고관리활동의 통제, 기업의 범위를 넘어서는 이해관계자들에 대한 책임성과 규제에 관한 정당한 기대를 만족시키는 일 등과 관련된다. 즉 회사의 최고관리자들이 주주 및 이해관계자들의 이익을 보장하기 위하여 책임성, 감독, 평가, 통제 등의 역할을 수행하는 것을 의미한다. 이 개념을 공공분야에 도입할 경우, 의무적 경쟁입찰, 내부시장에서의 재량적 사업단위 설치, 좀더 상업적인 경영형태 도입 등이 강조된다. 구체적으로 ① 개방성 혹은 정보의 공개, ② 통합 혹은 직선적인 거래 및 완결성, ③ 책임성 혹은 개개인의 책임과 역할을 명백히 규정함으로써 그들의 행위에 대한 책임의 확보, ④ 사적 부문의 경영실무가 공공부문에 중요한 영향을 미치는 것 등이 강조된다.

(3) 신공공관리

신공공관리(new public management)는 본래 다음의 두 가지 의미를 함축하고 있다. 첫째, 관리주의(managerialism)이다. 이는 사적 부문의 경영방식을 공공부문에 도입하려는 것이다. 둘째, 신제도주의 경제학(new institutional economics)이다. 이것은 시장경쟁과 같은 유인체제를 공공서비스 제공에 도입하려는 것이다. 영국의 경우 1988년 이전에는 관리주의가, 그 이후에는 후자가 지배적인 개념으로 자리잡고 있다.

신공공관리에서는 소위 방향잡기(steering) 기능을 분석의 중심으로 삼는데, 이 방향잡기가 거버넌스의 동의어인 것으로 볼 수 있다. 정책결정(방향잡기)과 서비스전달(노젓기)을 구분하여 일종의 부도난 노젓기 수단인 관료제 대신에 기업가적 정부를 대안으로 제시한다. 즉 경쟁, 시장, 고객, 결과에 관심을 가지며 작은 정부 혹은 작은 노젓기, 그러나 더 많은 거버넌스 혹은 더 많은 방향잡기를 목적으로 한다.

신공공관리와 거버넌스는 거의 같은 시기에 나온 것으로 두 관점 간에는 몇 가지 유사한 점이 있다. 첫째, 정치를 직접적인 방향잡기가 아닌 목표설정으로 본다는 점이다. 둘째, 공통적인 책임성의 문제를 지니고 있는 점이다. 거버넌스는 중개자와 소비자 선택 사이의 전통적인 경로를 대체함으로써 책임의 문제를 해결할 수 있다는 관점이고, 신공공관리는 사람들의 선호를 보여주는 시장에 초점을 맞춤으로써 문제를 해결하고자 한다. 따라서 사람들은 그들의 의사를 반영하도록 하기 위해서 그들의 대표자를 선출할 필요가 없어진다. 셋째, 두 관점 모두 이유는 다르지만 공공부문과 사적 부문을 양분하지 않는다. 거버넌스는 공공부문과 사적 부문의 행위자들이 함께 일한다고 보고, 신공공관리는 정부와 관료제가 사적 부문의 아이디어들을 사용함으로써 효율성을 향상시켜야 한다고 본다. 넷째, 두 관점이 모두 투입보다는 산출에 대한 통제를 강조한다. 다섯째, 거버닝을 중심개념으로 삼는 점에서도 유사하다.

한편 신공공관리와 거버넌스 간에는 다음과 같은 차이점이 있다. 신공공관리는 ① 조직내부에 초점을 두고, ② 설정된 관계가 아니라 목표에 관심이 있으며, ③ 결과에 초점을 두고, ④ 경쟁과 방향잡기는 서로 양립할 수 없는 것으로 본다. 게다가 공공부문은 모든 결함의 원천이라는 이데올로기적 배경을 지니고 있다. 이런 점에서 신공공관리가 하나의 조직이론이라면, 거버넌스는 국가와 사회 간의 어떤 형태의 교환에 관한 정치이론이라고 할 수 있다.

(4) 좋은 거버넌스

거버넌스를 좋은 거버넌스(good governance)의 의미로 정의하는 것은 세계은행의 정의이다. 좋은 거버넌스의 세 가지 요소에는 ① 거버넌스의 체계적 사용(정부보다 넓은 의미로서 내・외의 정치적 및 경제적 권력의 배분을 포함하는 것), ② 거버넌스의 정치적 사용(민주주의적 위임에 따라 정당성과 권위 모두를 향유하는 국가를 의미), ③ 행정적 요소(즉, 효율적이고 개방적이며 책임 있고 감사대상이 되는 공무원으로서, 적절한 정책결정과 집행을 수행할 수 있는 관료제적 능력을 소유하는 것을 의미)가 있다.

그러나 공공부문에서의 효율성을 확보하기 위해서는 경쟁과 시장, 민간화, 과도한 공공인력의 감축, 예산규정의 도입, 행정분권화, 비정부조직의 활용 등을 권장하고 있다.

(5) 사회적 인공지능체계

거버넌스를 사회적 인공지능체계(socio-cybernetic systems)의 의미로 정의할 때, 거버넌스는 사회정치체계에서 하나의 모든 행위자들의 상호작용 노력의 공통적인 결과로서 출현하는 유형 혹은 구조를 의미한다. 여기서 정부는 공식적 권위에 의해 뒷받침되는 활동을 의미하는 반면, 거버넌스는 공유된 목표에 의해 뒷받침되는 활동으로서 정부조직뿐만 아니라 비공식 및 비정부적인 기구들도 포함하는 좀더 포괄적인 의미이다.

(6) 자기조직화 연결망

거버넌스를 자기조직화 연결망(self-organizing networks) 혹은 자기조직적인 조직간 연결망(self-organizing interorganizational networks)으로 정의하는 경우, 이 연결망은 시장과 계층제의 권위에 의한 자원배분이나 통제・조정을 위한 거버넌스 구조를 보완한다. 최근 영국에서의 변화, 특히 국가의 속비우기 혹은 공동화하기(hollowing out the State), 신공공관리, 정부간 관리 등의 개념들은 모두 이와 같은 개념 정의에 포함될 수 있다.

자기조직화 연결망과 유사한 개념으로서 소위 공공 거버넌스가 제시되고 있다. 이 개념은 신공공관리에 대한 하나의 강력한 문제제기로써 대두된 것이다. 즉 공공부문의 업무와 환경이 사적 부문과 많이 다르기 때문에 사적 부문을 위해 개발된 기술을 공공부문에서 사용하는 것은 가능하지 않다는 것이다. 신공공관리에 대한 대안으로서 공공 거버넌스는 조직의 능률성뿐만 아니라 법의 준수, 정당성, 규범 및 가치의 보호도 포함하는 개념이다. 국가는 계획된 체제의 관리가 아니라 중재역할에 초점을 두어야 한다.

제 4 절 정부와 NGO

1. NGO의 의의

1948년 유엔은 후진국 경제개발을 지원하면서 민간기구에 감시를 맡겼고, NGO(Non-government Organization)라는 용어를 1950년 2월 유엔경제사회이사회에서 정의한 제288조가 통과되면서 공식적으로 사용되기 시작하였다. 이후 NGO는 유엔이 인정하는 민간기구뿐만 아니라 국제협력사업에 참여하는 민간단체, 즉 유엔과 협의적 위치를 갖는 정부와 관련되지 않은 공식적으로 인정되는 조직을 총칭하게 되었다. 즉 유엔은 NGO를 다의적이며 포괄적 개념으로서 비정부・비국가 조직체를 의미하며, 자발성을 바탕으로 비영리적인 집단이나 조직 또는 결사체, 기구나 단체, 그리고 운동세력을 포함하는 것으로 정의하고 있다.

우리나라에서도 NGO를 나타내는 용어가 NGO, 시민단체, 시민운동단체, 민간단체, NPO(Non-profit Organization) 등으로 다양하게 혼재되고 있다. 그러나 NGO의 의미는 각국의 사회・경제적 조건이나 역사적 배경에 따라 서로 다르게 인식되고 있으며, 특히 NGO, NPO, 제3섹터 등은 유사용어라기보다 각각이 포괄하는 범위에서도 국가간에 차이가 있다.

일반적으로 NGO는 이윤을 추구하거나 배분하지 않는 민간 비영리조직이라는 의미로, 정부기관이 아니라는 점을 강조해서 NGO라고 부르기도 하고, 영리를 추구하지 않는다는 점을 강조해서 NPO라고 부르기도 한다. 즉 NGO는 민간의 입장에서 이익을 추구하기보다는 사회적 사명의 실현을 우선하는 조직의 성격을 갖는다. 또한 이를 자원봉사활동과 혼용해서 사용하는 경우가 많은데, 영리를 추구하지 않는다는 측면에서는 자원봉사활동과 차이가 없지만, 자원봉사가 개인적 수준에서의 활동인 데 비해 NGO는 이러한 개개인이 모여 보다 조직화된 형태라 할 것이다.

또한, NGO를 NPO의 일부로서 주로 시민단체와 중첩되는 개념으로 사용한다. 즉 NGO를 비정부・비정파・비영리 결사체로서, 시민들의 자발적이고 능동적인 참여로 결성되고 자원주의(voluntarism)에 입각하여 회원의 직접적인 수혜와 관계없이 공익추구를 목적으로 하는 단체로 규정한다. NGO의 특징을 살펴보면, ① 민간(private)이 설립・운영하는 조직, ② 비영리성・비정치성, ③ 자치(self-governing) 조직, ④ 자발적인 참여조직, ⑤ 지속성, ⑥ 국제성, ⑦ 다양성 등을 띠고 있다.

2. NGO의 생성이론

NGO는 복지기능, 견제기능, 교육기능, 조정기능 등 다양한 기능을 수행하고 있다. 이러한 기능과 연관하여 NGO의 생성이론을 살펴보면 다음과 같다.

(1) 공공재 생산이론

공공재 생산이론이란 정부가 정치・경제적 제약으로 인하여 미치지 못하거나 위임하는 각종 공공서비스를 제공하기 위하여 NGO가 생성된다는 것이다. 이러한 현상은 서구사회에서 복지국가 위기 이후에 더욱 두드러지고 있다. 즉 정부는 다수결원칙에 따라 획일적인 서비스를 제공하기 때문에 초과수요와 다양한 수요를 만족시키는 데 한계가 있기에 NGO가 공공재를 생산한다.

(2) 권력견제이론

권력견제이론이란 국가권력이 지닌 억압과 독점력, 경제권력이 지닌 불평등과 환경파괴 등으로 인한 부작용을 견제하기 위하여 NGO가 형성된다는 것이다. 국가는 일정한 영토 내의 주민을 배타적으로 지배하는 정치조직으로서, 특정 영토 내에서 경쟁자와 도전자를 공격하고 견제하는 과정에서 형성된다. 따라서 국가는 구성원인 국민에게 공공서비스를 제공하는 기구라는 측면뿐만 아니라, 국민을 억압하고 지배하는 권력기구라는 속성을 지닌다. 이러한 국가의 속성으로 인하여 계몽주의시대 이래로 자유주의자들은 국가권력이 확대・강화되는 것을 경계하며 국가권력에 대한 사회적 통제를 강조하였다. 따라서 시민사회에서 부정부패 방지, 인권옹호, 경제적 평등, 정치개혁 등을 목적으로 활동하는 다양한 NGO는 국가권력을 감시하고 비판하기 위하여 발생하였다.

미국에서 노예폐지운동, 여성해방운동, 복지개혁운동, 그리고 최근의 인권운동과 환경운동은 모두 NGO에서 일어났다. 한국에서도 1980년대 후반 이후 NGO들이 국가권력을 상대로 공공정책의 변화와 시민권리의 옹호를 위해 설립되었다. 오늘날 NGO는 환경보호, 소비자보호, 경제정의와 같은 분야에서 기업의 이기주의를 감시하고 시민의 권리를 적극 보호하는 역할을 한다.

3. NGO의 등장배경

NGO의 등장은 사회의 구조적 변화, 즉 여가시간의 증대, 고령화, 정보화 등으로 인해 다양하고 개별적인 삶의 가치를 추구하게 되고, 이에 따라 다양해진 주민의 수요에 행정이 적절히 대응하지 못하게 된 소위 정부의 실패와, 이것을 단순히 영리를 추구하는 기업에 맡길 수도 없는 시장의 실패에 대한 대안으로 나타난 것이라고 할 수 있다.

1980년대 이후 전 세계적인 현상으로서 NGO의 활동이 현저하게 발전된 것을 Saloman은 ① 선진국가에서의 복지국가의 위기, ② 발전도상국에서의 개발의 위기, ③ 지구규모에서의 환경의 위기, ④ 구 사회주의 국가에서의 사회주의의 위기라고 하는 '4대 위기'와, ① 통신기술의 향상과 새로운 수단의 개발에 의한 커뮤니케이션 혁명, ② 1960년대부터 1970년대에 걸친 경제성장과 도시중산층의 출현에 의한 제3세계 각국의 부르주아 혁명이라고 하는 '2대 혁명'을 지적하고 있다.

20세기 후반에 이르러 시민사회의 내재적인 힘을 사회에 동원시키는 시민단체(NGO)의 분출은, 국가사회영역뿐만 아니라 국제사회에서도 시민단체의 역할과 비중을 높여, 제5의 권력으로서의 시민단체가 국내외적인 관심의 대상이 되고 있다.

(1) 국제적 배경

1) 세계사적 변화

NGO 활동이 전 세계적인 주목을 받게 된 것은 20세기 말에 집중적으로 이루어진 몇 가지 세계사적 변화로서 ① 소련의 붕괴와 동구권의 몰락, ② 환경위기, ③ 국제사회체제에 대한 불신 가중, ④ 민주화과정, ⑤ 정보화사회의 도래 등이 있다.

2) 사회적 변화현상

지난 10년간에 일어난 사회적 변화가 우리 사회에 두 가지의 커다란 변화를 가져다 주었다.

첫째, 시민권력으로서의 NGO 현상으로, 과거에는 정부와 의회가 시민의 의사를 대변하는 것으로 되어 있었지만, 이제 일반시민은 더 이상 이러한 과거의 패러다임에 만족할 수 없게 되어 전 세계적으로 정당의 당원수는 감소하는 추세에 있는 반면, 시민단체 회원수는 계속 증가하는 현상까지 나타나고 있다. 둘째, 이제 정부, 기업, 시민사회의 공동경영의 시대에 돌입하게 되었다는 점이다. 과거에는 정부가 앞장서서 국가를 경영했다고 한다면, 이제는 정부, 기업, 시민사회가 파트너가 되어 국가를 공동으로 경영할 때에만 가장 바람직한 사회발전을 기할 수 있다는 생각이 보편적인 인식으로 자리잡게 되었다.

(2) 우리나라 NGO의 성장배경

우리나라의 시민운동은 나름대로의 독특한 성격을 가지고 발전하여 왔다. 지난 10여 년이라는 짧은 기간에도 불구하고 강력한 사회운동으로 성장할 수 있었던 이유는 첫째, 오랜 민주화운동의 과정 속에서 다수의 훈련된 사회운동가가 배출되어 왔다는 점이다. 민주화를 이룩하는 과정에서 수많은 헌신적이고 유능한 사회운동지도자가 길러져 왔고, 이들 중에 상당히 많은 수가 NGO 활동가로 탈바꿈하였다. 둘째, 우리나라의 시민운동은 단순히 탈이념적인 생활개혁운동이나 시민참여운동이 아니라, 사회 전체의 근본적인 개혁을 원하는 사회변혁운동이었다는 점이다. 셋째, 정치권에 대한 시민의 실망으로 인한 반사적 이익으로 인하여 시민운동에 대한 기대를 증폭시켰다. 이 외에도 NGO 활동가의 헌신성, 언론의 지원, 정부의 지원 등의 요인도 복합적으로 작용하였다.

4. 정부와 NGO의 협력관계

(1) 협력관계의 의의

협력관계란 비영리・공익활동 분야에서 공통의 과제영역에 관하여 정부와 NGO가 목적의식을 공유하고 상호 대등한 입장에서 상대방의 특성을 인식・존중하여 협력・협조해 나가는 관계를 의미한다. 정부내부에서의 독단적인 정책을 만들어 결정한다면, 집행단계에서 반대운동에 직면하게 되어 사업이 지연되고 불필요한 에너지를 소모하게 될 것이다. 따라서 정책을 수립하고 결정하는 단계에서 시민과 정부가 서로 협력하고 철저한 논의과정을 거쳐서 정책을 결정하는 것이 향후 사업을 추진할 때에도 시민의 자립이나 자치단체와 시민 간의 신뢰관계의 지속이라는 측면에서 바람직할 것이다.

(2) 협력관계의 형성요인

정부와 NGO 간의 협력관계가 성립되기 위해서는 다음과 같은 전제조건이 필요하다.

① 2개 이상의 섹터 참여로서 정부의 사업에 정부와 적어도 1개 이상의 민간단체가 참여하여야 한다. 정부와 NGO는 각각 서로 다른 가치기

준과 행동규범을 가지고 있다는 것을 유념하여 협력관계를 형성하여야 한다.

② 정부와 NGO는 서로 독립적으로 존재하기 때문에 상대방의 독립성을 존중해 주고 대등한 입장에 있다는 것을 재확인하는 것이 필요하다. 즉 동시에 사업을 공동으로 수행할 때에도 각각의 주체성을 기반으로 해서 상호협의를 통하여 상대방을 납득시킨 후에 행동으로 옮겨야 한다.

③ 공동의 활동이라는 것은 일회성의 '거래관계'가 아니고 계속해서 '공공관계'를 형성하고 활동을 계속해 나가는 것을 말한다.

④ 각각의 집단은 자금, 물자, 정보 등의 자원을 가지고 있어야 하며, 이를 공동활동을 위하여 제공하여야 한다.

⑤ 각각의 참여집단은 활동결과에 대해 한편이 다른 한편에 대하여 지시 혹은 명령을 내리는 일방적인 관계가 아니라 쌍방이 공동행동의 책임을 지는 것을 말한다.

⑥ NGO의 활동목적이 개인의 영리나 개인의 정치적 야망의 달성을 위한 것이 아니고, 지역사회의 발전과 주민복리 증진을 위한 비영리적인 것이어야 하며 공익을 목적으로 하는 활동분야를 가져야 한다.

⑦ 공통된 과제영역을 가져야 한다.

⑧ 목적의식의 공유는 협력관계를 구축하는 데 가장 중요한 요건이 된다.

⑨ 상대방의 특성을 인식하고 존중해야 한다. 정부와 NGO는 사고방식, 경험, 행동원리 등이 차이가 나기 때문에 양자의 공통점이나 차이점을 확인하고 서로가 양보할 수 있는 부분과 양보할 수 없는 부분을 인식하는 것이 필요하다.

(3) 협력관계의 유형

1) 보완적 관계

정부와 NGO가 보완적(complementary) 관계를 유지한다는 것은 NGO가 정부와 함께 공공재(public goods)를 공급하는 역할을 하는 경우를 의미한다. 이 경우 NGO의 공공재 공급과 관련된 활동은 정부의 재정적인 지원을 바탕으로 이루어지는 경우가 많다. 물론 정부도 직접적인 공공재의 생산에 많은 자원을 투입하지만, 동시에 일부분의 자원을 NGO에 지원하여 NGO를 통하여 공공재를 공급하는 것이다.

2) 보충적 관계

NGO가 정부의 활동에 대한 보충적(supplementary)인 역할을 하는 경우가 있다. 공공재를 공급하는 역할은 일차적으로 정부가 갖고 있다. 하지만 정부가 충분한 양의 공공재를 공급하지 못한 경우, 혹은 정부가 공급하고 있지 못하는 공공재가 있는 경우 NGO는 충족되지 못하는 공공재에 대한 사회적 수요를 보충적으로 공급하는 역할을 하게 된다. 따라서 정부가 충분한 양의 공공재를 공급할 경우 NGO의 역할은 줄어들게 되며 그렇지 않은 경우 정부지출이 줄어든 만큼 NGO의 개입이 증대되게 된다.

3) 적대적 관계

적대적(adversarial) 관계에서 정부와 NGO 간의 관계를 이해하는 경우 NGO는 정부에 대한 비판과 견제를 통하여 정책의 변화를 가져오게 하거나, 정부활동의 투명성 혹은 책무성을 확보할 수 있도록 한다. 대부분의 창도적 NGO(advocacy NGO)가 이러한 역할을 한다고 할 수 있다. 많은 창도적 NGO는 정부와 갈등관계를 유지함으로써 정부에 대한 견제와 비판을 효과적으로 수행하고 있다. 정부와 NGO 간의 적대적 관계를 반드시 부정적인 시각으로 평가할 필요는 없다. 정부와 NGO 간의 일정 수준의 긴장관계는 사회 전체적으로 긍정적으로 작용할 수 있기 때문이다.

제 5 절 정보통신기술과 행정

1. 정보통신기술이 행정에 미치는 영향

정보통신기술은 다양한 측면에 영향을 미치고 있다. 여기서는 정보통신기술이 행정환경, 행정행태, 행정조직 및 관리계층 등에 어떻게 영향을 미치는지 살펴보고자 한다.

(1) 행정환경에 미치는 영향

행정은 환경으로부터 영향을 받으며, 또한 동시에 행정환경에 영향을 미친다. 국민의 복지나 행복에 관계하는 문제에 대한 정책이나 해결은 높은 복지를 바라는 국민이나 주민의 사회적 요구로서 행정측에 요구하게 된다. 사회의 변동에 의한 행정환경의 변화와 더불어 행정은 더욱 더 확대되며, 대형화됨과 동시에 복잡다양하게 된다. 하지만 사회적 템포가 빠른 행정환경의 변화에 유연하게 대응하여 사회적 요구를 신속하게 흡수하여 의사결정의 양적 증대와 질적 다양화, 고도화에 대처하면서 적절한 행정시책을 추진해 나간다는 것이 결코 용이하지 않다.

행정환경의 변화는 현대행정의 운영에도 영향을 미치고 있는데, 주목할 점은 최근 행정에 있어서 정보기술의 가치에 대한 인식이 급속히 높아지고 있다는 사실이다. 행정이 더욱 더 확대되어 복잡다양해짐에 따라 행정에 있어서 각 기능도 복잡화・전문화・고도화하게 되는데, 주민복지에 대해 탄력적으로 대응하는 합리적인 높은 수준의 행정을 유지하기 위해서 행정의 각 기능을 유기적으로 연관시켜 합리적인 의사결정을 가능하도록 하기 위해서는 양질의 행정정보가 요구된다.

정보통신기술이 행정의 외부환경에 미치는 영향을 정치과정, 의회, 산업 및 경제, 시민・사회생활 등을 중심으로 살펴본다.

1) 정치과정에 미치는 영향

정보통신기술이 정치과정에 미치는 영향은 참여민주주의, 정보공개, 정치인의 의식구조 변화 등의 형태로 나타나게 된다. 행정정보 네트워크에 의한 참여민주주의가 확대됨으로써 정치과정에 대한 시민들의 요구의 투입이 증가하게 된다. 또한 정보통신기술을 통한 행정부의 정책입안과정이 합리화되고, 정치체제에 의한 정책결정의 내용이 국민의 요구에 더욱 충실함으로써 정치체제의 산출이 제고되고 대응성이 높아진다. 그리고 정보통신기술은 정치권력을 분권화・지방화로 유도한다.

2) 의회에 미치는 영향

원래 의회가 정보화체계를 도입하게 된 주된 동기 중의 하나가 대 행정부 관계에서 실종된 권력적 지위를 회복해 보자는 취지를 고려하지 않는다고 하더라도, 적어도 행정부가 독점해 온 정보를 의회가 공유할 수 있게 되었다는 사실은 단순히 의회의 정책쇄신능력을 신장시킨다는 의미에서뿐만 아니라, 의회가 행정부에 필요한 정보를 요구하지 않아도 된다는 점에서 과거보다 향상된 의회의 권위를 시사해 준다.

3) 산업 및 경제에 미치는 영향

정보통신기술의 도입은 정보기술・장비 등에 대한 자체적 수요의 창출은 물론, 정부와 연계된 공공기관・투자기관・기업 등의 정보화 유도에 따른 추가적 수요의 창출로 정보산업을 크게 육성하는 효과를 가진다. 또한 현존하는 국가사회 전체의 정보자원에 대한 활용증대로 정보산업을 촉진한다. 나아가 행정정보화 과정에서 정보산업에 대한 정책적 지원을 확대함으로써 산업구조 및 경제의 선진화를 촉진하게 할 수 있다.

4) 시민・사회생활에 미치는 영향

정보통신기술은 보건・의료・복지・교육・학습・문화・안전・방제・교통 등 시민의 모든 일상생활에 있어서 수요의 고도화・개별화・다양화에 따라서 각종의 정보체계가 보다 구체적으로 구축될 것이다. 또한 가정의 정보화로 인하여 가정생활에 있어서 편리성・안정성을 지향하는 자동성, 고기능화가 전망된다. 특히 홈시큐리티의 구축으로 방제・방범 등 가정의 안정성이 도모되며, 정보화로 과거보다 더 많은 시간적 여유를 갖게 됨으로써 시민들이 종전보다도 지역활동이나 문화활동에 더 많은 시간을 보내게 된다.

(2) 행정행태에 미치는 영향

정보화는 조직구성원의 업무수행에 효율성을 증진시켜 주기도 하지만, 업무를 수행하는 많은 사람들은 자동화된 틀에 의하여 행동하게 됨으로써 자율적이고 주체적인 판단이나 의사결정이 정보시스템에 의하여 제약을 받게 된다. 또한 정보통신기술의 발달은 개인들이 보다 많은 시간을 컴퓨터 앞에서 보내도록 한다. 정보화가 개인에게 미치는 영향으로 육체적・정신적 스트레스, 사생활의 침해, 전자업무감독 등을 들 수 있다.

1) 정신적 · 육체적 스트레스

정신적 스트레스란 정보통신기술이 고도화되면서 조직 내에 발생하는 여러 가지 변화들에 의해 직·간접으로 받는 정신적 긴장이라고 할 수 있다. 정보화와 함께 구성원들의 업무량 증가, 새로운 기술에 대한 교육훈련, 컴퓨터 사용으로 신속한 업무처리가 가능할 것이라는 지나친 기대, 그리고 구성원과 컴퓨터 간의 상호작용이 증대되면서 타인과의 접촉부족이 일어날 때 정신적 스트레스가 초래될 가능성은 높아지게 된다.

정보화는 우리 인체에 불편을 초래할 수 있는데, 예컨대 자료입력과 같은 단순 반복적인 키보드 작업을 장시간 하는 경우 목, 어깨, 허리, 손목 등의 근골(筋骨)계통에 통증을 초래할 수 있다. 또한 단말기나 컴퓨터 모니터 앞에서 장시간 작업을 할 경우 전자파의 영향으로 눈의 피로와 통증으로 시각계통에 영향을 준다. 그리고 여성들에게는 컴퓨터 화면에서 방출되는 전파, 반복동작에 의한 긴장성 장애, 그리고 인체공학적 요소를 무시한 작업환경이 여성의 생리나 출산 등의 생식계통에 영향을 미치게 된다. 그러나 위와 같은 내용은 우리가 일상생활에서 컴퓨터를 사용하면서 조금씩 느끼는 불편이나 고통의 정도로서 사용자들에게 만성적인 질병이나 신체의 일부에 치명적인 손상을 가져온다는 경험적 연구는 거의 나타나지 않고 있다.

2) 사생활의 침해

정보통신기술의 증가는 구성원들이 개발한 파일을 다른 구성원이 공유할 때 사회생활의 모든 분야에서 정보의 역할을 크게 확대시키게 되고 개인정보도 상품으로서 중요한 가치를 지니게 된다. 즉 개인정보는 경제활동에 있어서 중요한 의미를 지니고 있으며, 개인정보의 수집방법이 광범위하고 복잡화될 뿐만 아니라 보유하고 있는 정보도 더욱 구체적이고 세밀하게 분류됨으로써 개인의 생활에 편리성을 도모해 준다. 그러나 개발된 파일에 대한 다른 구성원의 접근 가능성이 과거보다 높아짐에 따라 개인의 사생활이 침해될 가능성이 높아지게 될 것이다. 예컨대 정보통신망을 통해 특정 개인의 인사정보시스템에 대한 접근 및 이용이 이루어진다고 가정할 때, 그 구성원의 신상정보가 노출될 수 있고, 컴퓨터를 통해 획득한 개인 신상에 관한 정보들이 유출되거나, 다른 목적으로 오용 또는 악용될 가능성이 있다.

3) 전자업무감독

전자업무감독(electronic work monitoring)은 업무감독(supervision)과 업무 피드백(task feedback)이라는 두 가지의 긍정적인 측면을 지니고 있다. 즉 감독자에게 직원들의 업무실적에 대한 객관적이고 정확하며 일관된 정보를 제공해 줌으로써 업무감독과 근무평정의 공정성을 제고시켜 주며, 본인의 업무수행 결과에 관한 정보를 즉각 피드백해 줌으로써 자신의 업무수행능력을 개선해 준다는 긍정적인 측면을 지니고 있다. 그러나 컴퓨터에 입각한 보다 완벽한 감독체제의 존재는 구성원들에게 심리적 압박을 주거나 이들의 사생활을 위협하는 것으로 인식되고 있다.

(3) 행정조직 및 관리계층에 미치는 영향

정보통신기술이 조직에 미치는 영향은 여러 가지가 있다. 여기서는 조직구조의 변화, 권력관계, 고용의 변화, 업무능률성, 관리계층에 미치는 영향을 중심으로 살펴보고자 한다.

1) 조직구조의 변화

정보통신기술이 조직구조에 미치는 영향으로는 수평적 분화, 수직적 분화, 장소적 분산의 측면에서 고찰하고자 한다.

업무의 정보화는 그것과 관련된 기술의 활용을 위한 새로운 기능이 요구되고, 그 결과 조직구조의 수평적 분화가 촉진되며, 컴퓨터 프로그래밍과 개인의 업무에 새로운 시설의 설치 등으로 조직구조의 수평적 분화의 원인이 된다. 결국 정보화는 조직의 전문적인 활동의 수를 증가시킬 뿐만 아니라 전문화된 업무의 양을 증가시키게 되어 수평적 분화를 촉진시키게 된다.

또한 정보통신기술은 수직적 분화를 가져온다. 정보화로 중간 및 하위 관리층에서의 구조적 업무내용이 자동화되거나 간소화됨에 따라 계층의 수직적 통합이 이루어지고, 관리구조가 간소화되어 관리계층의 수가 줄어든다. 이러한 현상은 기존에 수많은 업무를 컴퓨터가 대행함으로써 중간관리층의 역할은 최고관리층으로 이동하고, 최고관리자는 보조관리자의 도움이 없이 본인이 직접 수행함으로써 중간관리자의 수는 오히려 최고관리자의 수보다 감소되어 계층구조상의 변화를 초래하게 된다. 즉 조직에 컴퓨터가 도입되면 전통적인 피라미드 형태에서 큰 종 위에 럭비공을 올려놓은 것과 같은 형태로 구조가 변화된다는 것이다.

전자우편과 음성우편 등의 사용은 가상공간에서 대면적 접촉기회를 확대해 주며 정보의 입수를 용이하게 해준다. 따라서 이론적으로 볼 때 정보기술은 고정된 사무실에 정시출근, 정시퇴근이라는 고정관념에서 벗어나, '통신출근', '통신퇴근'이라는 용어는 이러한 '장소적 분산' 현상을 반영해 주고 있다. 종업원은 물리적·고정적인 사무실에 출근하기보다는 단말기, 팩시밀리, 화상회의 등을 통하여 위성작업센터나 가정에서 업무를 수행할 수도 있다.

2) 권력관계

정보통신기술이 권력관계에 미치는 영향과 관련하여 다음과 같은 네 가지 측면에서 살펴본다.

첫째, 관리적 합리성의 관점이다. 이것은 정보가 정책과정의 합리성을 제고시킨다는 아이디어로, 궁극적으로 관료나 관리자가 정책과정을 지배할 수 있다는 주장이다.

둘째, 기술관료적 엘리트주의 관점이다. 이것은 기술관료(technocrat)라 불리는, 컴퓨터를 사용할 줄 아는 특별한 기술을 가진 전문가들만이 컴퓨터의 사용방법과 잠재력, 한계를 이해하고 있기 때문에 행정에 있어서 컴퓨터의 활용은 정책결정에 있어서 기술관료의 역할을 증대시킨다고 보고 있다.

셋째, 조직적 다원주의 관점으로, 컴퓨터의 사용에 있어서는 관료, 기술자, 정치인 등의 이해관계집단들이 관여하게 되고 그들 공동의 이익을 증진시킨다는 발상이다. 컴퓨터의 도입과 정보체계의 이용이 컴퓨터에 의한 결정에 참여한 모든 사람들에게 덕이 된다고 본다.

넷째, 강화정치의 관점으로, 이것은 컴퓨터의 활용이 특정의 공무원 그룹에 권력을 이동시켜 권력관계의 변동을 가져오는 것이 아니라, 기존의 권력자, 특히 컴퓨터에 의한 결정에 이미 참여하고 있는 사람들의 영향력을 증대시켜 준다는 주장이다.

이와 같이 정보기술의 활용에 따른 권력관계의 변화에 대해서는 여러 관점들이 있지만, 경험적으로 분석한 결과는 조직내 컴퓨터를 통제하고 있는 기존 관료의 영향력을 증대시켜 주는 것으로 나타나고 있다.

3) 고용관계

자동화가 고용상에 미치는 영향은 1950년대 컴퓨터가 조직에 도입된 이래 지속적인 논의가 이루어져 왔다. 이는 직무의 감소와 새로운 기술을 요하는 직업의 증가, 조직내 사무직 고용의 감소 내지 억제 효과를 가져왔다. 이를테면 정보화는 조직내 정보 관련 기획・조정 등의 정책분야, 정보산업지원분야 등이 확대・강화되고 단순 민원업무인 확인・증명업무, 세금・보훈・연금급여 등과 같은 계산처리 및 급여지급업무, 근로시간 및 임금, 징병, 조달가격 등과 같은 정형화된 업무 등은 인력이 감축 내지 억제될 것이다.

그러나 정보화가 되면서 자료입력요원을 비롯한 시스템 분석가와 프로그래머 등의 전산전문직의 고용은 더욱 더 증가되었다. 또한 정보화가 인력의 질적 변화에 있어서도 정보처리 전문가에 대한 수요가 증가할 것이다. 즉 정보화 관련 자격증 소지자에 대한 채용요구가 증가할 것이며, 기존 공무원에 대하여는 정보처리 관련 지식 및 기술수준 향상을 위한 프로그램이 제공됨으로써 기존 인력의 능력요소 및 질적 수준에 변화를 초래할 것이다.

4) 업무능률성

정보화로 인한 가장 뚜렷한 효과는 업무처리상에 있어서 시간절약이다. 시간절약의 정도는 서류의 전달 및 배포 과정에서 기다리는 시간, 즉 대기비용(waiting cost)의 절감효과가 있다. 그리고 정보화로 인해 절약된 시간은 보다 복잡하고 분석적이며 창조적인 업무에 활용된다. 또한 정보화는 비용절감의 효과를 가져왔으며, 조직 내에서 상관 또는 상급기관으로부터의 특별지시업무(ad hoc tasks)를 과거보다 더 많이 신속하고 정확하게 처리할 수 있게 해준다. 능률성 향상은 담당업무와 상관없이 공무원의 업무상 성취감을 제고시켜 줄 것으로 기대된다. 또한 정보화는 행정서비스의 질을 향상시켜 준다. 서비스의 질적 향상은 정보화로 인하여 행정서비스의 전달이 개선되고 더 잘 조정될 수 있다. 업무능률성과 관련하여 정보화는 비용절감과 시간절감 및 서비스 향상 등에 있어서 현저하게 영향을 미치는 것으로 나타났다(김시영・정우열, 1998: 72-73).

5) 관리계층

정보통신기술의 진전에 따라 조직구성원들의 업무 중 일부 또는 전부가 컴퓨터에 의해 대행됨으로써 조직관리계층이 변화되는 것으로 많은 학자들은 주장하고 있다.

리비트(Leavitt)와 휘슬러(Whisler)는 컴퓨터 시스템이 조직에 도입되면 중간관리층의 업무나 의사결정이 구조적이고 일상적이며 반복적인 경우가 많아서 컴퓨터 시스템에 의하여 대행됨으로써 중간관리층의 일부는 없어지고, 다른 일부는 보다 창의적이고 비구조적인 업무나 의사결정을 담당하는 최고관리층으로 이동하게 된다고 한다. 따라서 조직구조가 전통적인 피라미드 형태에서 [그림 3-1]과 같이 종(Bell) 위에 럭비공을 올려놓은 것과 같은 형태로 변화한다고 제시하고 있다.

특히 정보기술이 발전되면서 의사결정모형을 다루는 컴퓨터 소프트웨어가 개발되어 최고관리층으로 하여금 비구조적 의사결정을 자동화시키려는 노력이 활발하다. 따라서 의사결정 지원이라는 측면에서 정보화는 최고관리층의 업무를 고급화시켜 줄 것으로 기대된다.

한편 쇼어(Shore)에 의하면 [그림 3-2]와 같이 정보기술이 도입되기 이전에는 의사결정이 조직의 상층부에 집중된 삼각형 모양을 지니지만, 정보

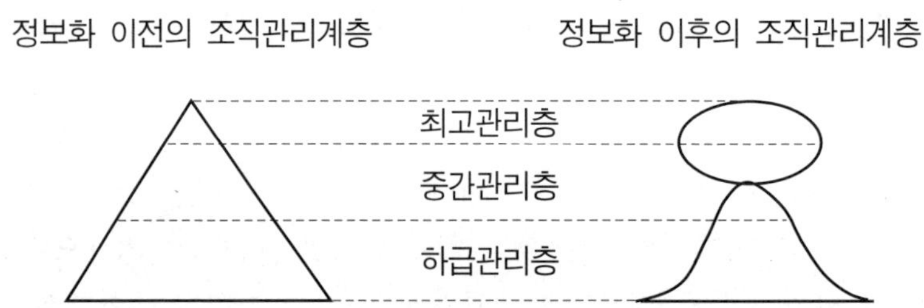

[그림 3-1] Leavitt와 Whisler의 관점에 따른 조직관리계층의 변화

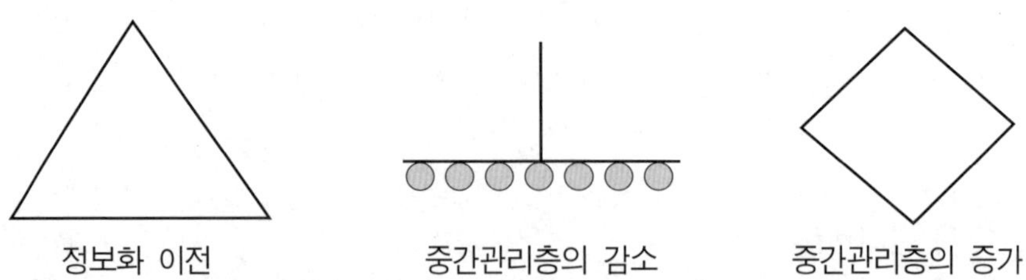

[그림 3-2] Shore의 관점에 따른 조직관리계층의 변화

기술이 도입된 이후에는 조직구조가 T자를 뒤집어 놓은 것과 같다. 이는 조직의 상층부에는 극소수의 관리자가 존재하며 중간관리층이 없어지고 주로 하위층에 집중되는 경향을 나타내지만, 정보화가 고도화되면 정보가 중간관리층에 집중되어 과거보다 중간관리층이 더 중요한 의사결정을 하게 된다. 따라서 조직의 상위층과 하위층의 인력 및 권한이 줄어들게 되어 다이아몬드 형태를 지니게 된다고 제시하고 있다.

현실적으로 정보화는 하위관리층의 업무와 일선 행정관료들의 업무를 대행해 줌으로써 어떤 형태로든지 그 계층의 규모가 축소・변동될 가능성을 배제할 수 없다. 이를테면 읍・면・동사무소의 업무가 주로 민원서류를 대행해 주고 있고, 이미 대부분의 행정업무가 정보화됨에 따라 앞으로 해당 공무원의 규모가 축소될 가능성이 높아지게 된다.

2. 행정정보화와 행정정보체계

우리나라에서도 컴퓨터에 기초한 행정정보체계와 관련된 연구들이 지속적으로 추진되어 왔으며, 비교적 최근에 이르러 이 분야에 대한 연구가 급진전되고 있다. 동시에 이 개념을 보다 확대 발전시키는 차원에서 행정정보체계라는 용어를 사용하고 있으며, 이러한 경향은 이론적으로나 실무적인 측면에서 가속화되고 있다.

행정정보체계는 행정정보시스템, 행정전산화, 행정전산망, 전산 등의 용어로 학자들에 따라 다의적으로 또는 교차적(interchangeable)으로 사용되고 있다. 이러한 각 정의에서 볼 때 행정전산화는 기존의 행정업무를 개선하기 위하여, 컴퓨터와 통신기술에 의존하거나 전자계산조직을 도입하는 일련의 과정으로 볼 수 있다. 결국 행정전산화는 행정업무의 수행에 컴퓨터와 정보시스템 및 정보기술을 이용하여 행정업무를 개선하는 과정이라고 할 수 있다. 행정전산망 역시 이러한 맥락으로 이해할 수 있다. 초기 행정전산화는 OA기기의 도입이나 제한된 분야에서 컴퓨터의 활용으로 이해하였으나, 발전단계의 진전에 따라 정보기술의 고도화 및 적용범위가 확대됨에 따라 전국적인 통신망의 연결이 불가피하게 되었다. 이러한 행정전산화로 창출된 행정정보를 분야별・지역별 통신망의 구축을 통하여 지방정부나 최종 사용자들이 공동으로 활용할 수 있는 것이 행정전산망이다.

오늘날 우리나라의 행정전산화는 전산을 기초로 하고 있으며 이러한 행정전산화는 행정전산망을 부처별·지역별로 산재되어 있는 행정업무를 종합적으로 전산화하고 전국을 하나의 통신망으로 연결하여 종합정보통신망을 구축함으로써 단일 행정정보권을 형성하는 것으로 규정해 볼 수 있다. 따라서 행정전산망은 행정정보의 공동 이용을 위한 기반구조로서의 행정정보통신망 자체를 의미하는 동시에 행정정보통신망을 모태로 하여 추진되고 있는 행정전산화의 한 과정이라고 할 수 있다.

우리나라의 행정전산화 초기는 EDPS(Electronic Data Processing System)부터 시작되었다. 그리고 행정정보체계의 개념에는 EDPS, 좁은 의미의 MIS, 의사결정 지원시스템(DSS: Decision Support System), 전문가 시스템(ES: Expert System) 등을 모두 포함하고 있다.

그리고 공공분야에 있어서 정보기술 사용과 관련하여 행정전산화 또는 행정정보체계라는 용어가 사용되고 있는데, 일률적으로 개념 정의를 내리기에는 어려움이 있다. 따라서 행정정보체계에 대한 개념은 행정의 목적을 달성하기 위하여 정보시스템을 운영하는 사람, 정보시스템에 의해서 처리되는 업무, 인적·물적 자원에 대한 운영, 컴퓨터와 주변기기를 포함하는 장비 등을 포괄하는 개념으로 이해하고자 한다.

3. 행정정보체계의 특성

(1) 행정정보체계의 기본적인 특성

여기서는 행정정보체계가 갖는 의미를 바탕으로 행정정보체계의 특징을 도출해 보고자 한다. 행정정보체계는 행정의 목적을 달성하기 위한 수단 내지 도구이며 공공부문에 활용되는 인공적 시스템으로서 기계적 요소와 인간적 요소 그리고 조직적·관리적 요소가 상호 유기적으로 결합된 종합적 시스템이다.

(2) 민간정보체계와 구별되는 행정정보체계의 특성

행정정보체계의 특성을 이해하기 위해서는 민간정보체계와 비교를 통하여 보다 명확하게 파악할 수 있다. 민·관 정보체계를 중심으로 행정정보체계의 특징을 보면 다음과 같다.

1) 목표의 차이

사조직에서 정보체계의 설계와 개발은 단순하고 명료하지만, 공공조직에서는 분명하지 못하고 다양하며 대규모적이다. 민간정보체계는 이윤추구라는 목표의 구체성이 있으나 공공조직은 공공성・민주성 등의 추상적인 목표를 추구하고 있다. 따라서 민간정보체계는 이론과 응용 부문에 있어서 공공정보체계보다는 많은 경험과 지식을 가지고 있으며, 이를 위하여 사적 부문에서는 지속적으로 많은 전문가를 배출하고 있다.

2) 정치적・법적 환경에 있어서 정보접근의 차이

정치적 환경에 있어서 민간조직은 정치로부터 분리될 수 있지만 공공부문은 본질적으로 정치성을 내포하고 있다. 즉 공공부문은 정당, 의회, 이익집단, 주민 등에 의하여 직접적인 영향・통제・감독・비판을 받게 되지만, 민간부문은 정부기관과 직접적인 거래가 있거나 사업이 정부의 규제대상부문에 속하는 경우를 제외하고는 비판이나 감독을 받지 않는다.

한편 법적 측면에 있어서도 공공조직은 법적 규제를 받는 데 비하여 사조직은 정관이나 규칙에 따라서 사무를 처리한다고 할지라도 행정기관의 경우와 같이 엄격하지는 않다. 즉 환경으로부터 정보수집을 위하여 보다 많은 시간과 비용을 투입한다. 대조적으로 공공조직에서는 수동적으로 정보에 접근하게 된다. 결국 공공조직은 정보에 대한 접근이 최고관리자의 의지나 태도, 그리고 법률에 따라 정보에 접근하게 될 것이다.

3) 경쟁의 원리와 기대비용의 차이

민간부문에 비하여 공공부문의 행정서비스 경쟁력은 거의 존재하지 않는다. 공공부문은 독점적 경쟁력이 존재하지 않기 때문이다. 따라서 공공부문에서는 자신의 비용을 적극적으로 투자하고 서비스의 신속화를 기하려고 하지 않는다. 그것은 행정시스템에 도달하는 서비스 요구 및 자료량이 처리능력을 초과하게 되어 대기비용(waiting cost)이 상승하는 경우가 민간부문보다 더 빈번하다. 즉 고객의 대기비용을 서비스 제공자의 부담으로 전환하는 소위 대기비용의 내면화(internalization)가 민간부문보다 훨씬 어렵게 되는 것이다.

4) 개발접근방식의 차이

민간부문에서는 과정중심적 접근이론이, 공공부문에서는 내용중심의 접근이론이 주로 사용된다. 과정중심적 접근이론은 정보체계의 개발・관리에 있어서 최선의 방책이 존재한다는 가정하에서 가장 합리적인 방법을 모색・적용하고자 하는 접근이론이다. 이 이론은 보편성・과학성을 경시하며, 어떤 분야에서나 적용될 수 있는 일반적인 관리과정 및 절차를 발견하고자 노력한다. 이러한 접근방법에서는 주로 능률성 기준이 지배한다. 그리고 조직의 내부적 목표를 중심으로 집중적 관리가 쉽게 이루어져 정보가 소수집단에 치중할 가능성이 높다. 그 결과 고객 및 국민의 입장을 반영하기 어려운 점이 있다. 이는 단적으로 전문가 중심의 이론이며, 이론적 과정에 치우쳐 있다. 이러한 특성 때문에 과정중심적 접근이론은 주로 민간부문의 정보체계에 더 적절한 방법이라고 할 수 있다.

한편 내용중심적 접근이론은 어느 분야에나 접합한 최선의 방법이란 존재하기 어렵다고 보고, 특정 분야의 정보수요와 목적에 적합한 고유한 성격의 정보시스템이 개발되어야 한다고 주장하는 이론이다. 즉 각 정보시스템의 특수성을 강조하며, 각 정보시스템이 가져올 수 있는 영향을 중요시한다. 특히 외부조직에 존재하는 이해관계집단에 어떠한 영향을 가져올 것인지에 대하여 관심을 갖게 된다. 환경과의 관계 또는 외부적 관계가 중요한 요인으로 간주된다. 이 이론은 공공부문의 행정정보체계에 보다 적합한 접근법이라고 할 수 있다.

이상과 같은 민간정보체계와 행정정보체계의 차이점을 요약해 보면 다음 〈표 3-1〉과 같다.

〈표 3-1〉 민간정보체계와 행정정보체계의 차이

구분	민간정보체계	행정정보체계
목표	이윤추구, 목표의 구체성, 단순성과 소규모	공공성, 목표의 추상성, 다양성과 대규모
접근성 정도	정치적・법적 분리가능, 적극적 접근	정치적・법적 분리불가능, 수동적 접근
경쟁의 원리와 기대비용	경쟁력 높음, 기대비용이 낮음	경쟁력 낮음, 기대비용이 높음
개발접근방식	과정중심적 접근	내용중심적 접근

(3) 우리나라 행정정보화의 전개과정

우리나라에서 컴퓨터가 행정업무처리수단으로 도입된 것은 1967년 당시 경제통계에서였다. 국가통계업무를 위하여 도입된 것을 계기로 행정기관에 컴퓨터가 단순·반복적이며 일시에 다량의 자료를 효과적으로 처리할 목적으로 도입되어 통계 및 조세업무에 적용되었다.

우리나라 행정전산화사업은 1975년 총무처에 행정전산계획관이 신설되면서 본격적으로 시작되었고, 1978년에는 정부 차원의 장기전산화계획으로 행정전산화 기본계획(1단계: 1978~1982, 2단계: 1983~1986)을 수립하여 총무처 주관으로 범부처적으로 종합적인 전산화 정책을 추진하였다. 1984년 국가기간전산망조정위원회가 국가기간전산망기본계획을 확정하였다. 국가기간전산망사업은 국민이라는 고객을 위한 서비스를 적극적으로 지원한다는 차원에서 출발하였다. 단순한 자동화나 전산화가 아니라 전산망을 통한 자료의 공유와 서비스의 제공이 주된 내용으로, 행정전산망사업(행정전산망·금융전산망·교육연구망·국방망·공안망 등 5대망)을 각 부처별 추진방식에서 업무별 종합추진방식으로 전환하였다. 1986년에는 국가기간전산망사업의 법적 근거를 마련하였고, 1987년에 전산망 관련 감리와 표준화 및 기술지원을 전담하는 한국전산원을 설립하였다. 그리고 정책부서를 체신부로 일원화하여 실질적인 실행주체로 체계적인 지원을 가능하게 하였다. 이때부터 국가기간전산망사업이 체계적이고 종합적으로 추진된다. 국가기간전산망사업의 일환으로 추진된 제1차·제2차 행정전산망사업이 그것이다.

행정전산망을 효과적으로 구축하기 위한 단계적인 전략을 보면 다음과 같다. 제1단계에서는 행정전산망 표준화사업 추진, 우수전산요원 확보, 전산교육 실시 등 행정전산화 여건 개선에 주력한다. 제2단계에서는 국가기본업무의 우선적 개발과 부처별 단위업무의 전산화를 촉진한다(주민, 부동산, 자동차, 통관, 고용, 경제통계 등의 업무를 선도사업으로 중점 추진하고, 36개 기관 60개 업무를 중점 개발). 제3단계에서는 제1·2·3청사와 지방자치단체(광역시·도) 사이에 정부초고속망을 형성하여 단일권의 행정망을 구축하는 것으로 되어 있다.

행정정보화사업의 추진체계는 종래에는 국가전산망 관련 법에 따라 국가전체의 정보망이라고 할 수 있는 국가기간전산망 아래에 행정전산망 추진체계가 존재하는 형태로 되어 있었다. 그 당시 국가기간전산망을 총괄하는 기구는 국가전산망조정위원회였으며, 그 밑에 행정전산망위원회가 있었다. 그러나 지난 1995년 8월 「정보화촉진기본법」이 제정됨에 따라 종래의 체계는 폐지되고 새로이 정보화추진위원회(위원장: 국무총리)가 구성되었으며, 이 위원회가 국가정보화 촉진에 관한 기본정책의 심의·조정기능을 갖게 되었다. 그 아래 실무위원회를 두며 각 분야별로 정보화추진분과위원회(행정·교육 등 14개 분야)를 두게 되었다.

1995년 이전 전산망법에 의해 중점을 두었던 사업은 국가기간전산망사업이었다. 그 대상분야는 행정, 금융, 연구·교육, 공안, 국방 분야 등 5개 분야였다. 그러나 1995년 8월 정보화촉진기본법에 의해 새로운 추진체계가 출범함에 따라 14개 중점추진분야가 지정되었다. 그 분야를 보면 행정, 교육, 과학기술, 금융, 국방, 공안, 사업, 종합물류, 정보보호, 지방자치, 환경, 보건복지, 문화, 사업인력 등으로 되어 있다.

행정전산망은 위에서 살펴본 5대 국가기간전산망의 종합적인 추진체계와 연계하여 진행되어 왔다. 행정전산망사업은 제1차 사업과 제2차 사업으로 구분된다. 제1차 행정전산망사업은 1987년부터 시작하여 1991년에 완료된 사업으로서 처음에는 6대 우선추진업무라고 불렀다. 여기에는 주민등록, 부동산관리, 자동차관리, 통관관리, 고용관리, 경제통계 등이 포함되어 있었다. 정부는 제1차 행정전산망에 이어 제2차 행정전산망 구축작업도 추진했다.

제2차 행정전산망사업은 1992년부터 1996년까지 5년간 걸쳐 추진되었다. 제2차 행정전산망의 추진대상업무는 국민복지, 우체국서비스, 기상정보, 산업재산권정보(특허정보), 조달관리, 해상화물, 어선관리, 조달관리 등 7개 분야로 되어 있었다.

1997년부터 2000년까지 추진된 제3차 행정정보화사업을 보면 먼저, 국가정보 공동활용체계의 확립을 위하여, ① 제 1·2·3청사와 광역시·도 사이에 행정정보 연계망(정부초고속망)을 구축하고, ② 정부전산소(Government Computer Center)에 행정정보유통센터(중계센터)를 설치하며, ③ PC통신을 통한 "열린 정부 서비스" 구축 등 대국민 행정서비스(공공DB, 대화마당, 안방민원 서비스 등)를 보다 적극적으로 제공하고, ④ 행정정보망을 통한 전자문서교환(EDI)을 활성화하는 등 정보화사업이 추진되어 왔다. 다음으로는 주요 국가정책사업의 정보화를 위하여 국가안전관리시스템, 조달EDI시스템, 교통관광정보시스템, 중소기업 경영지원시스템, 해외홍보시스템, 통일정보시스템 등을 구축하였다.

이러한 고속·고품질 서비스 환경의 조성은 인터넷 이용자의 폭발적인 증가를 가져와 인터넷 비즈니스 활성화와 IT 관련 기술개발의 토대로 작용하고 있으며, 특히 ADSL 등 광대역 인터넷 가입자 수는 세계 최고수준으로 OECD 등 국제기구와 세계 언론의 주목을 받고 있으며, 이에 대한 정책추진 상황 등은 다른 국가들의 벤치마킹 대상으로 자리하고 있다.

4. 전자정부의 이해

(1) 전자정부의 대두배경

과거 산업사회에서는 철저하게 계층제적 관료제조직이 중추적 역할을 수행하게 되었다. 이러한 계층제적 조직구조는 산업사회 후기에 들어오면서 project team과 adhocracy와 같은 전문가 중심의 소규모 임시조직으로의 변화를 가져오게 되었다. 그 후 정보사회가 본격화되면서 산업사회와는 달리 사회조직구조가 수평적 네트워크 조직으로 재편되기에 이르렀다. 이와 같은 정보사회의 조직구조는 산업사회와는 다른 형태로의 변화를 요구하며, 이것은 정부조직에도 영향을 미치게 된다. 따라서 정보화는 민간조직뿐만 아니라 정부도 정보사회에 대응하고 그에 적합한 정부가 요청되는데, 이것이 전자정부의 대두배경이라고 할 수 있다.

전자정부는 행정의 전산화와 네트워크로 구성된다. 먼저 행정전산화 과정은 사무자동화(OA)에서 시작하여 정보관리시스템(MIS), 의사결정지원시스템(DSS), 전문가시스템(ESS)으로 발전하여 관리지원시스템을 구축하게 된다.

그리고 전자정부 구성을 위한 네트워크화는 근거리통신망(LAN)에서 장거리통신망(WAN), 종합정보통신망(ISDN)으로 발전하고, 이것은 내외부로 연결되는 인터넷과 연결되면서 전자정부 구현을 위한 네트워크시스템이 구축

〈표 3-2〉 전자정부의 구축

구분	과정	구축시스템
행정전산화	OA → MIS → DSS → ESS	관리지원시스템
네트워크화	LAN → WAN → ISDN → INTRANET	네트워크시스템

되었다. 결국 전자정부는 관리자원과 네트워크가 하나로 통합되는 시스템이다.

이와 같이 관리지원시스템과 네트워크시스템이 구축된 전자정부는 내적으로는 행정자원관리의 능률화를 도모하고 외적으로는 대민서비스*를 제고시키는 데 그 취지를 두고 있다.

(2) 전자정부의 개념 정의

전자정부는 어떤 정부인가? 전자정부는 대부분의 업무처리를 컴퓨터, 인터넷, 네트워크, 데이터베이스 등 통신기기를 통하여 공공의 업무를 처리하는 정부라고 할 수 있다. 그러나 전자정부를 지나치게 기술적인 측면에 역점을 두고 이해하게 되면 전자정부를 바르게 이해하지 못하게 된다. 정보통신기술은 인간, 법, 제도, 문화 등과 더불어 전자정부를 구현하는 여러 가지 요소들 중 하나에 불과한 것이기 때문이다.

실제로 전자정부의 개념 정의에 담겨져 있는 학술적 연구나 정부기록물을 보면 기술지향적인 측면보다도 다분히 가치지향적으로 다양하게 정의하고 있다. 그러면 전자정부를 구성하고 있는 개념적 요소를 어떻게 볼 것인지에 대하여 학자들의 관점을 정리해 보자.

Heek Bhatnager(1999)는 전자정부의 구성요소로서 정보・자료・지식, 소프트웨어, 정보시스템, 사람, 과정, 조직, 전략구조, 정치・사회・문화적 환경요소를 들고 있다.

김성태(1999)는 정보통신기술요인(인트라넷 구축, 정보시스템 표준정립, 시스템 안정성과 신뢰성 확보)과 행정업무요인(BPR, 보고・결재의 전자화, 행정업무의 통합, 행정정보의 축적과 공동이용, 정보자원관리, 정보공개제도, 네트워크시스템) 및 법제도적 요인(CIO, 구성원의 정보리터러시) 등을 들고 있다. 황성돈 등(2002)은 정보통신기술요인(전자자료교환, 근거리통신망, 전자우편, 통합 DB관리시스템, 정보보완기술, 전자결재)과 적용업무분야(행정정보의 공동이용, one-stop과 non-stop 행정서비스, 전자문서교환, 행정정보의 공개 등)를 들고 있다.

마지막으로 강근복(1999)은 전자정부의 구조를 정보통신기반(하드웨어, 소프트웨어, LAN, DB), 정부고속망・행정종합망, 법제도적 기반, 추진조직・교

* 전자정부에서 대민서비스는 Onestop, Nonstop, Anystop Service 등으로 불리고 있다.

육훈련·정보문화·전자결재, 통합문서관리, 전자적 정보공개, 업무재설계 등으로 들고 있다.

(3) 각국의 전자정부 추진현황

전자정부를 구현하기 위한 추진체계는 해당 국가의 권력구조, 역사적 조건과 특수성, 정보화의 수준 등에 따라 다양한 형태로 설계되어 운영되고 있다.

한국전산원(2004)은 전자정부 추진체제를 최고통치자(대통령 또는 수상)의 리더십 행사수준, 주무부처, 그리고 범정부적 수준의 정책개발 및 조정, 전자정부 추진전략에 대한 평가 및 환류, 중앙-지방정부간 전자정부 전략의 연계조정 등을 담당하는 행정기관 등으로 구분하여 비교분석하였다(다음 〈표 3-3〉 참조).

일본과 핀란드를 제외하면 최고통치권자, 즉 대통령 또는 수상이 전자정부 구현을 촉진하기 위하여 적극적인 리더십을 행사하고 있음을 확인할 수 있다. 또한 미국을 제외하면 독임제 행정기관에게 전자정부 정책을 총괄하는 주무부처 개념을 부여하고 있음을 확인할 수 있다. 특히 영국, 호주, 일본, 핀란드의 경우에는 모두 강력한 주무부처를 두고 있다.

각 나라의 전자정부 추진 조직체계의 비교분석을 통해 확인할 수 있는 가장 큰 공통점은 모든 국가들이 범정부적 수준의 정책개발 및 조정을 위한 강력한 조직을 두고 있다는 점이다. 다만, 미국과 일본은 이를 위원회조직 형태로 설계하여 운영하고 있으며, 영국, 호주, 핀란드, 싱가포르 등은 독임제 행정기관 형태로 설계하여 운영하고 있다. 또한 모든 국가에서 전자정부 전략에 대한 평가 및 환류를 담당하는 행정기관을 운영하고 있는 점도 공통적으로 확인된다.

이 밖에 도시국가인 싱가포르를 제외한 나머지 국가에서는 중앙-지방정부간 전자정부 전략의 연계성 및 정합성 확보를 위한 협의조정기구의 설계 필요성을 인식하고 있다. 이 중에서도 영국이 가장 강력하고 체계적인 연계조정기구를 설치하여 운영하고 있으며, 호주와 일본은 비교적 원만한 연계조정기능을 확보하고 있는 것으로 판단된다. 그러나 미국과 핀란드는 중앙-지방정부간 체계적인 연계조정채널을 확보하지 못하고 있다. 한편 영국과 호주에서는 종전에 전자상거래와 전자정부로 구분하여 별도로 구축되어 있던

〈표 3-3〉 주요 국가의 전자정부 추진체계

국별	대통령(수상)의 리더십 행사	주무 부처	범정부적 정책개발 및 조정	전자정부 전략 평가	중앙-지방간 연계조정
미국	대통령・부통령이 적극적인 리더십 행사	-	• 정책개발: NPR • 정책조정: GITS위원회 OMB • 정책협의 및 자문기구: 정보기술자문위원회 CIO협의회	• NPR • GITS • NTIA • GSA	-
영국	수상이 적극적 리더십 행사	내각 사무처	• 정책개발 및 조정: e-Minister, e-Envoy 및 OeE, OGC • 정책협의 및 자문: IAMN, IAGC	• e-Minister • e-Envoy • OeE • 시민평가단 (Peoples Panel)	• 특별지방행정기관 • 중앙-지방 정부간 협약 • CLIAF • JMCKE
호주	수상이 적극적 리더십 행사	정부통신예술부 (DCITA)	• 정책개발 및 조정: NOIE • 정책협의 및 자문: AIEAC, MCIE	• NOIE • ANAO	• Online Council(OC)
일본	수상의 리더십 행사 약함	총무성 (총무청)	• 정책개발 및 조정: 고도정보통신사회추진본부 • 총무성(총무청) • Virtual Agency • 정책협의 및 승인: 행정정보시스템각성청연락회의	• 각 성청 행정정보화 추진위원회 및 전자정부 평가 조언회의 • 총무성(청)	• 행정정보화국가・지방자치단체연락회의
핀란드	-	재무부	• 정책개발 및 조정: 재무부 국립연구개발기금	• 재무부 국립연구개발기금	-
싱가포르	수상이 적극적 리더십 행사	통신정부 기술부	• 정책개발 및 조정: IDA	-	-

행정조직체계를 통폐합하여 단일의 행정기관에서 전자상거래와 전자정부 정책을 통합적으로 추진토록 하고 있다.

각국 전자정부 추진 조직체계의 비교분석 결과를 종합해 보면, 미국을 제외한 나머지 모든 국가에서는 집권적인 행정체제를 구축하고 있음을 알 수 있다. 이 중에서도 특히 영국과 싱가포르가 가장 중앙집권적인 전자정부 추진체제를 구축하고 있다.

(4) 우리나라의 전자정부 추진현황

우리나라는 1990년대 정보통신기술을 이용하여 고객중심의 행정혁신운동이 일어나기 시작하였다. 이러한 움직임은 1996년 6월에 '정보화촉진기본계획'을 확정하기에 이르렀고, 이 기본계획은 2010년까지 고도정보사회 실현을 목표로 하고, 이를 위해 3단계로 추진계획이 수립되었다. 한국전산원(1996)에 따르면, 제1단계(1996~2000)는 전자정부 구현 등 핵심응용서비스를 개발하고 정보통신망을 고도화하며 정보통신기술의 개발과 산업발전을 지원하고, 법제도 정비 등 정부주도에 의한 정보화촉진 기반조성단계이며, 제2단계(2001~2005)는 민간부문에 의한 정보활용 확산단계이며, 제3단계(2006~2010)는 정보활용 고도화단계로 구상하고 있다.

우리나라는 위와 같은 계획하에 1995~2001년까지 전자정부 구현을 위한 기반조성 및 구현프로그램을 위한 많은 노력을 기울여 왔다. 초고속정보통신망사업(1995~1997, 1998~2000), 제1차 정보화촉진기본계획(1996. 6), 사이버코리아21(1999. 3~2001)과 제2차 정보화촉진기본계획(2002~2006), 정부혁신추진위원회 심의・의결로 전자정부특별위원회 설치(2001. 1. 30)가 그것이다.

그러면 전자정부법의 제정과정을 통하여 전자정부가 어떻게 구현되어 왔는지를 간단하게 살펴보고자 한다.

먼저, 전자정부의 태동기에는 전자정부의 개념이 도입되는 시기로서 전자정부법의 제정과 관련한 구체적인 움직임을 찾아볼 수 없었다. 정부는 1996년 6월 11일 정보화촉진기본계획을 확정하고 "작지만 효율적인 전자정부의 구현"을 포함하는 정보화 촉진 10대 중점과제를 선정하였다. 이후 1997년까지 세 차례에 걸쳐서 청와대에서 정보화추진확대보고회의를 개최하면서 국가정보화를 문민정부 후반의 역점정책으로 추진하였다.

둘째단계인 전자정부법의 공론화 시기에는 구체적으로 전자정부법에 대한 개정안을 공포하기에 이르렀다. 1998년 2월 12일 대통령직인수위원회는 국민의 정부 품질혁신을 위한 100대 주요 과제를 발표하였다. 이 가운데 중앙정부의 경쟁력 강화부문인 99번째 정책실명제와 행정정보 공개 확대로 열린 정부 구현을 위한 추진계획 네 가지 중 하나가 곧 전자정부의 구현이다. 새로 집권한 김대중 국민의 정부는 "작지만 강력한 정부"의 구현을 표방하면서 첨단정보기술을 활용한 전자정부의 구현을 역점시책으로 정립하기에 이르렀다.

셋째단계는 전자정부법이 국회에서 통과되어 공식화되기 시작하는 단계이다. 2000년 3월 대통령에 대한 업무보고에서 행정자치부는 전자정부법의 제정권한을 획득하였다. 이에 따라 행정자치부는 외부 학계 및 전문기관에 전자정부법에 대한 용역을 의뢰하고 이 결과를 바탕으로 9월 "전자정부구현을 위한 법률안"이 구체화되었고 2001년 2월 28일에 국회를 통과하였다.

넷째단계는 전자정부법의 시행 및 문제점이 규명되는 시기이다. 정부는 국회에서 전자정부법이 통과되자 시행령을 준비하여 2001년 7월 1일부터 이 법을 시행하여 오고 있다. 그러나 이 법은 현재 추진체계의 미비로 형태만 갖추고 있어 존폐위기에 직면해 있다. 그 이유는 이 법과 달리 현재 우리나라에서 전자정부의 구현을 전자정부특별위원회가 주도하고 있기 때문일 것이다.

제4장

행정과 가치

제 1 절 행정이념

1. 행정이념의 의의

행정이념이란 행정이 추구하는 기본적 가치 내지 행정인이 준수해야 할 활동규범이나 행동기준을 의미하며, 행정활동의 기본적인 목적, 수단에 관한 일련의 지속적인 가치라 할 수 있다. 이것은 행정활동에 대한 평가기준을 제공해 준다.

이러한 행정이념은 목적가치로서 또는 수단가치로서 이해할 수 있는데, 먼저 이념적 가치로서 행정이념은 정치이념 내지 정치철학과 불가분의 관계를 가지고 있다. 대표적인 이념으로는 자유·평등·정의·질서·공익·인간의 존엄성 등이 논의되고, 이와 함께 능률성·효과성·중립성 등이 관리적 가치 또는 수단적 가치로서 논의된다.

국가사회의 지배적 가치관이나 헌정이념을 반영하는 행정이념은 시대와 정치체제를 초월하는 보편적 성격을 갖는 것은 아니며 특정 국가의 역사적·문화적·상황적 제약을 벗어날 수 없다. 서구 근대국가 성립 이후 법의 지배와 법치국가의 영향으로 합법성이 강조되었으며, 행정국가가 등장하면서 근대민주주의 핵심요소로서 자유·평등이 강조되기도 하였고 최근에는 사회적 형평성·배분적 정의·복지·공익 등의 이념이 부각되고 있다.

2. 행정이념의 내용

행정이념으로 내세울 수 있는 개념은 여러 가지가 있지만 여기서는 일반적인 것을 중심으로 살펴보고자 한다.

(1) 합법성

행정은 합법적이어야 한다. 이는 행정과정이 법의 테두리에서 이루어져야 한다는 것이다. 즉 관료들의 재량행위 자체도 법률의 테두리를 벗어날 수 없다는 것이다. 즉 합법성은 행정권의 남용을 막고 국민의 권리침해를 방지할 수 있으며 행정의 통일성·지속성·객관성·평등의 기초를 확보할 수 있다. 그러나 지나치게 합법성을 강조하다 보면 행정의 경직성을 초래할 수 있고, 무사안일과 같이 형식에 치우칠 수 있는 역기능을 초래할 수 있다.

(2) 능률성

능률이란 최소의 비용으로 최대의 효과를 창출하는 것으로, 최소의 경비와 인력으로 최대의 생산과 효과를 추구하는 개념이다. 능률성 이념은 테일러(Frederick W. Taylor)의 과학적 관리법이 행정학에 도입되면서 인식이 높아지고 강조되었다. 일반적으로 능률성이라고 하면 기계적 능률을 말하나 디목(Marshall E. Dimock)은 기계적인 능률관을 비판하고 사회적 능률, 즉 상대성·인간성·합목적성·장기성을 강조하였다.

(3) 민주성

행정의 민주성은 국민을 위한 행정을 하는 것, 즉 국민의 의사가 우선되고 국민을 존중하는 책임행정을 말한다. 사회환경이 복잡해지면서 재량영역이 확대됨에 따라 민주성은 더욱 강조된다.

행정의 민주성은 특수층이나 일부 계층이 아닌 모든 국민에게 행정의 결정내용이 공개되는 것을 말하며, 특히 정책결정시 주민이 참여할 수 있는 기회를 확대하여야 한다. 이렇게 될 때 국민의 의사를 반영할 수 있고, 정책결정의 민주성 확보는 물론 국민의 협조를 얻을 수 있다. 뿐만 아니라 행정은 계층·지위·신분에 관계없이 모든 국민이 보편적 이익을 지향할 수 있어야 한다.

(4) 효과성

효과성은 행정목표의 달성도를 의미하는 기능적 개념이다. 능률성은 수단적·과정적 측면에 중점을 두는 데 반해 효과성은 목표에 치중하여 그 달성도를 나타내는 개념이다.

행정의 효과성은 발전도상국에서 중요하게 받아들여지고 있으며, 우리나라의 경우에도 1960~1970년대의 성장위주 정책시에 중요한 이념이었다. 효과성이 목표달성에 치우치다 보니 과정상의 문제, 즉 절차를 무시함으로써 비민주적인 위험도 내포하게 되었던 것이 사실이다. 효과성이 개발도상국에서 더 강조된다는 것이지 선진국에서 외면시되는 것은 아니다. 특히 근래에 행정에 경영기법을 도입하는 문제 등은 이러한 측면에서 이해할 수 있을 것이다.

(5) 중립성

행정의 중립성이란 공무원의 정치적 중립을 말한다. 공무원의 정치적인 중립성은 행정의 안전성을 유지하고 능률적인 행정을 이루기 위하여 꼭 필요하다. 행정의 중립성과 자율성을 보장해 주는 장치로서는 공무원의 신분보장, 전문화, 실적주의, 직업윤리 등을 들 수 있다.

(6) 합목적성

행정의 합목적성이란 목적을 달성할 수 있는 여러 대안이나 수단 중에서 특정 목적을 벗어나지 않고 최적의 대안 또는 수단의 선택을 말한다. 즉 행정은 결코 무질서하게 또는 목적 없이 행해지는 것이 아니라 행정목표와 현실 간에 합치성이 있어야 하며, 목표를 달성하기 위하여 정확히 설계되고 계산된 것이다. 그리고 우선순위 결정, 현실의 최적방법 선택, 문제해결 등을 통하여 달성할 수 있다.

(7) 대응성

대응성이란 주민이 원하는 서비스를 전달하는 것을 의미한다. 종래 가부장적 국가관을 배경으로 한 지시·명령의 권력적 행정을 극복하고, 환경관리·도로유지 등과 같은 서비스 제공의 기능이 중요시되면서 강조되고 있다. 대응성은 1990년대 신자유주의 이념과 거버넌스의 행정철학을 배경으로 하여 나타났으며, 권력지향적인 관료형 정부에서 계약에 의한 서비스 전달이라는 기업가형 정부로 전환되면서 제기된 이념이다.

3. 행정이념간의 갈등

(1) 민주성과 능률성

행정이념에서 특히 논의의 대상이 되는 것은 행정의 민주성과 능률성에 관한 문제이다. 양자의 관계는 상호 모순적이거나 또는 민주성이 능률성을 압도하는 것처럼 보인다. 사실 민주국가에서 행정의 민주성과 능률성은 목적가치와 수단가치의 관계를 갖는다. 즉 민주성을 추구하면 능률성이 저해되고 능률성을 중시하면 민주성이 희생되기 쉽다. 그러나 행정의 민주성과 능률성은 서로 모순되는 것은 아니며, 행정의 효과를 높이기 위한 행정의 능률성 추구는 행정의 민주성에 부합되는 것이다. 즉 행정의 민주성과 능률성은 상호 모순적인 관계를 갖는 것이 아니라 상호 보완적인 관계를 갖는 것으로 파악될 수 있다.

능률성을 기계적인 능률이 아니라 사회적·인간적 능률로 이해할 때 행정의 민주성과 능률성은 서로 조화될 수 있으며 민주적 능률성을 추구할 수 있다.

(2) 합법성과 효과성

합법성이 절차를 강조할 때 효과성은 목적을 강조한다. 합법성이 명분과 공식성을 강조할 때 효과성은 실리와 비공식성을 내세운다. 합법성이 보수적이고 방어적일 때 효과성은 진취적이고 공격적이다.

(3) 민주성과 중립성

민주성이 가치성·대표성·합의성을 추구할 때 중립성은 기술성·도구성·공정성을 추구한다. 민주성은 정치의 영향력을 환영하고 고급관료의 정치적 임명에 대해서 수용적 자세를 취하나, 중립성은 정치의 영향력을 싫어하고 관료의 정치적 임명도 배격한다. 민주성이 행정의 정치성을 강조할 때 중립성은 행정의 투명성을 강조한다.

4. 행정이념간의 우선순위

여러 이념간의 우선순위는 국가나 정치체계에 따라 혹은 시대에 따라 다르며 절대불변의 획일적인 이념의 우선순위란 있을 수 없다. 미국의 경우 민주성이 최우선으로 고려되고 있으며, 다음으로 효과성, 능률성, 합법성의 순으로 비중을 두고 있다. 한편, 19세기 입법국가하에서는 합법성이 최우선되었고, 과학적 관리론에서는 능률성, 인간관계론에서는 민주성, 발전행정론에서는 효과성, 신행정에서는 사회적 형평성이 최우선 이념으로 중시되었다고 볼 수 있다.

제2절 공 익

1. 공익의 개념

공익(public interest)은 행정의 방향을 규정하고 행정활동의 통제와 평가의 중요한 기준이 된다. 공익은 어떤 특정인에 대한 이익이 아니라 일반대중의 배분적 이익이라고 할 수 있다. 그러므로 공익은 ① 불특정 다수인의 이익이어야 하며, ② 일반성과 보편성을 띤 이익이어야 하고, ③ 일반대중의 배분적 이익이어야 한다. 그러나 공익은 사회문화적·전통적 상황 및 정치적 상황에 의하여 영향을 받아왔다.

이와 같이 공익은 여러 가지 상황에 의하여 결정되므로 포괄적·신축성·상대성을 지니고 있다. 공익 개념이 실제적으로 적용된 시대적 내용을 보면 ① 절대군주시대에는 군주 후견에 의한 행복촉진권으로 적용되었고, ② 근대 자유주의시대에는 법에 의한 지배라는 관점에서, ③ 현대 복지주의시대에는 대립되는 이해의 중립적 조정으로 적용되어 왔다.

현대 행정에서 공익에 대한 관심이 높아지게 된 배경적 요인으로는 ① 정치행정일원론의 대두, ② 행정인의 재량권과 자원배분권의 확대, ③ 신행정론의 대두, ④ 행정행태의 윤리적 준거기준의 필요, ⑤ 변화담당자로서의 행정인의 적극적 역할 등을 들 수 있다.

2. 공익의 본질

공익의 대해서는 일치된 견해가 확립되어 있지 않으나 대체로 공익의 규범적·실체적 측면에 중점을 두는 입장과 과정적·배분적 측면에 중점을 두는 입장이 대립되고 있다.

(1) 실체설

실체설은, 공익과 사익은 구별되는 것으로서 존재하며 행정활동에 대하여 구체적인 지침이 될 수 있다고 본다. 따라서 사익과의 갈등이란 있을 수 없다고 하는 견해이다. 구체적인 내용은 학자에 따라 자연법, 정의, 선, 평등, 형평, 자기완성, 공통가치 등으로 규정하고 있다.

실체설에 대한 비판적인 측면은 소수인이 결정하므로 비민주적인 성격을 띠며, 추상적인 개념이므로 조작적 개념화가 어렵고 또한 인간의 가치관에 따라 공익관에 차이가 있다는 것이다.

(2) 과정설

과정설은, 공익은 상호 경쟁적·대립적인 다원적 이익이 조정되고 균형된 결과이며, 사회집단의 특수이익이나 사익과 본질적으로 구별되는 사회 전체의 이익 내지 기본적 가치는 존재하지 않는다는 입장을 취한다.

이에 대한 비판은 대립적 이익에 관한 주장을 평가할 수 있는 기준을 제시하고 있지 않고, 특수이익간의 경합과 대립이 자동적으로 공익으로 승화된다는 기계론적인 관념을 받아들이고 있다는 것이다. 행정행태의 경제적·사회적 권력의 현재의 배분상태를 반영하기만 할 뿐 행정인의 공익결정 역할은 소극적이고, 규범적·도덕적 요인이 경시되고 있다.

(3) 절충설

절충설은 실체설과 과정설의 입장을 절충한 것이라 할 수 있으며, 특수이익을 초월한 공익의 존재를 인정하면서 공익과 사익 간의 상호연관성을 받아들이고 있다.

절충설은 대립적인 특수이익 간의 공통적 요인을 공익으로 인식하지만 특수이익과 구별나게 하는 기준이 무엇이냐가 문제되며, 사회 전체의 공공이익은 어떻게 식별할 수 있느냐가 문제된다.

3. 공익결정의 변수

① 가치관

개인이나 집단의 가치관은 공익관에 영향을 미친다. 공익관은 개인의 동기, 인격의 특성이나 집단의 지배적 가치관에 의하여 형성된다.

② 정치이념

정치이념으로서 일원적・단체주의적 이념과 다원적・개인주의적 이념이 공익관에 작용해 왔다. 시대적으로 볼 때 절대주의시대에서 근대 민주주의 시대를 거쳐 오늘날의 복지주의와 정보화시대로 변천해 오는 동안 공익관은 실체설로부터 과정설로 중점이 옮겨지고 있다.

③ 정치발전의 수준

정치발전과 민주화의 수준이 높아질수록 공익의 결정자로서의 역할이 약화되고 전문직업적 관료, 일반시민, 이익단체 등의 공익결정과정에 대한 다원적 참여가 확대되어 가고 있다.

④ 정책의 유형

대외적 국가이익과 관련되는 국방, 외교정책과 교육, 복지정책 등 정책유형에 따라 공익관이 영향을 받는다.

4. 공익의 특징

① 사회의 기본적 가치로서의 성격

공익은 평등・정의・공정성・복지 등과 같이 사회의 일반적인 기본가치를 의미한다. 이러한 가치는 결코 선험적으로 존재하는 것이 아니며 어디까지나 경험적・역사적으로 사회의 확립된 기본적 가치로서 존재하는 것이다.

② 역사적・동태적 성격

공익은 역사적・시대적 상황의 변동에 따라 그 의미와 내용이 변동되고 있다. 예컨대 평등의 이념도 법 앞의 평등이라는 형식적 평등으로부터 사회적 · 경제적 · 실질적 평등으로 변동되어 가고 있다.

③ 규범적 성격

공익은 행정인이 준수하여야 할 최고의 행동규범이다. 공무원은 국민 전체의 봉사자로서 이러한 규범적 기준에 따라 행동할 의무가 있는 것이다.

④ 불확정성

공익개념은 절대적 · 정태적 · 확정적 개념이 아니라 상대적 · 동태적 · 불확정적 개념으로서의 특징을 갖고 있다.

5. 공익의 기능

① 공익은 정책이나 프로그램을 평가해 주는 역할을 한다. 공익은 정책결정가들이 정책결정을 할 때 평가기준으로서 일단은 공익을 생각한다는 것이다.

② 주관적이고 편협한 가치를 객관적인 가치로 전환시켜 주는 역할을 한다. 공익은 정책결정자들로 하여금 개인이나 집단의 특수이익 밖의 영역이 있다는 것을 알려주는 역할을 한다.

③ 공존체제를 구축하는 역할을 한다. 즉 공익은 모든 세력들과 이익들이 공존할 수 있는 계기를 마련해 준다는 것이다.

④ 공익은 국가가 개인들에게 요구하는 행위를 정당화시켜 주는 역할을 한다. 국가는 생존권이나 다른 권익을 위해서 개인에게 특정의 행위를 요구할 수 있고, 나아가서는 희생까지 요구할 수 있는데, 이러한 요구를 정당화시켜 주는 근거는 공익밖에 없다.

⑤ 이해관계가 상반되는 특수이익을 초월하여 광범하고 장기적인 국가이익과 국가의 항구적 이익을 추구하는 데 도움을 주며 이를 수호할 수 있다.

⑥ 행정인에게 성실, 정의, 양심, 도의에 따른 행동을 촉구하게 된다.

⑦ 정부와 국민 간의 대화를 촉진시키고 정부에 대한 국민의 지지기반을 넓히는 데 활용될 수 있다.

⑧ 정책결정이나 행정책임의 기준을 제시함으로써 정부활동의 장래 방향을 설정할 수 있다.

⑨ 공익의 상대적·불확정적 특징으로 말미암아 대립적인 이익과 가치의 상호작용을 통하여 쇄신과 창조의 기회가 마련될 수 있고 새로운 공익관이 형성될 수 있다.

제 3 절 사회적 형평성

형평성(equity)의 개념은 일반적으로 공정성(fairness) 혹은 사회정의(social justice)의 개념과 거의 같은 의미로 쓰인다. 형평의 원리는 "각자의 몫은 각자에게로"라는 로마의 격언에 따르는 것이다. 아리스토텔레스에 의하면 여러 개인들 간의 관계에서 사물의 적절하고 마땅한 분배로 이루어진 공정한 평등을 뜻한다. 돌바크(d'Holbach)는 형평이란 각자의 재능과 업적에 따라 대우하는 것을 의미한다면서 정의가 곧 형평이라고 주장한다. 그는 기계적 평등은 사회정의에 어긋날 뿐만 아니라 사회공동선과 양립하지 않는다고 주장한다. 차별과 계급의 기원이 오직 개인의 덕성, 능력 또는 사회공익에의 기여 등에 있으며, 그 결과 발생하는 불평등은 당연하다는 입장을 갖고 있다.

이러한 의미에서 볼 때 사회적 형평이란 동등한 것을 동등한 자에게, 동등하지 않은 것을 동등하지 않은 자에게 처방하는 것을 의미한다. 다시 말하면 동일한 것은 동일하게 취급하고, 서로 다른 것은 서로 다르게 취급하는 것을 의미한다. 이러한 사회적 형평의 개념 속에는 '정당한 불평등'의 개념이 내포되어 있다. 따라서 사회적 형평 개념으로서의 분배적 정의의 핵심문제는 정의라는 기준에서 어떠한 불평등이 용인될 수 있는 불평등인가를 밝혀내는 것이다.

사회적 가치의 분배 및 재분배는 정부의 정책을 통해 이루어진다. 공공정책은 정치권력을 배경으로 하여 사회적 가치 또는 이익을 강제로 배분하는 성질을 갖는다. 그런데 공공정책은 편익과 비용을 모든 구성원들에게 평등하게 배분하는 것이 아니라 일정한 기준에 따라 불평등하게 배분하는 성질, 즉 부분이익 선택성(policy selectivity)을 갖고 있기 때문에 구성원의 사회·경제적 지위에 큰 영향을 미친다. 사회를 구성하고 살아가는 인간사회에서 분배문제는 정치적·사회적·경제적 갈등의 가장 근본적인 원인을 이룬다.

제 4 절 행정문화

1. 행정문화의 의의

행정문화란 거시적인 한 사회문화를 이루는 하나의 하위문화(sub-culture)로, 한 사회의 행정에 종사하는 사람들이 집단적으로 공유하는 지배적인 가치관, 행동양식, 신념 및 습속(習俗) 등을 포함하는 복합적인 현상이라고 할 수 있다. 행정문화는 사회문화를 구성하는 다른 하위문화들과 상호 밀접한 관련을 가지면서도 그 나름의 독특한 특성을 갖는다.

행정문화를 연구하는 이유는 첫째, 어떤 나라나 어떤 조직에 속하는 '행정인들이 어떤 행태'를 독특하게 공유하며, 왜 그러한 현상을 나타내는가를 이해하는 데 도움을 주며, 또한 어떤 나라나 조직에 속하는 행정인들이 다른 나라나 다른 조직에 속하는 행정인들과 어떤 행동양식이 유사하며 차이가 있는가를 비교함으로써 그 특수성을 보다 더 잘 이해할 수 있기 때문이다.

2. 우리나라의 행정문화

한국행정에도 그 나름의 문화가 존재한다. 그것을 보다 구체적으로 말하면 우리나라 행정체제를 구성하는 구성원들이 집단적으로 공유하는 지배적인 가치관과 행동양식이 분명히 존재하며, 그것이 실제의 행정에 영향을 미치고 있다는 것이다.

(1) 행정문화 형성의 변수

우리나라 행정문화를 형성해 온 요소는 역사적으로 다음과 같은 측면에서 살펴볼 수 있다.

첫째, 한국인의 가치관과 태도형성에 크게 영향을 미친 것은 유교, 불교, 도교, 토속적 샤머니즘, 그리고 최근에는 기독교의 교리라고 할 수 있다.

이 중 특히 전통적으로 한국행정인과 관료의 행동양식에 가장 크게 영향을 미친 것은 유교이다.

둘째, 정치적으로 오랫동안 중앙집권적 · 가부장적 가산관료제가 존속했다.

셋째, 경제적으로 오랜 농업사회적 · 경제적 기반이 존속되었다.

넷째, 사회구조적으로 제1차집단 사회 및 공동사회적 구조가 특징이다.

다섯째, 일제 36년간 지배, 6.25동란, 미군정시대, 1960~1970년대 산업화 등 역사적 배경이 한국행정문화에 영향을 미치게 되었다.

(2) 우리나라의 전통적 행정문화

우리나라의 전통적 행정문화, 즉 우리나라 행정체제를 구성하는 행정인들이 전통적으로 공유해 온 지배적인 가치관과 행동양식이 무엇인가를 한 마디로 말하기란 어렵다. 다만 국내의 학자들이 열거하는 사항들을 보면 권위주의, 가족주의, 무사안일주의, 형식주의, 기분주의, 운명주의, 정적 인간주의, 의식주의, 비물질주의, 사인주의, 공사무분별, 눈가림 행정, 일반주의 등 여러 가지가 있다.

여기서는 위에 열거한 사항 중 다음과 같은 다섯 가지 사항에 중점을 두고 살펴본다.

1) 권위주의

권위주의(authoritarianism)란 어떤 사람이 다른 사람에 대하여 복종이 정당하다는 신념 위에서 행하는 권력행사이다. 그 권력행사의 근원은 지식이나 전문성과 같은 합리적 기준이 아니라 계급, 지위, 연령 등과 같은 것이다. 전통적인 한국의 행정을 보면 관료라는 신분에 의해서 국민을 강제로 지배하려 하고, 상관이라는 지위에 의해서 부하를 복종시키며, 어른이라는 명분으로 연소자를 지배하는 행동양식이 존재해 왔다. 이러한 권위주의적 행정문화의 원인은 유교적 장유유서관, 관존민비사상, 가부장적인 지배의 전통에 있다.

권위주의하에서는 결정권이 국민이 아니라 관료에게 집중되며, 조직의 구성원에게 공유되는 것이 아니라 중앙집권화되며, 고위층이나 연장자의 판단에 의존하게 된다. 여기에서는 관료와 국민, 상관과 부하의 관계가 어른과 아이의 관계로 되며, 맹목적인 권위에의 순종이 미덕이 되는 것이다. 권위주의하에서는 행정조직 내의 질서가 잘 유지되고 안정과 분쟁의 조정이 용이하나 행정조직 속의 인간관계 및 조직간의 관계에 있어 불평등관계가 조성되고, 정부와 국민 간의 거리감과 경직성 및 관존민비적 행태가 존재한다.

2) 가족주의

가족주의(familism)란 행정조직이나 사회를 가족으로 생각하는 의식을 말한다. 한국의 전통적 행정문화 속에 가족주의가 발전한 원인은 가부장적인 통치구조와 가산관료제(家産官僚制)의 영향이라고 할 것이다. 가족주의는 행정의 비인간화, 행정조직 내의 인간의 소외화를 방지하고 화합과 질서를 유지하는 역할을 수행한다. 또한 가족주의를 조직관리에 적절히 활용함으로써 조직의 효율성을 확보하는 데 도움이 될 수 있다. 그러나 가족주의는 행정에 있어서 족벌주의, 정실주의 및 공사무분별의 행태를 조장할 수 있다.

3) 의식주의

의식주의란 인간이 그 자신의 신분에 따라 삼가고 절제하며 지켜야 하는 행동양식으로써 이루어진다. 한국의 전통적 행정문화에 있어서 의식주의는 특히 유교적 교리의 영향을 크게 받았다. 의식이나 예를 강조함으로써 행정의 질서와 기강을 확립하는 데 도움이 된다. 그러나 그것을 지나치게 강조해 온 것이 우리나라 정치·행정문화였다. 그 결과 명분과 체면이 너무 중요시되고, 합리적이고 실용적인 행정수단의 발전을 저해하여 왔다고 할 수 있다.

4) 공사무분별

이것은 우리나라 사람들의 사고나 행동의 동조과잉(overconformity)이 지나치게 귀속적(ascriptive)인 요소에 의해서 정해지는 것과 관련된다. 어떤 사람이 관리가 되고 혹은 공무원의 지위에 오르게 된 것은 자신의 가족을 위시한 귀속적인 여러 세력의 덕택이며, 공공의 덕이 아니라고 생각하는 것이다. 따라서 관직은 자신을 위한 사유물이며 공익을 위한 신탁이라고 생각지 않는다. 공유재산과 사유재산을 혼동하기까지 한다. 여기에서 공직을 이용하여 사익을 추구하는 행정의 부패가 싹튼다.

5) 일반주의

일반주의(generalism)는 전문가(specialist)보다는 일반행정가(generalist)를 중요하게 여기는 의식이다. 우리나라의 전통적 관료제에서는 문인과 교양인을 우대하고 기술자나 전문인을 천시하였다. 일반행정인이야말로 전지전능한 '팔방미인'으로 간주되었다. 일반주의가 지배함으로써 행정의 신축성이 있고, 넓은 시야를 지닌 행정인이 행정을 관리한다. 그러나 과학적 · 전문직업주의적 행정발전을 제약한다.

3. 우리나라 행정문화의 발전방향

국제화, 산업화 및 민주화사회로의 성숙한 발전을 이룩하는 것이 국가발전의 목표이며 행정의 과제이기도 하다. 이러한 상황 속에서 행정인들에게는 과거와는 다른 가치관과 행동양식의 공유가 기대된다. 보편주의 · 책임주의 · 합리주의 · 공평한 봉사주의 · 공익우선주의 · 과학주의 및 전문직업주의를 행정규범으로 받아들이고 실천함으로써 새로운 행정문화가 명실상부하게 정착될 것이다.

새로운 행정문화의 정착을 위한 고려사항은 다음과 같다.

① 정치권력으로부터 행정의 자율성을 확보해야 한다.
② 행정인들이 민주화, 산업화, 국제화시대의 공인으로서 사회적 모범을 솔선해서 실현하여야 한다.
③ 공무원을 신규채용함에 있어서 새로운 시대의 공무원상에 적합한 가치관과 행동양식을 지닌 사람을 선발하여 임명해야 한다.
④ 재직공무원에 대한 새로운 가치관 및 의식교육을 강화하여 그들이 이미 공유하는 낡은 가치관과 의식을 바꾸어야 한다.
⑤ 자발적인 의욕을 가지고 공무를 수행하도록 해야 한다.

제 5 절 행정윤리와 공직부패

1. 행정윤리의 개념 및 특징

행정이 추구하고자 하는 바람직한 가치는 결국 행정조직 속에서 의사결정을 수행하는 공무원들에 의해 실현된다. 즉 행정공무원들은 행정가치 구현의 주체인 셈이다. 행정윤리란 공무원이 행정업무를 수행할 때 국민 전체에 대한 봉사자로서 행정이 추구하는 공공목적을 달성하기 위해 준수해야 할 행동규범(code of conduct)을 의미한다.

이와 같은 행정윤리의 정의 속에 내포된 특징은 다음과 같다.

첫째, 행정윤리는 행정업무와 관련된 윤리를 의미한다. 행정윤리는 공무원의 신분을 가진 사람이 그의 공적인 행정업무와 관련되어 지켜야 할 가치기준을 의미한다.

둘째, 공무원은 국민 일부의 봉사자가 아니라 국민 전체에 대한 봉사자로서 공익을 추구하여야 한다. 공권력에 기초한 공무원의 역할은 사회구성원들 간의 가치배분에 영향을 미치기 때문에 공무원의 높은 윤리의식이 요구된다.

셋째, 행정윤리의 개념은 이를 좁게 해석하여 공무원의 부정부패와 관련된 소극적인 면으로 이해되기도 한다. 그러나 행정윤리의 개념 속에는 소극적 의미 이외에, 적극적으로 행정이 추구하고자 하는 바람직한 가치를 실현해야 한다는 요청까지를 내포하고 있다. 따라서 행정윤리는 가치함축적인 규범적 개념이다.

넷째, 행정윤리의 개념 속에는 공무원이 마땅히 지켜야 할 공무원의 직업윤리는 물론 공무원이 입안하여 집행하는 정책의 내용이 윤리적이어야 한다는 의미도 내포되어 있다. 따라서 공무원이 지켜야 할 행동규범 속에는 헌법을 위시해서 국가공무원법, 공직자윤리법 및 공무원집단의 자율적 행동지침을 준수해야 하는 것뿐만 아니라, 업무수행과 관련하여 전문적 지식의 함양을 통해 결정의 질을 높여야 한다는 요청이 내포되어 있다. 따라서 공무원이 행정윤리를 제대로 실현하기 위해서는 법령 등의 법적 의무의 준수뿐만 아니라 업무수행과 관련된 전문지식의 확보라는 기능적 의무도 동시에 준수하여야 한다.

2. 행정윤리의 중요성

오늘날 행정국가하에서는 행정기능이 양적으로 확대되고 질적으로 전문화됨에 따라 행정인의 자유재량의 범위가 크게 확대되어 그들의 결정이 국민생활에 지대한 영향을 미치고 있다. 따라서 행정의 양적 증대에 상응하여 공무원의 행정윤리의 중요성이 증대되고 있다. 즉 행정의 기본목표인 국민의 삶의 질을 향상시키기 위해서는 공무원의 윤리가 올바로 확립되어야 할 것이다. 공직사회에 부패가 만연하고 근대적인 행정윤리가 확립되어 있지 않을 경우, 정부에 대한 불신감의 팽배는 물론 사회 전반에 걸쳐 신뢰성의 위기를 초래하게 된다. 따라서 사회 전반에 걸쳐 생산의욕이 저하되고 건전한 사회발전을 기대할 수 없게 된다. 이 경우 행정조직은 국가사회 발전의 선도적 역할을 담당하기보다는 오히려 사회의 발전을 가로막는 장애요소로 기능할 수 있다.

행정윤리를 소극적 의미로 파악할 경우 부정부패의 방지와 같이 특정 행위를 하지 않아야 한다는 관점에서 접근할 수 있으며, 적극적 의미로 파악할 경우에는 공익성과 봉사정신이 강조된다. 한국과 같은 신생공업국에서는 성장과 함께 사회적으로 구조화된 공무원들의 부정부패가 근절되지 않고는 선진국의 문턱을 넘기 힘들 것이다. 또한 봉사에 근거를 둔 근대적인 공직윤리가 정착되지 않고서는 건전한 시민사회의 도래를 기대할 수 없을 것이다.

3. 행정윤리의 내용

공무원에게 요구되는 윤리의 내용은 그 사회가 처한 시대적 상황에 따라 달라진다. 행정윤리는 부정부패를 방지하고 직권남용과 무사안일을 타파하자는 소극적 측면에서 접근할 수 있는가 하면, 공익성과 봉사성을 강조하는 적극적 측면에서 접근할 수도 있다.

우리나라 공무원에게 요구되는 행정윤리의 내용은 국가공무원법의 공무원복무규정이나 공직자윤리법, 그리고 취임선서와 복무선서 및 공무원의 윤리헌장과 신조에서 찾아볼 수 있다. 국가공무원법과 공직자윤리법은 부정과 비리를 방지하기 위한 소극적 윤리를 강조하고 있으며, 취임선서와 복무선서 및 공무원의 윤리헌장과 신조에서는 봉사와 충성, 그리고 창의와 책임을 강조하는 적극적 윤리가 천명되고 있다.

1963년에 제정・공포된 「국가공무원법」의 공무원 복무규정에서는 행정윤리를 다음과 같이 엄격하게 규정하고 있다: ① 성실의무, ② 복종의무, ③ 직장이탈 금지, ④ 친절, 공정의무, ⑤ 비밀엄수의무, ⑥ 청렴의무, ⑦ 영예 등의 수령 규제, ⑧ 품위유지의무, ⑨ 영리업무 및 겸직 금지, ⑩ 집단행위 금지, ⑪ 정치운동 금지.

한편, 1980년 12월 제정된 「공무원윤리헌장」은 충성과 봉사, 그리고 창의를 강조하는 행동규범을 천명하고 있으며, 공무원의 신조로서 다음과 같은 다섯 가지 행동지침을 제시하고 있다: ① 국가에는 헌신과 충성, ② 국민에겐 정직과 봉사, ③ 직무에는 창의와 책임, ④ 직장에선 경애와 신의, ⑤ 생활에는 청렴과 질서

또한 국가공무원법의 공무원취임선서와 1981년 11월 전체 공무원을 대상으로 실시된 공무원의 복무선서에서는 봉사자로서의 책임과 법령준수 및 명령복종, 그리고 창의와 성실이 강조되고 있다.

1981년에 제정된 「공직자윤리법」에서는 부정부패를 방지하기 위하여 고위공직자(1~4급)의 단계적 재산등록, 외국인의 선물신고, 퇴직공무원의 취업제한 등의 규정을 담고 있다. 1993년 5월 개혁정국의 와중에 개정된 공직자윤리법은 4급 이상(특정 분야는 6급 이상)의 모든 공직자와 이에 상응하는 공직 유관단체 임원들은 재산을 등록해야 하며, 1급 이상의 중앙부처 공무원과 공직 유관단체 임원들은 재산을 총무처에 등록하고 이를 공개하도록 규정하고 있다.

4. 행정권의 남용과 관료부패

(1) 행정권 남용의 유형

행정관료들은 국민 전체에 대한 봉사자로서 행정업무를 수행할 때 법률에 규정된 일정한 범위 내에서 권한을 행사하여야 하며, 또한 일정한 윤리규범에 따라 행동하여야 한다. 그러나 오늘날 행정업무가 복잡해지고 전문화됨에 따라 관료들에게 부여된 재량의 범위가 넓어지고, 그에 따라 공무원들이 비윤리적 일탈행위를 저지를 가능성이 그만큼 커지게 되었다.

행정윤리를 벗어나는 이러한 행정권 남용의 유형을 다음과 같이 범주화할 수 있다.

① 부정행위

고속도로 통행료를 착복하고 영수증을 허위작성한다든가, 또는 공공기금을 횡령하고 계약의 대가로 지불금의 일부를 가로채는 등의 부정행위를 저지를 수 있다.

② 비윤리적 행위

비록 특혜의 대가로 금전을 수수하지는 않는다 하더라도, 친구 또는 특정정파에 호의를 베풀거나 자신의 경제적 이익을 위해 어떤 결정을 내리는 비윤리적 행위를 할 수 있다. 경우에 따라서는 자신의 이익을 위해 공익에 어긋나는 행위를 할 수도 있다.

③ 법규의 경시

법규를 무시하거나 자신의 행위를 정당화하는 방향으로 해석하기도 한다. 경우에 따라서는 예산이나 현실적 어려움 등의 구실을 내세워 법규정대로 시행하기를 거부하기도 하며, 집행을 끝없이 미루는가 하면, 말로는 약속을 하면서도 결코 시행하지 않는 경우도 있다.

④ 입법의도의 편향된 해석

행정기관은 법규를 위반하지 않은 합법적인 테두리 내에서 특정 이익을 옹호하기도 한다. 예컨대 산림청은 법규에 따라 산림을 여러 목적에 이용하여야 함에도 불구하고, 환경보호론자들의 의견을 무시한 채 개발업자나 목재회사측의 편을 들어 벌목을 허용하는 경우도 있다.

⑤ 불공정한 인사

행정기관의 기관장은 사기업체와 마찬가지로 불공정한 인사를 자행하기도 한다. 각급 행정기관에서 업무수행능력과 무관한 다른 이유로 해임되거나 징계받는 공무원들이 많으며, 경우에 따라서는 자신의 의견을 용기 있게 말하는 정직성 때문에 불이익을 받는 경우도 있다.

⑥ 무 능

의도가 아무리 좋더라도 부여된 업무를 적절히 수행하지 못한다면, 공무원은 그 책임을 다하지 못한 것이 된다. 다소의 실책은 불가피하더라도 부주의에 의해 수억원의 예산이 낭비되거나, 지나친 비능률은 용납될 수 없을 것이다.

⑦ 실책의 은폐

일부 공무원들은 자신의 실책을 은폐하려 하거나 입법부 또는 시민과의 협력을 거부한다. 가장 충실한 공익의 수호자들은 때로 의원들의 요구에 응하기를 거부하며, 화난 의원들이 이를 무책임한 행동으로 매도해도 언론이나 많은 시민들은 공무원의 편에서 이를 용기로 간주할 수도 있다.

⑧ 무사안일

일부 공무원들은 부여된 재량권을 행사하지 않고 적극적인 조치를 취하기를 꺼리는 무사안일에 젖어 있다. 상황이 명백히 어떤 조치를 요구함에도 불구하고 사후책임을 두려워하는 공무원들은 아무런 조치도 취하지 않음으로써 안일을 추구하고, 아무도 그들을 비판하지 않는 경우가 많다. 책임이라는 개념이 흔히 부정적인 용어로 사용되기에 무사안일은 중요한 의미를 지닌다. 공무원들에게 요구되는 것은 최대한의 봉사이지 최소한의 봉사가 아니다.

(2) 관료부패

1) 관료부패의 정의

행정권 남용의 대표적 형태라고 할 수 있는 관료부패는 다양하게 정의된다. 이는 관료부패가 정태적인 것이 아니라 매우 동태적이며, 특정 사회나 국가의 사회・문화적 여러 특성을 반영하고 있기 때문이다. 대표적으로 문화횡단적 비교방법을 이용한 하이덴하머의 ① 공직중심적 정의로서 공직에서의 일탈, ② 시장중심적 정의로서 시장에서의 일종의 경제행위, ③ 공익중심적 정의로서 공익으로부터의 일탈로 관료부패를 정의하였다.

다양한 정의를 종합하여 관료부패를 정의하면 '관료가 자신의 직무와 직

·간접적으로 관련된 권력을 부당하게 행사하여 사익을 추구하거나 공익을 침해한 행위'라고 할 수 있다.

2) 관료부패의 접근방법

관료부패를 연구하는 시각이나 접근방법은 연구자들마다 매우 상이하다. 즉 관료부패는 어느 하나의 요인에 의하여 결정되는 것이 아니라 다양한 요인에 의하여 설명되며, 또한 소위 준공식문화(quasi-formal culture) 혹은 지하문화(underground culture)의 성격을 지니고 있기 때문이다.

1960년대까지는 기능주의적 입장에서 관료부패를 국가가 성장하여 어느 정도 발전단계에 들어서면 소멸되는 것으로 이해하였다. 1970년대 이후에는 부패란 국가가 발전한다고 해서 소멸되는 것이 아니라 다양한 먹이를 먹고사는 하나의 유기체로서 파악하는 후기기능주의가 등장하였다. 이렇게 다양하게 접근되는 관료부패는 크게 다음과 같이 네 가지 접근법으로 논의되고 있다.

① 도덕적 접근법

관료부패를 개인행동의 결과로 보아 개인이나 소규모 집단이 공적 역할을 지배하는 법규를 침해한 경우, 그 원인을 이러한 행위에 참여한 개인들의 윤리나 자질의 탓으로 돌리는 입장이다. 즉 개인의 성격이라든가 독특한 습성과 윤리문제가 부패행태와 밀접한 관련이 있다고 보는 입장이다.

② 사회문화적 접근법

특정한 지배적 관습이나 경험적 습성과 같은 것이 관료부패를 조장한다고 보는 입장이다. 예를 들어, 우리에게는 전통적으로 선물관행이나 보은의식이 있고 인사문화가 있다. 이것이 관료부패의 한 원인이라고 할 경우 이것은 바로 사회문화적 입장에서 관료부패를 파악하는 것이다.

③ 제도적 접근법

사회의 법과 제도상의 결함 또는 이러한 것들에 대한 관리기구들과 그 운영상의 문제들, 또는 예기치 않았던 부작용들이 부정부패의 원인으로 작용한다고 보는 입장이다. 특히 행정통제장치의 미비는 이러한 접근법에서 나타나는 대표적인 관료부패의 원인이다.

④ 체제론적 접근법

관료부패는 하나의 변수에 의하여 설명되는 것이 아니라 그 나라의 문화적 특성, 제도상의 결함, 구조상의 모순, 그리고 관료의 비윤리적 행태 등

다양한 요인에 의하여 복합적으로 나타난다고 보는 입장이다. 따라서 이러한 입장에 있을 경우 관료부패는 부분적인 대응으로는 억제하기가 매우 어려운 문제라고 할 수 있다.

(3) 관료부패의 구성요소

관료부패가 발생하기 위해서는 기초적인 정치·경제·사회·문화적인 조건하에 몇 가지 기본적인 구성요소가 있어야 한다. 개념상 부패행위의 중심을 차지하는 관료가 당연히 있어야 하며, 이러한 관료와 직·간접적으로 거래관계에 있는 시민, 관료가 부패관계에 개입함으로써 얻게 되는 이익과 시민이 부패거래를 통해서 얻게 되는 이익이 존재하여야 한다. 이러한 요소들의 다양한 작용에 의하여 다양한 형태의 관료부패가 나타난다. 여기서의 관료에는 관료제가 포함되며, 시민에도 개인만이 아니라 조직이나 집단도 부패의 구성요소로 포함된다.

① 직무유기형 관료부패

시민이 개입되지 않는 관료 단독의 부패로서, 직접적이며 명백한 물질적 이익을 추구하지 않는 형태의 부패를 의미한다. 한때 우리나라의 복지부동도 넓은 의미로는 직무유기형 부패라고 할 수 있다.

② 후원형 관료부패

관료가 정실이나 학연 등을 토대로 불법적으로 후원을 하는 형태이다. 직무유기형 부패와 마찬가지로 명시적인 물질적 이익을 추구하지는 않는 형태이다.

③ 사기형 관료부패

관료가 공금을 유용하거나 횡령하는 부패를 의미한다. 대개 관료 단독으로 이루어지며, 이러한 유형에 대해서는 부패라는 용어보다는 오히려 범죄라는 용어가 일반적으로 적용된다.

④ 거래형 관료부패

가장 전형적인 관료부패이다. 관료와 시민이 뇌물을 매개로 이권이나 특혜 등을 불법적으로 받는 경우를 말한다. 관료와 시민 간에 직접적인 거래가 있으며, 물질적인 수단이 부패의 매개체로 이용된다.

5. 행정윤리의 저해요인

오늘날 행정이 양적으로 팽창하고 질적으로 전문화됨에 따라 국민생활에 미치는 영향이 더욱 커지게 되고, 이에 따라 구체적인 행정업무를 담당하는 공무원들의 행정윤리는 더욱 중요한 의미를 지니게 되었다. 더욱이 시급한 경제발전과 성숙한 시민사회의 정착을 위해서는 근대적인 행정윤리의 확보가 무엇보다 긴요한 과제가 아닐 수 없다.

행정윤리의 확보방안을 모색하기 위해서는 건전한 행정윤리의 확보를 가로막는 저해요인을 살펴보아야 한다. 행정윤리의 저해요인은 인적 요인, 제도적 요인, 그리고 환경적 요인의 세 가지로 나누어 살펴볼 수 있다.

(1) 인적 요인

윤리실현의 주체는 행정관료이다. 행정윤리가 제대로 확보되기 위해서는 무엇보다도 행정을 담당하는 관료들의 높은 윤리의식이 전제되어야 한다. 행정윤리를 저해하는 근본적인 요인은 관존민비, 관직사유관과 같은 권위주의적인 가치관과 전근대적인 형태에서 찾아볼 수 있다.

(2) 제도적 요인

행정관료들의 부정부패를 방지하고 책임성을 확보하기 위해서는 이를 위한 제도적 장치가 확보되어야 할 것이다. 여기에는 내부통제장치의 미비, 불합리한 인사관리, 비현실적인 낮은 보수, 과도한 정부규제와 비현실적인 엄격한 규제기준 등이 행정윤리의 확보를 어렵게 하는 요인이 되고 있다.

(3) 환경적 요인

공무원을 둘러싼 환경적 요인이 행정윤리의 확보를 어렵게 한다. 윤리의식이 아무리 높고 제반 제도적 장치가 잘 마련되어 있더라도, 행정조직을 둘러싼 환경적 여건이 개선되지 않으면 바람직한 행정윤리가 뿌리내릴 수 없다. 낮은 정치발전 수준으로 인한 외부통제의 미흡, 정치적·사회적 불안으로 인한 공무원의 신분 불안, 그리고 사회적 환경을 이루는 구성원들의 전근대적 가치관 등도 행정윤리를 저해하는 요인이 된다.

6. 행정윤리의 확보방안

행정윤리를 확보하기 위해서는 앞에서 살펴본 행정윤리의 저해요인을 제거해야 할 것이다. 행정윤리의 확보방안도 저해요인과 마찬가지로 인적 요소와 관련된 요인, 제도적 장치와 관련된 요인, 그리고 환경적 요인의 세 가지로 나누어 고찰할 수 있다.

(1) 행정행태의 쇄신과 공무원의 가치관 전환

행정윤리를 확보하기 위해서는 우선 행정의 주체가 되는 공무원들의 윤리의식이 제고되어야 한다. 또한 행정을 수행하는 공무원들의 업무내용에 대한 전문적 지식이 확보되어야 의도하지 않았던 부작용을 예방할 수 있을 것이다. 행정인의 윤리의식을 제고하고 전문지식을 향상시키기 위해서는 그러한 자격요건을 구비한 공무원을 선발하기 위한 구체적인 전략이 수립되어야 한다. 또한 선발된 공무원들에 대한 행정조직 내·외부에서의 가치관 변화 훈련 및 전문지식 함양을 위한 각종 교육훈련이 행해져야 할 것이다.

(2) 제도적 장치의 구비

1) 부정부패 방지를 위한 제도적 장치의 강화

우리나라에서는 공무원의 행정윤리 확보를 위해 공무원이 지켜야 할 의무를 법적 장치를 통해 여러 곳에서 규정하고 있다. 국가공무원법에서는 공무원이 지켜야 할 여러 행동규범을 규정하고 있으며, 또한 공직자 사회의 부정부패를 방지하기 위해 1981년에 제정된 「공직자윤리법」에서도 재산등록과 선물신고의무, 퇴직공직자의 취업제한 및 공직자윤리위원회의 설치 등을 규정하고 있다. 그러나 이러한 법규정에도 불구하고 윤리규범이 잘 지켜지지 않는 것은 이러한 규정들이 선언적 의미 이상의 현실적 규제력을 갖고 있지 못하기 때문이다. 따라서 구조화된 부정부패를 일소하기 위해서는 좀더 엄격한 법적 규제장치가 마련되어야 할 것이다.

2) 공직자의 근무여건 개선

행정윤리를 확립하기 위해서는 공직자가 이를 실현할 수 있는 근무여건을 마련해 주는 것이 필요하다. 이는 곧 직업공무원제도의 확립을 의미하는 것이다. 직업공무원제도가 확립되어 공무원들의 보수가 현실화되고 합리적인 인사가 이루어질 경우, 공무원들은 부정부패를 통한 물질적 욕구충족에 집착하지 않고 본래의 긍정적 직무수행에 충실해질 것이다.

3) 환경규제의 완화와 규제법령의 이중성 배제

정부주도하의 경제발전을 추구하면서 강화된 각종 행정규제를 완화하고, 현실과 괴리된 법령의 이중적인 규제기준을 현실에 맞게 재조정하여 부정의 소지를 원천적으로 봉쇄하여야 공직윤리가 제대로 확보될 수 있을 것이다. 아울러 식민지시대의 전통을 이어받은 통제중심의 행정관행도 민간주도의 민주사회에 걸맞게 지원중심의 봉사행정으로 바뀌어야 할 것이다.

(3) 환경적 요인의 개선

행정윤리가 확보되기 위해서는 행정서비스의 대상자인 일반국민의 의식이 제고되어야 한다. 일반국민들은 공무원에게 지나친 불평과 불만을 표출하기보다는 합리적이고 합법적인 근거에 입각하여 요구와 기대를 바라는 성숙된 자세가 필요하다. 더 나아가 국민에 의한 행정통제제도를 확립함으로써 내부기관에 의한 행정통제가 갖는 한계점을 극복할 수 있을 것이다. 이와 같이 전근대적인 행정행태나 가치관을 변화시키고, 행정에 대한 국민통제가 형식에 그치지 않고 구체성을 가지고 실현될 때, 공무원들의 행정윤리의식이 향상될 것이다.

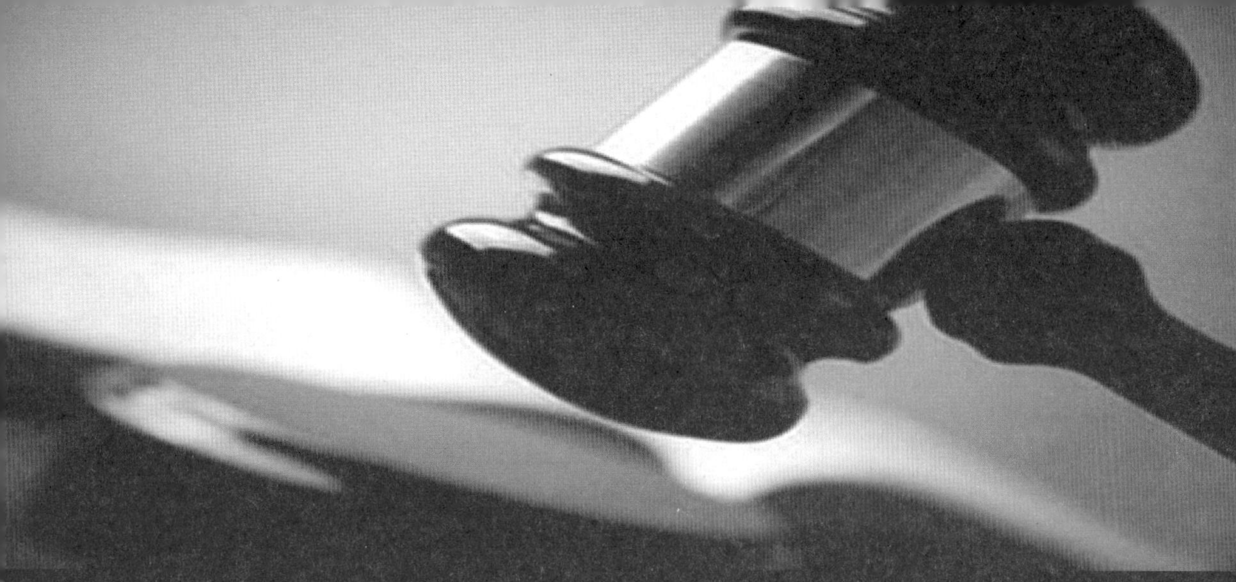

제 III 편

헌법과 행정법

제 1 장

헌 법

제1절 헌법이론의 기초

1. 헌법의 개념 및 특성

(1) 헌법의 개념

헌법(constitution, Verfassung)은 국가의 통치조직 및 작용의 원리를 정한 최고법(혹은 근본법)이다. 이러한 헌법의 개념은 양면성을 가지는 바, 헌법을 국가의 정치적 통일 및 사회질서의 구체적 상태로서 파악하는 사회학적 개념과 국가의 통치형태를 규정하는 법규범으로 파악하는 법학적 개념이 있다. 전자는 헌법의 사실적 측면을 강조하며, 후자는 헌법의 규범적 측면을 강조한다.

또한 근본법으로서의 법적 의미에 있어서 헌법은 그 역사적 발전으로 보아 고전적 의미의 헌법, 근대 입헌주의적 의미의 헌법, 그리고 현대 복지주의적 의미의 헌법으로 나눌 수 있다.

1) 헌법 개념의 양면성

① 사회학적 개념(사실로서의 헌법)

헌법은 국가의 정치적 통일 및 사회질서의 구체적 상태로서 파악된다. 이러한 학설의 대표자는 라살레(Lassalle), 쇼믈로(Felix Somlo), 스멘트(Rudolf Smend), 그리고 칼 슈미트(Carl Schmitt) 등이다. 라살레는 "헌법의 본질은 국가에 존재하는 사실적 권력관계이다"라고 말하고, 스멘트는 "헌법이란 근본에 있어서 작용하는 모든 힘(역)과 에네르기에서 정치적 통일이 부단하게 새로이 형성되고 성립하여 가는 과정의 원리"라고 말하며, 칼 슈미트는 "헌법이란 헌법제정권력의 행위에 의한 국가의 정치생활의 종류와 형태에 관한 근본결단이다"라고 말하고 있다. 이 근본결단은 정치적 사실이다.

② 법학적 개념(법규범으로서의 헌법)

헌법을 사실적 권력관계로서 파악하는 사람들도 법규범으로서의 헌법의 의의를 부인하지 못하고 있다. 헌법은 현실과 대립하여 현실을 규제하고 정치생활, 국민생활의 있어야 할 모습을 실현하기 위한 법규범으로 파악되어야 할 것이다. 칼 슈미트는 "법규범으로서의 헌법은 최고 궁극의 규범의 통일적이고 완결된 체계를 의미한다"고 말했으며, 이러한 당위로서의 헌법은 개별적인 중요한 법률이나 규범이 아니고, 국가생활의 총체를 규율하고 폐쇄된 통일체로서의 '법률의 법률'인 근본법을 의미한다고 말했다.

켈젠(Kelsen)은 헌법을 넓은 의미의 헌법과 좁은 의미의 헌법으로 나누고 있는데, 좁은 의미의 헌법은 기본법 또는 기본질서라고 하고, 넓은 의미의 헌법은 국가조직법과 인권보장법으로 구성된다고 말했다.

쾨기(Kägi)는 헌법을 국가최고법규범의 체계로 파악하고 있다. 그는 규범적 헌법이 국가관계의 질서를 위하여 노력하고 국가와 국가권력의 제한을 의도하여 국가에서의 자유(소극적 자유)만을 보장하는 것이 아니고, 국가에로의 자유(적극적 자유)를 보장한다고 말하고 있다. 이러한 법규범으로서의 헌법을 Verfassungsrecht Constitutional law 또는 droit Constitutionnel이라고 하며, 헌법의 형식성을 강조하고 있다. 슈테른(Klaus Stern)은 "헌법은 국가의 통치질서와 가치질서의 기본원칙에 관한 최고위의 규범적 표현"이라고 하고 있다.

2) 헌법 개념의 변천

① 고전적 의미의 헌법

헌법이란 국가의 통치체제를 정한 근본법을 의미한다. "사회가 있는 곳에 법이 있다"는 법언과 같이 어떤 사회가 형성되려면 그 사회를 규율하는 법질서가 존재하지 않으면 안된다. 국가도 그와 같은 사회의 일종이며 따라서 국가체제가 법에 의하여 규율되는 경우는 존재하는 것이며, 그와 같은 법은 반드시 성문법으로 존재하는 것이 아니고 불문법으로도 존재한다. 이러한 의미에 있어서의 헌법을 고전적 의미의 헌법이라고 하며, 이 의미에 있어서의 헌법은 어느 국가든지 가지고 있다.

② 근대 입헌주의 헌법

근대 입헌주의의 헌법은 국가권력을 조직하는 측면보다는 국가권력을 제한하는 측면에 중점을 두었다. 그리하여 봉건적 전제군주에 대항하여 국민의 기본권이 쟁취되었고, 국민의 기본권을 보장한 헌법에 의하여 전제군주의 통치권이 제한되게 되었으며, 이것은 입헌군주제에서 비롯된 것이다. 근대 입헌주의의 헌법은 그 구성원리로서 ① 국민주권주의, ② 기본권존중주의, ③ 권력분립주의, ④ 성문헌법주의, ⑤ 의회주의를 필수적인 요소로 한다.

③ **현대 복지주의 헌법**

근대 입헌주의적 헌법이 재산권의 신성불가침과 경제활동의 자유에 입각하고 있다면, 현대 복지주의의 헌법은 사회적 약자의 사람다운 생활을 보장하는 사회적 법치국가의 원리에 입각하고 있다. 그리하여 '균형 있는 국민경제의 성장 및 안정과 적정한 소득의 분배를 유지하고 시장의 지배와 경제력의 남용을 방지하여 경제주체간의 조화를 통한 경제의 민주화를 위하여' 국가의 경제에 관한 규제와 조정을 예상하고 있다. 근대 입헌주의의 헌법이 자유와 형식적 평등을 중요시하고 있다면, 현대 복지주의의 헌법은 실질적 평등의 보장을 더욱 중요시하고 있다.

현대 복지주의의 헌법은 ① 국민주권주의의 실질화, ② 기본권보장과 사회정의의 실현, ③ 권력행사의 통제와 합리적 조정, ④ 사회적 시장경제질서 체제의 보장을 주요 내용으로 하고 있다.

3) 실질적 의미의 헌법과 형식적 의미의 헌법

① **실질적 의미의 헌법**

실질적 의미의 헌법이라 함은 형식 여하에 관계없이 그 내용이 국가의 구성·조직 및 작용에 관한 근본원칙은 물론이고 국민의 기본적 인권을 규정한 근본법의 전부를 말한다. 그러므로 헌법이라는 법전 이외에 국적법, 공직선거법, 국회법, 정부조직법, 법원조직법 등과 같은 법률도 포함되는 것이며, 성문법 이외에도 헌법에 관한 관습법 및 조리까지도 헌법 개념에 포함된다. 따라서 일정한 역사상의 이념이나 어떤 특정한 원리에 지배될 필요는 없으며, 고대국가나 중세국가에도 헌법은 존재하였고, 성문헌법이 없는 영국에 헌법이 없다고 보지 않는 것처럼 불문헌법국가도 실질적 의미의 헌법은 가지고 있다고 보는 것이다.

② **형식적 의미의 헌법**

형식적 의미의 헌법은 헌법전이라는 형식으로써 제정·공포되고 보통의 법률과는 구별하여 취급하는 법을 말한다. 이러한 성문헌법은 보통의 법률보다 우위에 있으며, 따라서 보통의 법률보다 개정절차도 엄격하다.

옐리네크(Jellinek)는 "헌법의 본질적인 법적 특징은 오로지 그 고양된 형식적인 법적 효력에 있다. 헌법의 제정과 개정을 하는데 있어서 특별히 곤란한 형식을 갖지 않는 나라의 헌법은 실질적·법적 의미를 전혀 갖지 않는다"라고 주장하였다. 그리고 그는 영국과 같이 국가통치에 관한 일련의 법령을 헌법이라고 부르는 것은 헌법의 혼란이라고 배척하였다.

켈젠(Kelsen)에 있어서도 헌법이란 순수한 법형식이며, 어떤 특정한 내용을 가져야만 하는 것은 아니라고 하였다. 즉 "헌법은 그 변경과 폐지를 위하여 보통의 입법절차와는 다른 보다 곤란한 절차를 정하여 두지 않으면 안된다"라고 하여 개정절차의 차이에서 헌법과 다른 법률을 구별하고 있다.

③ 양 헌법의 관계

형식적 의미의 헌법은 대체로 실질적 의미의 헌법과 그 내용을 같이하나 반드시 완전하게 일치하는 것은 아니다. 때로는 실질적 의미의 헌법사항이 아닌 것이 형식적 의미의 헌법에 포함되는 경우가 있다. 예를 들면, 스위스 헌법에서는 미리 마취하지 않는 한 식육동물을 도살해서는 안된다는 것을 규정하고 있는데, 이러한 것은 실질적 의미의 헌법이라고는 말할 수 없다.

(2) 헌법의 특성

헌법은 형법이나 민법과 같은 법의 한 형식이지만 형법이나 민법은 법률인데 반하여, 헌법은 법률보다 고도의 가치를 가지며 법률이 헌법에 위반되면 효력을 가질 수 없다. 따라서 헌법은 법의 단계구조에서 최고성을 가진다. 또 헌법은 법률과는 달라서 추상적이고 일반적인 것이 특징이며, 헌법의 위반에 대한 직접적 강제성이 적고 강령적・계몽적인 성격을 가졌다고 할 수 있다.

또한 헌법은 고도로 정치적인 성격을 띠고 있어 정책의 기본방향을 지시하는 정책선언적인 성격을 지니고 있고, 국가의 최고기관을 구성하는 점에서 조직규범이라고 볼 수 있다. 그러나 헌법은 다른 법과는 달리 그 규범대상자가 일반국민이라기보다는 국가기관인 점에서 국가권력에 대한 제한규범적인 성격을 가지는 근본규범이라고 말할 수 있다.

1) 헌법의 정치성

사실적 특성으로서의 헌법규범은 그 근저에 있어서 실력적인 지배관계와 불가분의 관계에 있기 때문에 고도의 정치성을 띠고 있다. 특히 헌법의 생성과 변혁, 제정과 파괴라는 중대한 헌법현상은 정치 그 자체라고 말할 수 있다. 헌법의 제정행위는 한 정치세력의 승리의 결과이든 여러 가지 정치세력의 타협의 결과이든 간에 정치투쟁의 소산이다. 헌법이 정치투쟁의 소산이기 때문에 필연적으로 헌법의 내용도 정치적이다. 헌법은 결과적으로 정치투쟁 결과의 문서화・공증화라고도 할 수 있다. 이 점에서 칼 슈미트(Carl Schmitt)가 말한 바와 같이 헌법이란 국민의 정치적 통일의 형성과 종류에 관한 결정이라고 할 수 있다.

헌법에는 군주제를 택할 것인가, 공화제를 택할 것인가, 자본주의를 택할 것인가, 사회주의를 택할 것인가, 의원내각제를 택할 것인가, 아니면 대통령제를 택할 것인가 등등 정치적 근본결단을 요청하고 있는 요소가 많다. 또한 비교적 안정된 사회에 있어서도 정치문제가 헌법에 의하여 완전히 해결되는 것은 아니다. 헌법의 정치에 대한 규제력은 안정된 사회에서는 기능을 발휘하나 격동하는 정치무대에서는 헌법이 유린되는 경우가 많다.

2) 헌법의 이념성・역사성

사실적 특성으로서의 헌법규범은 이념성, 역사성을 가진다. 헌법에 의하여 실력이나 정치를 규제하려고 하는 것이 입헌주의의 근본취지이다. 헌법은 정치적 통제규범으로서 역사적 조건과 지배상황에 따라서 제약된 역사적 가치이며, 따라서 이데올로기적 성격을 면할 수는 없다. 헌법의 역사성 문제는 헌법이 역사적인 제 조건, 즉 정치・경제・사상 등의 상황과 밀접한 관련성을 갖는다는 것을 의미한다.

헌법은 단순한 사실이 아니고 또 '청원'이나 '희망', '요구' 또는 '선언'이 아니고 '당위'이기 때문에 정치적 권력관계의 규제라는 측면을 지나치게 경시해서는 안될 것이다. 헌법은 정치권력을 제한・통제하며 국가에 통일성을 부여하고 국가의 목적 및 기본조직을 확정하는 중요한 의의를 가지고 있다.

3) 헌법의 규범성

규범적 특성으로서의 헌법규범은 근본규범이요, 조직규범이며, 인권보장규범의 성격을 가진다. 이러한 헌법규범의 특성 때문에 헌법이 강제규범으로서의 기능을 다한다는 것은 어려움이 있을 수 있다. 즉 헌법에서 국가기관에 대하여 일정한 행위를 명하거나 금지하는 경우, 그 위반에 대하여 처벌 또는 의무의 이행을 강요하는 것 등은 매우 어려우며 심지어 헌법규정이 단순한 방침규정에 불과한 것도 있기 때문이다. 이와 같이 헌법이 재판규범으로서의 역할을 다하지 못한다고 하여 그 규범성을 부인할 수는 없다. 따라서 오늘날 헌법의 규범성은 헌법재판소의 헌법보장제에 의하여 확보되고 있는 것이다.

2. 헌법의 분류

(1) 성문성 여부에 따른 분류

헌법이 성문화되었느냐 되지 않았느냐에 따라 성문헌법과 불문헌법으로 나누어진다. 성문헌법이라 함은 성문화된 형식적 헌법전을 말하는데, 세계 각국은 대개 성문헌법을 가지고 있다. 이에 대하여 영국을 비롯하여 캐나다, 뉴질랜드 등의 국가에서는 단일 성문헌법전으로 되어 있지 않고 여러 가지 헌법적 법률에 의하여 이루어지고 있는데, 이들 헌법을 불문헌법이라고 한다.

(2) 제정주체에 따른 분류

헌법의 제정주체에 따라 분류하는 것으로서 흠정헌법, 협약헌법 그리고 민정헌법 등으로 나눌 수 있다. 군주가 단독으로 제정한 헌법이 흠정헌법이고, 국민과 협의하여 제정한 것이 협약헌법이며, 국민이 직접 또는 대표자를 통해서 제정한 것이 민정헌법이다. 또 국가간의 협약에 의하여 만들어진 헌법을 국약헌법이라고 한다.

(3) 개정절차에 따른 분류

헌법의 개정절차가 법률의 개정절차에 비하여 보다 엄격한 요건과 절차를 충족하도록 정해져 있는 헌법을 경성헌법이라고 하고, 헌법개정이 법률개정과 같은 절차로 되는 헌법을 연성헌법이라고 한다. 성문헌법은 대개 경성헌법이다. 다만, 1948년의 이탈리아 헌법, 1940년의 뉴질랜드 헌법과 같은 예외가 있다. 그리고 경성헌법 중에는 헌법개정 자체를 금지하고 있는 헌법도 과거에는 있었다.

(4) 독창성 여부에 따른 분류

헌법이 독창적인가, 모방적인가에 따라 독창적 헌법과 모방적 헌법으로 나눌 수 있다. 독창적 헌법이란 새로이 창조되고 다른 것에서 유래되지 않은 원천적인 헌법을 말한다. 영국의 의회주권주의 헌법, 프랑스의 나폴레옹 헌법, 구 소비에트 연방헌법, 5권분립을 규정한 1931년의 중화민국헌법 등이 있다. 모방적 헌법이란 국내외에 이미 존재하고 있는 헌법을 대폭적으로 모방하여 만든 헌법을 말하며, 영연방의 제 헌법, 남미의 여러 헌법, 아시아 국가들의 헌법이 이에 속한다. 일본, 터키 등의 헌법과 한국헌법은 모방적 헌법이라고 할 수 있다.

(5) 헌법의 존재론적 분류

헌법의 존재론적 분류란 헌법규범이 규율하고 있는가, 헌법상의 권력행사가 헌법절차에 따르고 있는가에 따른 구분으로서, 뢰벤슈타인(Karl Löewenstein)은 규범적 헌법, 명목적 헌법, 가식적 헌법 등으로 분류하고 있다.

1) 규범적 헌법

규범적 헌법이란 영국, 미국, 서독 그리고 스위스 등과 같이 헌법규범과 헌법현실, 특히 권력행사의 현실이 일치하는 헌법을 말한다. 이것은 맞춤양복과 같은 것으로서, 그 국가의 체제에 맞게 헌법을 제정한 것을 말한다.

2) 명목적 헌법

명목적 헌법이란 헌법규범이 아직까지 현실을 규율하지 못하고 교육적인 효과만을 가진 것을 말한다. 즉 헌법은 이념적으로 만들었으나 사회여건이 헌법의 이상을 따를 수 없는 것을 말하며, 멕시코 헌법 등 남미의 제 헌법, 아시아의 헌법들이 대체로 이에 속한다.

3) 가식적 헌법

가식적 헌법이란 어의만이 헌법일 뿐 현실을 규율하려는 목적에서가 아니고, 헌법을 가졌다는 것을 외국에 과시하기 위하여 만들어진 것을 말한다. 비유적으로 보면, 이것은 입기 위한 의복이 아니고 가장무도회용의 장식복에 불과한 것이다. 공산주의국가나 독재주의국가의 헌법은 대부분이 가식적 헌법이다.

(6) 국가체제에 따른 분류

현대의 헌법은 국가형태와 사회체제에 따라 이를 분류할 수도 있는데, 자본주의국가의 헌법과 사회주의국가의 헌법, 입헌주의국가의 헌법과 전제주의국가의 헌법 등으로 나눌 수 있다.

1) 자본주의 헌법과 사회주의 헌법

자본주의 헌법은 자본주의 경제를 기초로 하는 국가의 헌법을 말하며, 사회주의 헌법은 사회주의 경제를 기반으로 하는 헌법을 말한다. 사회주의 헌법은 프롤레타리아의 계급독재, 전인민의 프롤레타리아화를 규정하고 있는데, 그 과도적 헌법으로서 인민민주주의 헌법이 있다. 사회주의 헌법으로서는 구 소비에트연방, 동유럽의 헌법 등이 있다.

2) 입헌주의 헌법과 전제주의 헌법

입헌주의 헌법은 국가권력이 분립되어 있고, 복수정당제도가 보장되고 있으며, 헌법이 규범적 효력을 가지고 있는 헌법을 말한다. 이에 대하여 전제주의 헌법은 국가권력이 통합되어 있고 일당 전제제가 행해지고 있으며, 헌법이 규범력을 발휘하지 못하는 헌법 등을 말한다.

3. 헌법의 제정권력 및 개정권력

(1) 헌법의 제정권력

헌법의 제정은 헌법제정권력자가 헌법제정권력을 행사하여 성문헌법을 제정하는 것을 말한다. 헌법은 헌법제정권력자의 일방적인 정치적 결단으로써 성립될 수 있으며, 또한 복수의 주체에 의하여 쌍방 협의에 의하여서도 성립될 수 있다. 헌법제정권력자의 권력행사 방법, 즉 흠정의 방법, 민정의 방법, 국가간의 협약에 의하는 것 등에 따라 흠정헌법, 민정헌법, 협약헌법 그리고 국약헌법 등으로 나누어지고 있다.

헌법제정권력은 국가의 최고법이며 근본법인 헌법을 창조하는 권력이다. 그러나 헌법제정권력은 사실적 힘만이 아니고 헌법을 정당화시키는 권위 또는 가치를 아울러 갖지 않으면 안 된다. 칼 슈미트의 표현에 따른다면 "헌법제정권력이란 고유의 정치적 실존의 종류와 형태에 관하여 구체적인 근본결단을 내릴 수 있는 권력이나 권위를 가진 정치적 의사"라고 주장했다. 이것은 칼 슈미트의 결단주의에서 나온 설명이나, 헌법제정권력의 권력적 측면과 가치적 측면을 잘 지적한 것이라고 본다.

이러한 헌법제정권력은 헌법 이전에 존재하는 시원성, 항구성, 유일 불가분성을 가진 권력으로서 국가의 최고법인 헌법을 제정할 수 있는 권력이라고 말할 수 있다. 따라서 헌법제정권력은 헌법에 의하여 비로소 나오는 창조적 권력이므로 헌법제정권력에 의하여 제도화된 권력, 즉 헌법개정권력과는 구별된다.

현대 민주국가에서는 전체 국민이 헌법제정권력의 주체가 되며, 국민이 직접·간접적으로 참여하여 행사할 수 있기 때문에 헌법의 제정은 헌법제정권력자인 국민에 의해서 이루어질 수 있는 것이다.

(2) 헌법의 개정권력

헌법의 개정이란 일반적으로 헌법전이 정한 개정절차에 따라 의식적으로 헌법전 중의 어떤 조항을 수정·삭제하거나, 혹은 증보하는 것을 의미한다. 헌법개정은 의식적인 개정인 점에서 헌법변천과 다르고, 헌법개정절차에 따른 합헌적인 개정인 점에서 헌법의 침훼나 정지와 다르다.

헌법개정권력은 헌법을 개정하는 권력이다. 헌법개정권력은 헌법에 의하여 제도화된 권력이라 할 수 있으며, 그것은 입법권보다 우위에 있는 권력이다.

헌법개정권력에 의한 헌법개정의 절차는 경성헌법과 연성헌법이 서로 다르다. 경성헌법은 헌법의 안정성과 존엄성을 위하여 그 개정에 특별한 절차가 요구된다. 주요 개정방법의 유형을 보면, 첫째, 국회에서 헌법개정을 하되 가중한 특별의결 등 그 절차와 요건 등을 엄격히 하는 방법, 둘째, 헌법개정을 위하여 특별히 구성되는 헌법회의에서 처리하는 방법, 셋째, 의회의 의결과 국민투표를 병용하는 방법, 넷째, 연방국가에서 연방의회의 의

결과 지방의 비준을 요하는 방법 등이 있다. 연성헌법은 헌법과 일반법률을 형식적으로 구별하고 있지 않기 때문에 그 개정에 있어서도 별도의 절차를 요구하고 있지 않으며, 국회에서 일반법률의 개정과 동일한 절차에 의하게 된다.

그런데 헌법을 개정함에 있어서는 실정법적 제한이 없는 한 어떤 조항도 개정이 가능하다는 한계부인론과, 헌법개정의 한계에 관한 명문규정의 유무에 불구하고 그 한계를 인정해야 한다는 한계긍정론으로 나누어지고 있다. 그러나 칼 슈미트는 한계긍정론을 지지하면서 그 근거로서 헌법규범은 헌법핵(근본규범)-헌법개정규범-헌법률의 단계구조가 있으며, 헌법개정권력은 '제도화된 권력'으로서 헌법제정권자의 근본결단은 변경할 수 없다고 하였다.

우리나라의 통설은 한계긍정론의 입장을 취하고 있지만, 그 한계의 기준을 어디에서 구할 것인가에 대하여는 실정법적 한계(헌법 자체에 명문규정을 두어 헌법개정을 금지한 경우), 헌법내재적 한계(헌법의 실질적 핵심인 기본요소들은 개정할 수 없다는 주장), 헌법 초월적 한계(외적 한계라고도 하는데, 초월법적인 인간의 존엄과 가치 등 자연권은 헌법개정권력에 의해서도 개정할 수 없다는 주장) 등으로 나누어 설명할 수 있다.

우리 헌법은 실정법적 한계를 규정하고 있지 않으나 학자들은 헌법의 동일성과 계속성이라는 헌법개정의 내재적 한계에 의하여 규율되어야 한다고 한다. 이 헌법내재적 한계는 헌법제정권자의 근본결단이 헌법핵일 것이나 구체적 내용에 대하여는 학자마다 약간의 차이가 있다.

결론적으로 생각할 때 우리 헌법의 정치적 기초가 되는 민주공화국으로서 국가형태, 국민주권의 원리, 민주적 기본질서라든가 자유민주적 기본질서로부터 필연적으로 도출되는 기본적 인권의 보장 및 자유주의적 경제질서의 기본원칙 등은 개정이 불가능하다고 보는 것이 타당하다. 그리고 현행헌법 제128조 제2항의 "대통령의 임기연장 또는 중임변경을 위한 헌법개정은 그 헌법개정제안 당시의 대통령에 대하여는 효력이 없다"라고 규정한 것은 헌법개정의 실정법적 한계라기보다는 헌법개정권력의 소급적용제한 규정이라고 해석하는 것이 타당하다.

4. 현행 헌법상 개정절차

(1) 헌법개정의 제안

헌법개정은 국회 재적의원 과반수 또는 대통령의 발의로써 한다(제128조 제1항). 국회의원에게 이를 인정한 것은 국회의 국민대표기관성에서 유래하며, 대통령에게 제안권을 부여한 것은 대통령이 행정권의 수반인 동시에 국정의 제1인자인 지위에 있기 때문에 인정된 것이라 하겠다.

(2) 헌법개정안의 공고

제안된 헌법개정안은 대통령이 20일 이상의 기간 이를 공고하여야 한다(제129조). 이는 개헌안의 내용을 국민에게 주지시키려는 것이며, 그 법적 효과로써 국회의 의결과 국민투표에서는 가부택일만이 인정되고 내용의 수정은 인정되지 아니한다.

(3) 헌법개정안의 국회의결

국회의원제안이든 대통령제안이든 제안된 개헌안은 공고된 날로부터 60일 이내에 국회가 의결하여야 하며, 의결은 재적의원 3분의 2 이상의 찬성을 얻어야 하고(제130조 제1항), 의결을 얻지 못하면 당연히 폐기된다.

(4) 헌법개정안의 국민투표에 의한 확정

국회에서 의결된 개헌안은 국회가 의결한 후 30일 이내에 국민투표에 붙여야 하며, 국민투표에서 국회의원선거권자 과반수의 투표와 투표자과반수의 찬성을 얻으면 헌법개정이 확정된다(제130조 제2항).

(5) 헌법개정의 공포

국민투표에 의하여 헌법개정이 확정되면 대통령은 즉시 이를 공포하여야 한다(제130조 제3항).

(6) 헌법개정의 효력

헌법개정은 시행일에 개정내용대로 효력을 발생하지만 헌법 제128조 제2항은 대통령의 임기연장 또는 중임변경을 위한 개정은 그 제안 당시의 대통령에게는 효력이 없음을 특별히 규정하고 있는 바, 이는 새 헌법이 신설한 중요한 내용 중의 하나이다.

제 2 절 대한민국의 기본이념 및 기본질서

1. 대한민국의 기본이념

(1) 헌법전문의 의의

헌법전문(Preamble, Präambel, Eingangs formel)이란 체계적으로 개개의 조문으로 구성되어 있는 법규 앞에 서문으로 붙여져 그 헌법의 제정유래, 목적, 취지 등을 선언하는 문장이다. 따라서 헌법전문은 그 헌법성립을 추진 또는 지지한 사람들의 공통된 정신의 표현이며, 헌법성립 당시의 역사적 상황을 반영하는 면을 가지고 있다. 우리 헌법전문은 헌법본문의 제조항과 같이 헌법전의 일부를 구성하고 있는 것으로서 그 내용을 보면, 우리 헌법의 성립유래, 헌법제정권력자, 제정목적 그리고 헌법의 기본원칙 등을 명시하고 있다.

(2) 헌법전문의 주요 내용 및 정신

헌법전문은 형식적 절차 이외에도 실질적 내용면에서 (i) 대한민국의 건국이념과 임시정부의 법통계승, (ii) 민족단결과 정의・인도・동포애의 실현, (iii) 자유민주적 기본질서의 확립, (iv) 국민의 기본권보장, (v) 자유와 권리에 따르는 책임과 의무의 강조, (vi) 자유와 권리에 따르는 항구적 국제평화의 추구 등을 규정하고 있다.

1) 한국의 건국이념 및 임시정부의 법통계승

헌법전문은 글머리에서 "우리 대한민국은 3.1운동으로 건립된 대한민국 임시정부의 법통과 불의에 저항한 4.19 민주이념을 계승하고, 조국의 민주개혁과 평화적 통일의 사명에 입각하여"라고 규정하여 대한민국의 건국이념을 선언하고 있다. 이것은 우리 민족의 자주독립정신과 민주이념을 천명한 것이고, 대한민국이 단일민족으로서 통일조국의 진정한 민주공화국을 염원하는 국민적 의지가 표현된 것으로 해석된다. 우리 국민은 3.1운동의 숭고한 독립정신과 4.19 민주정신을 계승하여 통일된 민주 대한민국을 건설하는 데 총력을 경주해야 할 것이다.

2) 민족단결과 정의·인도·동포애의 실현

헌법전문은 "정의·인도와 동포애로써 민족의 단결을 공고히 하고, 모든 사회적 폐습과 불의를 타파하며"라고 하여 민족의 단결과 정의사회의 구현을 강조하고 있다.

3) 자유민주적 기본질서의 확립

헌법전문은 "자유민주적 기본질서를 더욱 확고히 하여"라고 함으로써 대한민국이 자유민주주의에 입각한 민주정치질서를 확립할 것을 다짐하고 있음을 명시하고 있다.

4) 국민의 기본권보장

헌법전문의 자유민주적 기본질서는 형식에 그쳐서는 안되며 실질적 내용이 민주적이어야 한다. 그러기 위해서는 국민의 실질적 평등과 자유를 확보하여야 한다. 전문도 계속하여 "정치·경제·사회·문화의 모든 영역에 있어서 각인의 기회를 균등히 하고 능력을 최고도로 발휘하게 하며 … 안으로는 국민생활의 균등한 향상을 기하고"라고 하여 실질적인 평등을 보장하며, 또 "우리들과 우리들의 자손의 안전과 자유와 행복을 영원히 확보"할 것을 다짐함으로써 자유와 안전과 행복을 추구할 것을 보장하고 있다.

5) 책임과 의무의 강조

국민이 "자유와 권리에 따르는 책임과 의무를 완수하게 하며"라고 하여 권리에 따르는 책임과 의무 등을 강조하고 있다.

6) 항구적 국제평화유지의 추구

헌법전문은 "밖으로 항구적인 세계평화와 인류공영에 이바지함으로써"라고 함으로써 항구적인 세계평화가 유지되어야만 국민의 안전과 자유와 행복을 영원히 확보할 수 있음을 강조하고 있다. 이는 침략전쟁의 부인, 국제평화주의 등의 이념으로서 헌법총강에 구체화시키고 있는 것이다.

2. 대한민국의 기본질서

대한민국의 기본원리 및 질서는 우리 헌법의 전문과 본문에 규정되어 있다. 이러한 것들은 헌법조항을 비롯한 모든 법령의 해석의 기준을 제공할 뿐만 아니라, 입법이나 정책결정의 방향을 제시하며, 공무원을 비롯한 국민·국가기관이 헌법을 존중하고 수호할 지침이 되고 있다. 또한 헌법의 개정에 있어서 헌법의 기본원리 및 질서의 근본규정은 헌법개정의 한계를 이룬다고 본다.

구체적으로 헌법의 기본원리 및 질서는 헌법이 직접 밝히지 않는 한 헌법의 전문이나 본문에서 추론할 수밖에 없는데, 우리 헌법의 기본이념 및 질서에 대한 관점에 따라 이를 분류하는 학자들의 견해 차이가 있다. 생각건대 우리 헌법의 기본원리 및 질서는 헌법전문에서 개괄적으로 선언하고 있고, 그 외에도 헌법총강과 개별 조항 등에서 명시되고 있는데, 기본원리로서 (i) 국민주권주의, (ii) 권력분립주의, (iii) 기본권존중주의, (iv) 법치주의, (v) 문화국가주의, (vi) 복지국가주의, (vii) 사회적 시장경제주의, (viii) 국제평화주의 등을 비롯하여 기본질서로서 정당제도, 선거제도 등의 정치질서, 공무원제도, 지방자치제도 등의 법치행정질서, 복지경제제도와 관련한 사회적 경제질서 등이 주요 내용을 이루고 있다.

(1) 국민주권주의

우리 헌법은 제1조 제2항에서 "대한민국의 주권은 국민에게 있고 모든 권력은 국민으로부터 나온다"라고 하여 국민주권의 원칙을 선언하고, 또한 헌법전문에서 국민이 헌법을 제정하고, 그 헌법을 국민투표에 의하여 개정하였음을 선언하고 있으며, 제1조 제1항은 "대한민국은 민주공화국이다"라고 하여 국민주권의 원칙의 채택을 간접적으로 규정하고 있다. 이와 같이 대한민국의 주권자는 국민이며, 또 모든 권력이 국민으로부터 연원되는 민주공화국이기 때문에 주권자인 국민이 참정권[공무담임권(제25조), 선거권(제24조)]을 가지며, 또한 대통령과 국회의원의 선거권을 가지는(제67조 제1항, 제41조 제1항) 동시에 국민투표권(제72조, 제130조 제2항)을 가진다.

우리 헌법은 간접민주정치를 원칙으로 하면서도 국민투표제도를 채택함으로써 직접민주정치의 요소를 어느 정도 가미하고 있다.

(2) 권력분립주의

권력분립주의는 국가권력의 남용을 방지하고 국민의 자유를 확보하기 위하여 입법·행정·사법의 각 작용을 분리·독립시켜 이들을 별개의 기관에 담당케 하여 기관 상호간의 견제를 인정하고 균형을 유지하기 위한 것을 내용으로 하는 통치조직의 원리이다. 이 원리의 가장 이상형을 대체로 3권분립주의라고 말한다. 우리 헌법은 전문에서 "자유민주적 기본질서를 더욱 확고히 하는"이라고 하여 자유민주주의에 입각하고 있음을 강조하고 있다. 이 자유민주주의는 권력분립주의를 또한 내포하고 있다.

또한 헌법은 주권이 국민에게 있으며, 이 주권에 내포된 통치권이 국가기관에 분립되어 행사되고 있음을 인정하고 있다. 행정권은 대통령과 정부에, 입법권은 국회에, 사법권은 법원에 위탁하여 이를 행사케 하고 있으며, 국회는 국무총리임명동의권, 예산심의권, 국무총리·국무위원 해임건의권, 행정에 관한 입법권, 탄핵소추권, 국정감사권·조사권, 대법원장·대법관임명동의권, 일반사면동의권 그리고 긴급재정경제처분 및 명령·긴급명령승인권, 계엄해제요구권 등을 통하여 행정부를 견제할 수 있다. 또한 행정부는 임시국회집회요구권, 법률안제출권, 법률안거부권, 국회출석발언권 등으로서 입법부를 견제할 수 있다. 그리고 법원은 위헌명령·규칙·처분심사권과 헌법재판소재판관 지명권 그리고 중앙선거관리위원회위원 지명권 등으로 행정부를 견제할 수 있다. 정부는 법원에 대하여 대법원장과 대법관임명권, 예산안제출권 그리고 사면권 등으로 법원을 견제할 수 있다. 국회는 사법에 관한 입법권과 예산심의권, 대법원장 및 대법관임명동의권 그리고 탄핵소추권 등으로써 사법부를 견제할 수 있다. 헌법재판소는 위헌법률심사권, 탄핵결정권, 정당해산결정권 그리고 헌법소원에 관한 인용결정 등을 갖고 입법부・행정부・사법부를 견제할 수 있다.

(3) 기본권 존중주의

기본권의 보장은 근대 입헌주의의 특징을 이루는 것이며, 오늘날 헌법은 기본권보장규범으로서의 의의를 가지고 있다. 우리 헌법도 기본권보장을 헌법전문에서 선언하고 있으며, 헌법 제2장에서 이를 개별적으로 보장하고 있다. 특히 헌법 제10조는 기본권보장의 대원칙을, 제37조는 기본권의 존중과 제한을 각각 규정함으로써 기본권보장의 일반원칙을 선언하고 있다.

우리 헌법상의 기본권은 헌법 제10조의 인간의 존엄과 가치, 행복추구권을 주기본권으로 파악하고, 이러한 인간의 존엄과 가치, 행복추구권은 개별적인 기본권으로 분화한다고 보아야 할 것이다. 이러한 개별적인 기본권으로는 협의에 있어서의 인간의 존엄권, 평등권, 자유권, 사회권, 청구권 그리고 참정권 등이 있고, 이 밖에 기본적 의무가 있다. 또한 기본권은 직접적으로 국가권력을 구속하는 규범이며, 이 규정은 민법의 공서양속의 규정에 따라 사법관계에도 간접적으로 적용된다고 보아야 할 것이다.

(4) 법치주의

법치주의는 국민의 의사의 표현인 헌법이나 법률에 의한 통치를 말하는 것으로 헌법과 법률에 의한 국가권력의 제한을 의미한다. 법치주의가 민주주의의 요소로 인정될 수 있는 것은 입법권의 우월사상, 국민총의의 표현인 법에 의한 지배라는 점이 강조되기 때문이다.

그러나 법치주의는 자유주의의 원리로서 발달한 것이며, 오늘날에도 권력분립주의와 함께 자유민주주의의 구성요소로 인정되고 있다. 우리 헌법은 법치주의의 요소로는 입헌주의, 자유와 법적 평등, 권력분립과 권력통제, 법의 구속과 법의 지배, 권리의 사법적 보장, 손실보상제도, 과잉처분금지 그리고 행정처분의 비례성의 원칙 등을 들 수 있다. 그러나 여기서 중요한 것은 헌법과 법률의 지배, 권리의 사법적 보장 그리고 법치행정의 원칙이라고 하겠다.

(5) 문화국가주의

헌법전문은 "유구한 역사와 전통에 빛나는"에서 출발하고 있으며, 대통령의 취임선서에서 "민족문화의 창달에 노력한다"(제69조)고 하였으며, 헌법 제9조에서도 "국가는 전통문화의 계승·발전과 민족문화의 창달에 노력하여야 한다"고 명시하여 국가의 의무를 보다 강력히 다짐하고 있다. 또 교육조항에서는 "국가는 평생교육을 진흥하여야 한다"(제31조 제5항)고 하여 국가의 문화책임을 강조하고 있다. 이들 제 조문을 종합·검토하여 볼 때, 우리나라는 문화국가(Kulturstaat)를 지향하고 있음을 알 수 있다.

(6) 복지국가주의

기본권보장에 있어서 자유권의 보장에만 그치는 것이 아니라 사회권(생활권)의 보장에 중점을 두어 복지국가의 건설을 지향하고 있다.

복지국가(Welfare state, Wohlfahrtsstaat)란 기본적으로 개인의 정치적·경제적·사회적 활동의 자유를 허용하는 자유주의에 입각하면서 경제적 자유경쟁의 결과가 미치는 여러 가지 모순을 국가권력의 적극적 활동에 의하여 해소하는 것을 목적으로 하는 국가이다. 즉 사회적·경제적 원인에 의한 실업, 질병, 그리고 빈곤 등을 제거하여 인간으로 하여금 '인간다운 생활'을 하도록 하기 위하여 재산권이나 경제활동을 규제하고, 또는 적극적으로 경제정책, 사회정책을 실시하는 국가이다.

근대사회에 있어서 사회악의 근원은 빈곤이었다. 이 빈곤을 해소하는 데에 복지국가의 목적이 있었다. 그러나 광·공업의 발달은 필연적으로 인간의 생활환경의 파괴를 가져왔기 때문에 이러한 생활환경의 파괴에서 인간을 보호하는 것이 복지국가의 또 다른 하나의 목적으로 추가되기에 이르렀다.

우리 헌법은 전문에서 '국민생활의 균등한 향상'을 선언하고 있으며, 기본권조항에서 모든 '국민의 인간다운 생활'을 보장하고, '사회보장, 사회복지에 관한 국가의무'를 규정하고 나아가 '건강하고 쾌적한 환경에서 생활할 권리'를 보장하여 복지국가 건설을 그 목적으로 하고 있음을 천명하고 있다. 또한 복지국가의 달성을 목적으로 사회적 시장경제주의의 원칙을 도입하여 경제조항을 마련하고 있다.

우리 헌법은 '근로자의 고용의 증진과 적정임금을 보장'하고 근로조건의 기준을 '인간의 존엄성을 보장하도록 법률로 정할 것'을 규정하고 있다. 나아가 상이군경과 전몰군경 및 국가유공자의 유가족에 대한 우선취업권을 부여하고, 혼인과 가족생활이 '개인의 존엄과 양성평등'에 기초하도록 규정하고 있다.

(7) 사회적 시장경제주의

사회적 경제질서의 기본원칙을 규정한 제119조는 "국가는 균형 있는 국민경제의 성장 및 안정과 적정한 소득의 분배를 유지하고 시장의 지배와 경제력 남용을 방지하며 경제주체간의 조화를 통한 경제의 민주화를 위하여 경제에 관한 규제와 조정"을 할 수 있도록 하고, "대한민국의 경제질서는 개인과 기업의 경제상의 자유와 창의를 존중함을 기본으로 한다"라고 규정하고 있다. 이것은 대한민국의 사회경제질서가 모든 국민의 인간다운 생활의 보장에 그 목적이 있는 것을 천명한 것이며, 우리의 경제질서의 원칙이 빈익빈부익부를 허용하지 않고 균등한 향상을 기하는 사회적 복지주의에 근거하고 있음을 강조한 것이다.

원칙적으로는 '자유와 창의'를 바탕으로 하는 자본주의적 경제질서가 그 본바탕이 될 것이나, 사회적 약자를 보호하기 위한 경제사회정책에 따라 어느 정도의 경제계획이 행해지고 있다. 즉 소비자보호운동을 보장하고, 경제적 약자의 자조조직을 육성한다. 농지의 소작제도는 원칙적으로 금지되며, 국가는 국민 모두의 생산 및 생산의 기반이 되는 국토의 효율적이고 균형 있는 이용・개발과 보전을 위하여 필요한 제한과 의무를 과할 수 있고 농업 및 어업을 보호・육성하기 위하여 농・어촌 종합개발과 그 지원 등 필요한 계획을 수립・시행하며, 지역사회의 균형 있는 발전을 기하고, 중소기업을 보호・육성하고, 대외무역을 육성하며 이를 규제・조정할 수 있고, 사영기업의 국유 또는 공유로의 이전이나 경영의 통제와 관리를 예외적으로 할 수 있다. 따라서 국민경제의 발전과 이를 위한 과학기술진흥에 관련된 정책수립의 자문기관을 둘 수 있다.

(8) 국제평화주의

우리 헌법은 전문에서 "밖으로는 항구적인 세계평화에 이바지함으로써"

라고 하여 국제평화주의를 선언하고 있으며, 그 구체적인 표현으로는 제5조에서 침략전쟁의 부인을, 제6조 제1항에서 국제법존중주의를, 그리고 동조 제2항에서 외국인의 법적 지위의 보장을 각각 규정하고 있다. 이러한 세계평화주의의 선언은 국민의 '안전과 자유와 행복'이 국가권력에 의해서 위협될 뿐만 아니라 국제분쟁과 전쟁에 의해서도 침해될 우려가 있기 때문에 이를 특별히 헌법에 선언함으로써 고도의 보장을 하고 있는 것이다.

1) 국제평화주의와 침략전쟁의 부인

헌법 제5조는 헌법전문의 평화사상을 전제로 하여 "대한민국은 국제평화의 유지에 노력하고 침략전쟁을 부인한다"라고 규정하고 있다. 국제평화의 유지를 위하여서는 국제협조적인 국제활동에 참여하고 국제법질서를 존중해야만 한다. 침략전쟁을 부인한다라는 것은 자위를 위한 전쟁을 제외하고는 어떠한 전쟁도 하지 않아야 한다는 것을 뜻한다.

2) 국제법존중주의

헌법 제6조 제1항은 "헌법에 의하여 체결·공포된 조약과 일반적으로 승인된 국제법규는 국내법과 같은 효력을 가진다"라고 규정하여 우리나라가 국제법을 존중하며, 국제사회질서에 대하여 협조할 것을 과시하고 있다.

3) 외국인의 지위보장

제6조 제2항에서 "외국인은 국제법과 조약에 정한 바에 의하여 그 지위를 보장한다"라고 하고 있는데, 외국인도 특별한 경우를 제외하고는 내국인과 평등한 대우를 받는다. 그러나 외국인에 대해서는 국제관습상 출입국의 허가를 받아야 하며, 외국인 등록을 하여야 하고, 선거권·피선거권이 없고, 토지소유권, 광업소유권, 특수회사·특수은행 등의 주식취득에 제한이 있다. 그러나 외국인도 인간으로서의 존엄과 자유권 등을 향유하고, 특별한 경우가 아니면 내국인과 같이 평등한 보호를 받을 권리를 가진다.

제 3 절 대한민국의 구성요소 및 국가형태

1. 국가의 의의

국가(State, Staat, Etat)의 개념에 관하여는 많은 학설이 대립하고 있기 때문에 한마디로 표현할 수 없겠으나, 대체로 국가란 '일정한 지역을 지배영역으로 하는 고유의 통치권력 아래 결합된 인류의 단체'라고 할 수 있다. 그러나 국가의 발생 및 본질에 관한 여러 학설이 입증하듯이 그 개념 및 본질 등을 명확히 한다는 것은 보통 어려운 일이 아니다. 국가의 기원을 설명하는 데도 신의 의사에 의하여 성립하였다는 신의설, 가족의 발전에서 성립하였다는 가족설, 강자의 약자에 대한 지배에서 성립하였다는 실력설, 인간 상호간의 계약에서 성립하였다는 계약설[복종계약설-홉스(T. Hobbes), 위임계약설-로크(J. Locke), 국가위탁설-루소(J.J. Rousseau)·칸트(I. Kant)] 및 재산설, 심리설 등이 있으나, 어느 것도 충분한 설명을 하지 못하고 있다. 국가의 본질에 대하여도 실력설, 유기체설 그리고 윤리적 이념의 실현으로서 객관적 정신의 최고의 발전단계라는 도덕설[헤겔(F. Hegel)] 등이 있다. 또 국가를 사회학적 입장과 법학의 입장으로 나누어 보면, 전자의 입장에서는 국가란 원시적 통치권을 갖는 정주하는 인간의 단체적 통일체라고 하고, 후자의 입장에서는 원시적 통치권력을 가진 정주하는 국민의 사단이라고 하는 국가양면설[옐리네크(G. Jelinek)] 등이 있다.

옐리네크의 이 국가양면설에 대하여는 켈젠에 의한 예리한 비판도 있으나, 오늘날 가장 널리 채택되고 있는 학설이다. 이러한 입장에서 국가를 정의해 본다면, 국가란 일정한 지역을 지배영역으로 하는 고유의 통치권력하에 결합된 인류의 단체라고 할 수 있다.

① 국가는 단체이다

여기서 단체라고 하는 것은 단순한 개인의 집합체가 아니라 통일적 조직체로서 독립적으로 존재하는 것을 말한다. 따라서 구성원의 변동이 있더라도 단체로서의 동일성 유지에는 변함이 없다.

② 국가는 지역단체이다

국가는 일정한 지역과 그 지역에 정주하는 주민을 본질적 구성요소로 한다.

③ 국가는 고유한 통치권을 갖는 단체이다

국가의 통치권은 국가에 내재하는 시원적인 권력이다.

④ 국가는 법적 · 강제적 단체이다

국가는 법에 의하여 그 목적을 실현하고, 법은 국가에 의하여 실현을 보장받는다. 또한 국가는 강제적 · 권력적 단체로서 임의적인 일반단체와 구별된다.

2. 국가의 구성요소

국가는 일정한 지역을 존립요건으로 하고, 나아가 주민을 지배하는 통치단체이기 때문에 국가는 국민과 영역과 주권을 필수적인 요소로 하고 있다. 국민, 영역, 주권을 국가의 3 요소라고 한다. 우리 헌법도 대한민국의 3요소로서 국민과 영역과 주권(통치권)을 규정하고 있다. 헌법 제2조 제1항은 국민의 요건을 법률로 정하도록 규정하고, 제3조는 한반도와 그 부속도서를 영토로 규정하였으며, 제1조 제2항은 주권이 국민에게 있음을 규정하고 있다.

이러한 국가의 구성요소에 관하여 좀더 구체적이고 일반론적인 입장에서 살펴보기로 한다.

(1) 국 민

1) 국민의 의의

국민(nation, Staatsvolk)이란 국가의 인적 요소 내지 항구적 소속원으로서, 국가의 통치권에 복종할 의무를 가진 개개인의 전체집합을 의미한다.

국민은 그 국가 내에 있더라도 그 국가의 국적을 가지지 않은 무국적인과 구별되며 법률상 차이가 있다. 또한 법학적 개념으로서의 국가적 질서를 전제로 한 개념이기 때문에 '혈연을 기초로 한 문화적 · 사회학적 개념'인 민족 및 '국가 이전의 사회의 구성원'을 의미하는 인민과 구별된다.

국민이 되는 요건을 국적이라 하며, 국적의 취득 · 상실로써 국민 여부가 결정된다. 우리나라는 국적법이라는 단행법을 두고 있다. 국적의 취득에는 출생에 의한 선천적 취득과 이외의 원인에 의한 후천적 취득이 있다. 선천적 취득에는 부모의 국적에 따라 출생자의 국적을 정하는 혈통(속인)주의와, 출생지에 의해 정하는 출생지(속지)주의가 있으나, 우리나라는 전자를 원칙으로 한다. 후천적 취득에는 혼인, 귀화, 인지 그리고 국적회복 등이 있다. 국적상실의 원인으로는 혼인, 입양, 이혼 그리고 국적이탈 등이 있다.

2) 국민의 헌법상 지위

일찍이 옐리네크는 개개 국민의 국가에 대한 지위를 다음과 같이 4분하였다. 첫째는 국민의 국가권력으로부터 침해를 받지 아니하는 소극적 지위이며, 여기서 자유권이 발생한다. 둘째는 국민이 국가에 대하여 적극적으로 어떤 것을 해줄 것을 청구할 수 있는 적극적 지위이며, 여기서 수익권이 발생한다. 셋째는 국민이 능동적으로 국가의 의사형성에 참여할 수 있는 능동적 지위이며, 여기서 참정권이 발생한다. 넷째는 국민이 국가권력에 복종하는 수동적 지위이며, 여기서 의무가 발생한다.

그러나 오늘날은 단체로서의 국민의 지위를 인정하여 다음과 같이 분류하는 것이 일반적이다.

① 주권자로서의 지위

이러한 의미의 국민은 연령·성별의 구별 없이 이념적 통일체로서 일체의 자연인을 포함하는 총체이며, 헌법 제1조 제2항, 제7조의 국민은 이러한 의미로 이해되고 있다. 주권자로서의 국민은 헌법상 어떤 구체적 권리를 가지고 있지는 아니하나, 이 지위를 바탕으로 하여 다른 모든 구체적·직접적 권리가 부여된다.

② 국가기관으로서의 지위

여기서의 국민은 선거권을 가진 국민의 집단, 즉 유권자의 총체로서 헌법상 조직된 권력체이다. 국가기관으로서의 국민은 대통령의 부의에 의하여 국가의 중요정책에 대하여 국민투표를 하며(제72조), 대통령 또는 국회의원이 제안한 헌법개정안에 대하여 국민투표로 확정하며(제130조 제2항), 또 국회의원과 대통령을 선출한다(제41조 제1항, 제67조 제1항).

③ 개인으로서의 지위

여기서의 국민은 기본권보장의 대상, 국가권력의 객체로서 주권자로서의 지위와 함께 국민의 자기지배의 원리를 의미하게 된다. 헌법 제2장에서의 국민은 이러한 개념으로 쓰인다.

(2) 영 토

영토란 국가의 영토고권(국가영역 안의 모든 사람과 물건을 지배하는 국가권력)이 배타적으로 행사되는 공간을 말하며, 국가의 권력은 원칙적으로 이러한 영역에만 미친다. 국가는 인간의 집단이며, 인간은 일정한 토지에 정착하며 살고 있으므로 토지, 곧 좁은 의미의 영토는 국가의 본질적 요소인 것이다. 우리 헌법은 제3조에서 "대한민국의 영토는 한반도와 부속도서로 한다"라고 규정하여 한국의 영토는 북한지역에도 미치고 있음을 선언하고 있다.

영토에는 영해, 영공이 포함된다. 영토란 토지로 이루어지는 국가의 영역을 의미하며 지표 및 지하를 포함한다. 영해란 영토에 접속하여 있는 일정한 수역을 말하며, 그 범위는 종래 3해리설이 가장 유력하였으나 오늘날 해양자원의 중요성이 인식되어 점차 그 폭을 확대하자고 주장되어 오던 중 드디어 해양법회의에서 12해리의 범위 안에서 각국이 정할 수 있게 되었고, 이에 따라 우리나라도 원칙적으로 영해가 12해리임을 규정하고 있다. 영공이란 영토 및 영해의 상공으로서 그 범위는 지배 가능한 상공에 한한다.

(3) 주 권

1) 개 념

주권(Souveränifät, Sovereignty)이라는 말은 여러 가지 의미로 사용되고 있는데, 그것은 주권이 근대의 이데올로기적·정치적 요청에 의해 정립된 개념이기 때문이다. 주권은 다음과 같은 의미로 쓰인다.

① 주권은 국가권력의 최고·독립성이라는 뜻으로 쓰인다. 주권은 대외적으로는 다른 국가의 지배와 간섭을 받지 아니하는 절대성·독립성을 가지며, 대내적으로는 최고성을 가진다. 주권국가라 할 때의 '주권'은 이러한 의미이다.

② 주권은 국가의사를 결정하는 최고의 원동력이라는 뜻으로 쓰인다. 여기서의 주권은 국가권력이 발생해 나오는 근본적인 연원을 의미하게 되는데, 그것은 곧 헌법제정권력인 것이다. 국민주권이라 할 때의 '주권'은 이러한 의미이다.

③ 주권은 국가권력 그 자체 혹은 통치권의 의미로 쓰인다. 국가의 구성요소로서의 '주권'은 이러한 의미로 쓰인다.

2) 주권론

주권론은 주권이 누구에게서 유래하는가, 즉 주권이 최종적으로 누구에게 귀속하는가의 문제이다. 주권 개념과 더불어 정치적 상황에 따라 역사적으로 변천하여 왔다.

① 군주주권론

주권론을 맨 처음 주창한 보댕(Jean Bodin)은 16세기 말 교회권력 및 신성로마제국 그리고 봉건제후의 권력 등으로부터 국왕의 권력을 보호하기 위하여 절대적인 최고권력으로서 주권을 주장하였으며, 이는 군주에게 귀속한다고 주장하였다. 보댕의 이러한 사상은 영국의 홉스에게 계승되었다. 홉스는 인간의 본심은 이기심에 있다고 하고, 따라서 이를 자연상태에 방임하면 만인의 만인에 대한 투쟁(*bellum omnium contra omnes*)이 되므로 평화상태의 유지를 위해서는 인간은 계약에 의하여 국가통치권력에 복종해야 하며, 이 복종은 절대적인 것이라고 주장하였다. 보댕과 홉스의 이러한 군주주권론은 근대 전제군주정의 성립에 이론적 근거로서 크게 공헌하였다.

② 국민주권론

군주주권론에 대항하여 항의적 이데올로기로서 일어난 것이 국민주권론이다. 국민주권론은 사회계약설에 근거를 두고 주권은 국민, 즉 이념적 통일체로서의 전체 국민에게 있다고 한다. 이러한 국민주권론은 알투지우스(Althusius)에 의하여 주창되어 로크, 루소에 이르러 확립되었다. 이들에 의하면, 국민은 그들의 자연권을 국가권력에게 절대적・전면적으로 이양하여 국가권력에 절대적으로 복종하는 것이 아니라 사회계약에 의하여 자유로이 복종하는 것이라고 한다. 루소는 국가권력의 기초는 총의(Volonte, générale)에 있으며, 총의는 곧 국민의 의사이므로 주권자는 국민이라고 주장하였다. 국민주권론은 그 후 자유민주주의국가의 필수적인 요소로 발전하였다.

③ 국가주권론

국가주권론은 주권은 군주에게도 국민에게도 귀속하는 것이 아니라 국가 그 자체에 귀속한다고 하며, 19세기 후반 독일의 법실증주의자들의 국가법인론에 근거를 두고 있다. 이것은 국민주권론에 반대하는 보수적인 제한 또는 입헌군주국가를 역사적 배경으로 하며, 옐리네크에 의하여 대표된다.

3) 통치권

통치권(Herrschaft Gewalt)이란 국가가 그의 목적을 달성하기 위하여 가지는 여러 가지 권력을 총괄한 개념이다. 주권도 때로는 통치권의 의미로 쓰이는 경우가 있으나 주권은 최고·독립·유일불가분·불가양의 성질을 가지는데 반하여, 통치권은 여러 권력의 총괄체로서 가분적이며 양도가 가능한 점에서 구별된다. 통치권의 내용은 다음과 같다.

① 영토고권

영토고권이란 국가가 그 영역 내에 있는 모든 물건과 사람에 대하여 직접 지배할 수 있는 권력을 말한다. 영토고권은 일정한 토지에 대하여 직접 지배할 수 있다는 의미에서 토지물권적인 성질을 가지나 국법 및 국제법에 의하여 제한을 받는다(예: 사유재산의 치외법권).

② 대인고권

국가는 그 나라의 국민이 자국 내에 있는 경우는 물론 해외에 거주하는 경우에도 그를 지배하는 권한을 가지는데, 이를 대인고권이라 한다. 그러나 대인고권도 절대적인 것은 아니며, 국제법에 의한 제한을 받는다.

③ 자주조직권

국가는 자주적으로 독립하여 국가기관을 조직하고 국가권력을 수권하는 권한을 가지는데, 이를 자주조직권이라 한다.

④ 국제법에 의한 권한

국가는 외국과의 조약 또는 일반 국제법에 의하여도 권한을 가질 수 있다. 피보호국에 대한 권리, 조차지에 대한 권리, 전시점령지 및 신탁통치영역에 대한 권리가 그 것이다.

3. 대한민국의 국가형태

국가형태란 국가의 조직에 관한 유형적 형태, 다시 말하면 국가의 정치적 통일의 형식과 모양을 의미한다. 그러나 이러한 국가형태의 분류 및 그의 기준에 대하여는 학설이 일치하지 않고 있다.

(1) 국가형태의 분류

국가형태를 분류하는 방법에는 단일의 표준에 의하는 방법과 두 개의 표준에 의한 방법이 대립하고 있다. 단일의 표준에 의하는 방법에는 일찍이

고대 그리스의 아리스토텔레스가 국가최고기관의 조직형태를 기준으로 하여 1인이 지배하는 군주국, 소수귀족이 지배하는 귀족국, 그리고 국민이 지배하는 민주국 등으로 분류하였으며, 중세의 마키아벨리(Niccolo Machiavelli)도 국가권력 담당자의 세습 여부를 기준으로 군주국과 공화국으로 분류하였다. 그러나 옐리네크는 국가의사의 구성방법에서 기준을 구하여 국가의사가 1인의 자연적 의사에 의하여 결정되는 군주국과 다수인에 의한 기술적 방법으로 결정되는 공화국으로 분류하였다. 그는 이를 세분하여 세습군주국과 선거군주국, 전제군주국과 제한군주국, 귀족공화국과 민주공화국으로 나누었다.

두 개의 표준에 의한 분류방법은 렘(Rehm)에 의하여 대표된다. 렘은 국가권력의 담당자에 의한 분류와 국가권력의 최고행사자에 의한 분류로 나누었는데, 전자는 협의의 국가형태(국체)이며, 후자는 정부형태(정체)를 의미한다. 그러나 렘의 국가권력의 담당자와 국가권력의 최고행사자와는 엄격히 구별되는 것이 아니고, 양자는 결국 같은 것이다. 그러나 종래의 통설적인 분류방법은 헌법현실과 일치하지 않는 점이 있어 비판을 받게 되었고, 동태적인 새로운 분류방법이 등장하였다. 대표적인 학자인 뢰벤슈타인(Löwenstein)은 국가권력이 통합되어 행사되는 국가를 전제정체라 하고, 국가권력이 분산되어 행사되는 국가를 입헌정체라고 하고 있는데, 이는 우리에게 많은 시사를 준다.

(2) 국 체

국체의 분류란 주권이 누구에게 있는가(주권의 소재)에 의한 국가형태의 분류이다. 그러나 이러한 구분은 후술하는 바와 같은 모순을 지니게 되므로 오늘날은 형식적인 군주제도의 유무에 의하여 구분하고 있다. 좁은 의미의 국가형태(국체)는 군주국과 공화국으로 대별된다.

1) 군주국

군주국이란 주권이 특정의 1인, 즉 군주에게 있는 국가를 가리키는 것이 원칙이다. 그러나 오늘날 모든 국가는 국민주권주의를 취하여 주권이 군주 한 사람에게 귀속하는 국가는 없다. 그리하여 오늘날 군주국이라 함은 형식적으로 군주제도를 가진 나라를 지칭하게 된다. 군주국은 다시 군주의 결정방법에 따라 세습군주국과 선거군주국으로 나누어지고, 군주의 권능의 범위에 따라 군주가 국가의사를 결정하는 데 아무런 제약도 받지 않는 전제군주국과 제약을 받는 제한군주국으로 나누어진다. 오늘날 전제군주국은 거의 존재하지 않으며, 제한군주국은 입헌군주국, 의회주의적 군주국으로 변모하여 왔다.

2) 공화국

공화국이란 종래는 주권이 국민에게 있는 국가를 가리켰으나, 오늘날은 군주제도가 없는 국가를 말한다. 공화국은 주권귀속자에 따라 귀족공화국, 인민공화국, 민주공화국으로 나누어 볼 수 있고, 또한 구 소비에트연방의 노동공화국, 북한의 인민공화국과 같은 전제공화국과 대한민국, 서구의 입헌민주주의국가와 같은 입헌공화국으로 나누어 볼 수 있다.

(3) 정 체

정체란 주권으로부터 유래하는 국가권력을 어떻게 행사하느냐(행사방법)에 의한 국가형태이다. 따라서 국체가 고정적·항구적 성질을 가짐에 비하여 정체는 시대적 요청, 즉 헌법개정을 통하여도 변화될 수 있다. 정체는 다음과 같이 분류할 수 있다.

1) 전제정과 제한정

이는 국가권력의 행사에 있어 다른 국가기관의 관여 여부에 의한 분류이다. 전제정이란 주권자가 국가권력을 행사함에 있어서 다른 기관과 관계없이 자신의 의사만에 의하여 행사하는 정부형태를 말하며, 제한정이란 독립된 다른 국가기관의 관여에 의하여 행사하는 정부형태를 말한다. 이러한 분류는 종래 군주국의 정부형태의 분류이나, 오늘날 전제정의 대표적인 형태인 전제군주정은 존재하지 아니한다. 군주의 권한행사를 제한하려는 제한정은 국가권력의 행사를 헌법에 의하여 입법·사법·행정으로 나누어 제도적으로 제한하는 입헌정에 의하여 대표되고 있다.

2) 민주정과 독재정

이는 치자와 피치자의 자동성 여부에 의한 분류로서 민주정이란 국가권력의 행사가 국민의 의사에 의하는, 즉 치자와 피치자의 자동성이 유지되는 정부형태를 말한다. 독재정이란 전제정과 유사한 점이 있으나, 이는 공화국의 정부형태의 분류로서 국가권력의 행사에 있어서 주권자의 의사를 무시하여 실력으로 국민을 타율적으로 지배하는 정부형태를 말한다. 공산주의정, 나찌스 독재정 그리고 후진국에서 흔히 볼 수 있는 소위 신대통령제정 등은 바로 이러한 독재정의 유형이다.

3) 직접민주정과 간접민주정

민주정에는 두 가지가 있는데, 주권자가 직접 국가권력의 행사에 참여하는가의 여부에 의하여 직접·간접의 민주정으로 분류된다. 군주국, 귀족국 등에서도 직접·간접민주정이 있을 수 있으나, 대개 직접민주정을 취하고 있으므로 별 문제가 없다.

주권이 다수국민에게 있는 공화국은 간접민주정이 원칙이며, 특히 민주공화국은 거의 간접민주정을 취하고 있다. 그것은 통치지역의 광역화, 인구의 격증, 현대행정의 고도의 기술성으로 인하여 국민이 직접 국정에 참여한다는 것은 거의 불가능하기 때문이다. 그러나 오늘날 대의제에 의한 간접민주정은 많은 병폐를 가지고 있으며, 이의 시정을 위하여 각국은 직접민주정적 요소인 국민표결(referendum), 국민발안(initiative), 국민소환(recall) 등을 도입하고 있다. 이를 혼합민주정이라 한다.

4) 단일정과 연방정

국가권력이 단일의 중앙정부에 귀속하는 정부형태를 단일정이라 하며, 연방과 지방으로 나누어지는 정부형태가 연방정이다. 물론 단일정에 있어서도 지방자치단체가 있으나 이것은 국가가 인정한 실체에 불과하며, 연방정에 있어서의 지방과 같이 자주조직권 등 광범한 권한을 가지지 않는 점에서 구별된다.

5) 우리 헌법상의 국가형태

우리 헌법은 제1조 제1항에서 "대한민국은 민주공화국이다"라고 규정하여 우리나라의 국호가 '대한민국'이라는 것과 대한민국의 국가형태가 민주공화국임을 선언하고 있다. 첫째, 우리나라의 국호는 '대한민국'인 바, 이것은 우리나라가 3.1운동의 결과 수립된 '대한민국 임시정부'의 전통을 이은 것이라는 뜻에서이다.

둘째, 민주공화국이란 국체냐 정체냐에 관해 학설의 대립이 있으나, 우리 헌법이 민주공화국이라고 하고 있음은 권력분립주의적인 공화국임을 강조한 것이다. 그러므로 우리는 민주공화국 자체를 국가형태로 파악하면 되는 것이지 국체와 정체를 엄격히 구별할 필요는 없다. 오늘날 뢰벤슈타인과 같이 정치체계를 분류하는 경우, 그 구별의 실익은 더욱 없다고 보기 때문이다.

셋째, 우리나라에서는 어떠한 명목으로서도 군주제도의 도입을 불허한다는 뜻이 깃들어 있다고 하겠다. 그리하여 대한민국의 국가형태의 특색으로서는 간접민주정치를 원칙으로 한 직접민주정치의 가미, 정당제민주정치의 도입, 민주주의를 말살하려는 적으로부터 민주주의를 수호하기 위하여 방어적 민주정치를 채택하고 있다.

제 4 절 국민의 기본권 및 의무

1. 기본권의 의의 및 성격

(1) 기본권의 의의

기본권은 인권 또는 인간의 권리를 의미한다. 인권이란 인간이 인간이기에 가질 수 있는 권리이다. 이러한 인권의 개념은 계몽주의적 자연법론과 사회계약설 등 근대적 사상의 전개과정에서 나타난 천부인권론에 사상적 기초가 있다고 볼 것이다. 존 로크(J. Locke)는 국가성립 이전의 자연상태에서 인간은 누구나 생명・자유・재산을 내용으로 하는 인간에게 고유한 천부인권을 가지고 있으며, 이러한 자연권의 보장을 위하여 인간 상호간에 체결된 계약이 사회계약이라고 주장하였다.

근대 자연법론자들은 대부분 천부인권론을 주장하였는데, 그 대표적인 학자로는 몽테스키외(Montesquieu), 루소(Rousseau) 그리고 토마지우스(Thomasius) 등을 들 수 있다. 천부인권론은 근대 각국의 인권선언과 권리장전 등에 성문화되어 나타났다. 1776년 미국 버지니아주 권리장전의 제3조에 있는 '천부적 권리 또는 생래의 권리'라는 말과 1789년 프랑스 인권선언 제2조의 '자연권'이라는 말은 이러한 사상을 나타낸 것이다. 프랑스 인권선언은 인간의 권리와 시민의 권리를 구분하여 규정하고 있다. 이에 대하여 독일에서는 인권 내지 인간의 권리를 기본권이라는 말로 표현하고 있고, 바이마르헌법과 서독기본법도 기본권이라는 말을 쓰고 있다. 독일의 영향을 받은 우리나라에서도 기본권이라는 용어를 사용하고 있다.

기본권이란 헌법이 보장하는 국민의 기본적 권리를 말한다. 인권이 인간의 본성에서 나오는 생래적 자연권을 의미하는데 비하여, 기본권 중에는 생래적인 권리도 있지만, 국가내적인 사회권적 기본권, 청구권적 기본권 그리고 참정권 등이 있는 까닭에 인권과 기본권은 그 내용에 있어서 반드시 일치하는 것은 아니다. 따라서 엄격히 말한다면, 두 개념은 동일한 것은 아니나, 각국 헌법에서 보장하고 있는 기본권은 인권사상에 바탕을 두고 인간의 권리를 실현하려고 하는 것이므로, 대체로 기본권은 인권을 의미한다고 볼 수 있다.

(2) 기본권의 법적 성격

1) 주관적 공권성

기본권은 개개인을 위한 주관적 공권으로서의 성격을 갖는다. 따라서 기본권은 개인이 자기 자신을 위하거나 타인과 결부됨에 있어서의 개인적 권리 또는 국가에 대해서 부작위나 작위를 요청할 수 있는 개인의 권리를 의미한다.

기본권이 현실적이고 구체적인 권리인가, 아니면 기본권 규정은 다만 입법방침적 규정에 불과한 것인가에 관하여는 견해가 나누어져 있지만, 헌법에 규정된 기본권이 입법권, 행정권, 사법권 등 국가권력 일반에 대한 직접적 구속력을 갖는다고 보며, 기본권은 직접적 효력을 갖는 현실적인 주관적 공권이라고 할 수 있다.

2) 전 국가적 자연권성

기본권이 자연권이냐 실정권이냐 하는 문제에 관하여는 견해가 갈라져 있다. 기본권을 자연권으로 보는 경우에는 헌법은 이를 확인하고 선언하는

데 불과하나, 실정권으로 보는 경우에는 헌법에 규정되어야 비로소 권리로서 창설되는 것이라고 보게 된다. 그러나 기본권은 전국가적 자연권으로서 헌법에 의하여 확인되는 것으로 보는 것이 타당하다. 따라서 제6공화국 헌법은 인간의 존엄과 가치, 행복추구권이 천부인권임을 선언하고, "국가는 개인이 가지는 불가침의 기본적 인권을 확인하고 이를 보장할 의무를 진다"(제10조)고 명시하여 천부인권성, 전 국가적 자연권성을 보다 강조하고 있다.

2. 기본권의 분류

(1) 기본권의 전통적 분류

옐리네크(G. Jellinek)는 국가의 구성원으로서 국민의 지위는 국가로부터의 자유, 국가에의 급부, 국가에 대한 청구 및 국가를 위한 급부를 각각 그 내용으로 한다고 하였다. 이와 같은 설명에 의하면 자유권은 소극적 지위에서, 수익권은 적극적 지위에서, 참정권은 능동적 지위로부터, 국민의 기본의무는 수동적 지위로부터 각각 유래하는 것이 된다. 옐리네크의 이러한 분류는 법실증주의적인 바이마르헌법학의 통설이 되었고, 일본이나 우리나라에서도 많은 지지자를 가지게 되었다.

(2) 기본권 분류의 기준과 방법

기본권의 분류방법은 그 법적 성격을 기준으로 하여 구분하는 방법, 실질적인 내용면에서 구분하는 방법, 그리고 형식적인 효력면에서 구분하는 방법 등 여러 가지가 있다.

1) 성질에 따른 분류

기본권은 그 성격에 따라서 (i) 초국가적인 기본권과 국가내적인 기본권, (ii) 진정한 기본권과 비진정한 기본권으로 나눌 수 있다.

2) 내용에 따른 분류

기본권의 내용에 따른 분류는 옐리네크의 전통적 분류방법 이래로 다양한 분류론이 있지만, 대체로 (i) 인간으로서의 존엄과 가치, 행복추구권, (ii) 평등권, (iii) 자유권적 기본권, (iv) 사회권적 기본권, (v) 청구권적 기본권, (vi) 참정권 등으로 분류한다.

3) 효력에 따른 분류

기본권의 효력이 전체 국가권력을 구속하느냐 않느냐에 따라 (i) 현실적인 기본권과 프로그램(Program)적 기본권으로 구분하고, 효력이 미치는 범위가 대국가적인 기본권이냐 대사인적인 기본권이냐에 따라 (ii) 대국가적인 기본권과 대사인적인 기본권으로 분류된다.

4) 한국헌법상 기본권의 분류

우리 헌법상의 기본권을 분류함에 있어서는 그 내용에 따라 분류하는 것이 바람직하다. 그러므로 기본권을 내용에 따라 아래와 같이 분류할 수 있다.

① 포괄적 기본권
- ㉠ 인간의 존엄과 가치, 행복추구권
- ㉡ 평등권

② 개별적 기본권
- ㉠ 자유권적 기본권
- ㉡ 사회권적 기본권
- ㉢ 청구권적 기본권
- ㉣ 참정권적 기본권

3. 국민의 기본권

(1) 인간의 존엄과 가치, 행복추구권

기본권의 불가침은 인간의 존엄을 승인하고 인간이 개인으로서 존중되어야 한다는 공통의 확신에 기인하고 있음은 주지의 사실이다. 이러한 의미에서 개인의 인격에 가치를 부여하고 있는 근대 개인주의의 가치관이 헌법의 근본원리가 되고 있는 것이다. 이와 같은 인간의 존엄성의 인식은 근세 계몽주의・인문주의에서 비롯되었으며, 근대 민주주의에서 기본적 인권은 '국가로부터의 자유'를 의미하는 자유권을 의미하였다. 그러나 자본주의 발전에 따른 병폐에 의한 경제적 불평등은 생존권을 위협하게 되어 생존권의 보장만이 인간의 존엄과 가치를 보장할 수 있다고 생각하게 되었다. 우리 헌법도 제10조에서 "모든 국민은 인간으로서의 존엄과 가치를 가지며 행복을 추구할 권리를 가진다. 국가는 개인이 가지는 불가침의 기본적 인권을 확인하고 이를 보장할 의무를 진다"라고 규정하고 있다. 넓은 의미에 있어서의 인간의 존엄과 가치, 행복추구권은 주기본권으로서 국민의 기본적 인권 전반을 말하는 것이라고 하겠다. 이러한 의미에 있어서의 존엄, 행복추구권은 주기본권으로서 개별적인 기본권으로 분화되는데, 그 중에서도 중요한 것은 평등권, 자유권적 기본권, 사회권적 기본권, 청구권적 기본권 그리고 참정권 등이라고 하겠다. 그러나 좁은 의미에 있어서의 인간의 존엄권은 인격권을 말한다. 이 인격권은 명예권・성명권・초상권 등을 포함하는 것이며, 인격형성권・인격유지권 등과 관련하여 알 권리, 읽을 권리, 들을 권리 그리고 생명권 등이 포함된다고 할 수 있다.

(2) 평등권

모든 인간에게 인격의 존엄을 인정한다는 것은 필연적으로 평등의 원칙을 그 전제로 한다. 헌법이 제11조에서 법 앞의 평등과 그 원칙에 따른 평등규정을 둔 것은 개인의 인격존중 원리의 표현이며, 그러한 의미에서 평등원칙은 개인의 기본권과 병행하여 헌법에서 가장 중요한 기본원리를 이루고 있다. 평등권은 국가에 의하여 불평등한 대우를 받지 아니함과 동시에 국가에 대해서 평등한 대우를 요구할 수 있는 공권이다. 근대적인 평등사상에 의하면, 국가권력의 구성에 평등하게 참가하고 국가권력에 차별 없이 취급되는 것에 중점을 두었으나, 현대적인 평등사상이 요청하는 것은 경제적・사회적・실질적 평등이다. 이러한 의미에서, 평등권도 정치적 평등권에서 경제적 평등권으로 전환되고 있다고 보아야 할 것이다.

우리 헌법은 전문에서 "정치・경제・사회・문화의 모든 영역에 있어서 각인의 기회를 균등히 하고 … 국민생활의 균등한 향상을 기하고"라고 선언하고, 제11조 제1항에서 법 앞의 평등, 성별・종교・사회적 신분에 의한 차별금지와 정치・경제・사회・문화의 각 생활영역에 있어서의 차별금지를, 제2항에서 사회적 특수계급의 부인을, 제3항에서 훈장 등의 영전은 이를 받은 자에게만 효력을 인정하고 있으며, 그 밖에 제31조의 교육의 기회균등에 관한 규정, 제36조의 혼인과 가족생활에 있어서의 양성의 평등에 관한 규정, 제41조와 제67조의 선거에 있어서의 평등에 관한 규정, 제119조 제2항의 균형 있는 국민경제의 발전에 관한 규정 등을 두어 평등권을 헌법적 보장으로 인정하고 있다.

(3) 자유권적 기본권

1) 의 의

자유권적 기본권이란 국민이 그의 자유영역에 대해서 국가권력으로부터 침해를 받지 않을 소극적인 권리이다. 따라서 자유권은 국가의 부작위를 요청할 수 있는 권리일 뿐 적극적으로 국가의 작위를 요청할 수 있는 권리가 아니다. 국민은 국가의 자유권 침해시 그 침해의 배제를 청구할 수 있다. 이 점에서 자유권은 대국가적인 침해배제청구권이라고 말할 수 있다.

2) 내 용

① 신체의 자유

신체의 자유는 인간생활에 있어서 제1차적인 요소이며, 민주주의의 존립에 불가결한 기본적 자유이다. 신체의 자유가 자의적인 권력이나 폭력으로부터 보호되지 않으면 인간의 존엄과 민주주의 또한 존재할 수 없는 것이다. 이러한 자유는 전제시대의 인격무시의 경험, 즉 정당한 이유 없이 체포나 감금을 행하고, 잔학한 고문을 자행하였던 것을 상기하여 볼 때 입헌민주국가의 가장 기본적인 자유라 할 수 있다. 이 자유는 사상의 자유와 더불어 모든 자유의 근원으로서 일찍이 영국의 대헌장, 권리청원, 권리장전 등에 규정된 후 세계 각국의 헌법에 빠짐없이 규정되어 있다.

우리 헌법은 신체의 자유에 대하여 제12조 이하에서 상세히 보장하고 있다. 제12조 제1항에서는 신체의 자유 일반을 선언한 다음, 죄형법정주의와 체포·구금 등의 법률주의를 규정하고, 제2항은 고문금지와 묵비권의 보장, 제3항은 영장제도, 제4항은 변호인의 조력을 받을 권리, 제6항은 구속적부심사제, 그리고 제7항은 자백의 증거능력의 제한을 각각 규정하고 있다. 그리고 제13조는 일사부재리와 소급입법의 금지 및 친족의 행위로 인한 불이익처우금지 등을 규정하고, 그 외에도 제27조, 제28조는 형사피고인으로서의 권리를 규정하고 있다.

본래 신체의 자유는 모든 자유권 중에서 기초가 되는 것이며, 신체의 자유를 자유권의 모두에 규정한 것도 이러한 이유에서 비롯된 것이다.

② 거주 · 이전의 자유

거주 · 이전의 자유란 국민이 자기가 원하는 곳에 주소나 주거를 설정하고, 또 그것을 이전할 자유 및 일정한 주소 · 거소를 그의 의사에 반하여 옮기지 않을 자유를 말한다. 거주 · 이전의 자유는 자본주의 경제체제하에서 재산권보장, 직업선택의 자유, 영업의 자유 등과 함께 경제적 자유의 성격을 가지나, 나아가 인간활동의 범위를 확대시켜 줌으로써 인간 사이의 교통의 촉진, 개인의 인격형성과 성장에 밀접한 관계를 가지고 있어서 민주주의의 근본인 인간의 존엄 또는 인간의 평등이란 정신적 측면도 가지고 있다.

우리 헌법 제14조는 "모든 국민은 거주 · 이전의 자유를 가진다"라고 규정하여 거주 · 이전의 자유권을 보장하고 있다. 그러나 거주 · 이전의 자유는 법률로써 제한할 수 있는데, 이 경우에도 국가안전보장, 질서유지 또는 공공복리를 위하여 필요한 경우에만 제한할 수 있다(제37조 제2항). 그러나 거주 · 이전의 자유의 본질적 내용은 법률로써도 제한할 수 없다. 따라서 거주 · 이전에 대한 허가제 등을 규정하는 법률은 위헌이 될 것이다.

③ 직업선택의 자유

직업선택의 자유는 일반적으로 자기가 선택한 직업에 종사하여 이를 영위할 수 있는 자유로 인정되고 있다. 여기서 직업이란 생활의 기본적 수요를 충족시키기 위한 계속적 활동, 즉 총체적이며 경제적 성질을 가지는 모든 소득활동을 의미하며, 이러한 내용을 가진 활동인 한 그 종류나 성질을 불문한다.

우리 헌법 제15조는 "모든 국민은 직업선택의 자유를 가진다"라고 규정하여 직업선택의 자유를 보장하고 있다. 무직업의 자유도 포함되는가에 대해서는 근로의 의무를 가능한 한 근로에 종사할 것을 권고하는 윤리적 의무로 본다면 당연히 무직업의 자유도 직업선택의 자유에 포함되므로, 근로의 의무와 직업선택의 자유의 내용으로서의 무직업의 자유는 모순되지 않는다. 다만 형의 선고에 의한 강제노역의 경우는 무직업의 자유가 인정되지 않는다. 그리고 직업선택의 자유도 국가안전보장, 질서유지 또는 공공복리를 위하여 필요한 경우에는 법률로써 제한할 수 있다(제37조 제2항). 이 경우 자격

제, 허가제, 신고제 등의 여러 가지 문제가 있다. 그러나 직업선택의 자유의 본질적인 내용을 침해해서는 안된다(제37조 제2항 단서).

④ 주거의 자유

주거의 평온과 주거의 불가침은 고대 로마의 주거의 신성사상 이래 인격의 존엄과 결부되어 개인의 자유권으로서 요청되게 되었다. 주거의 불가침은 신체의 자유와 더불어 최소한의 자유로서 오늘날 형사상·행정상의 절차적 보장을 초월하여 프라이버시(privacy)에 관한 권리의 일환으로 인정되고 있다.

우리 헌법 제16조는 주거의 자유에 관하여 "모든 국민은 주거의 자유를 침해받지 아니한다. 주거에 대한 압수나 수색에는 검사의 신청에 의하여 법관이 발부한 영장을 제시하여야 한다"라고 규정하여, 주거의 불가침과 영장에 의한 보호를 강조하고 있다. 그러나 이러한 영장주의에도 예외가 인정되고 있는데, 즉 현행범인 경우와 장기 3년 이상의 형에 해당하는 죄를 범하고 도피 또는 증거인멸의 염려가 있는 경우에는 사후에 영장을 청구할 수 있다고 규정한 헌법 제12조 제3항의 취지는 주거에 대해서도 그대로 적용된다. 그 외에 형사소송법, 조세범처벌법에서도 영장주의의 예외를 규정하고 있다.

그러나 주거의 자유는 개인의 인격과 사생활을 보호하기 위하여 인정되지만, 국가안전보장, 질서유지 또는 공공복리를 위하여 필요한 경우에 법률에 의하여 제한된다(제37조 제2항).

⑤ 사생활의 자유와 비밀보장

현행 헌법은 제17조에서 "모든 국민은 사생활의 비밀과 자유를 침해받지 아니한다"라고 규정하고 있다. 타인의 부당한 침해로부터 보호받는 사적인 생활영역이 존재한다는 것은 생명, 신체, 재산 등에서의 제 권리나 형법상의 명예훼손죄나 민법상의 불법행위의 규정에 비추어 오래 전부터 인정되어 왔음을 알 수 있다. 이러한 사생활의 비밀과 자유의 권리는 오늘날 소극적인 자유권에 그치는 것이 아니고, 적극적으로 '자기에 관련된 정보의 전파를 콘트롤할 수 있는 권리'로 파악하려는 경향이 있다. 그러나 우리 헌법은 이를 자유권 조항에서 규정하고 있으므로 소극적인 권리로 보되, 이는 오늘날의 정보화사회에서 개인의 존엄을 보장하기 위하여 필수적인 것으로 인정하여야 할 것이다. 자기의 정보를 콘트롤할 수 있는 권리는 헌법 제10조에서 보장되고 있다고 볼 것이다.

그러나 사생활의 비밀도 절대적인 것은 아니며, 국가안전보장, 질서유지 또는 공공복리를 위하여 필요한 경우에는 법률로써 제한할 수 있다(제37조 제2항). 그런데 사생활의 비밀과 자유의 권리도 다른 기본권과 충돌하는 경우에는 이익형량에 의하여 제한될 수 있다.

⑥ 통신의 자유

통신의 자유란 통신의 비밀의 자유와 통신의 불가침을 보장받을 자유를 의미한다. 통신의 비밀을 보장하고 있는 것은 개인의 사생활의 비밀을 보장하며, 개인의 인격을 보호하기 위한 것이다. 그리고 통신의 불가침은 표현행위의 기초가 된다는 이론이 있으나, 이것은 사회생활에서의 통신의 자유를 보장한 것이지 통신에 의한 표현을 보장한 것은 아니다.

우리 헌법 제18조는 "모든 국민은 통신의 비밀을 침해받지 아니한다"라고 규정하여 통신의 불가침을 보장하고 있다. 여기에서 통신의 비밀의 불가침이란 '서신뿐만 아니라 전신, 전화 등의 검열이나 도청을 금지'한 것이며, 발신에서부터 수신 사이에 비밀이 침해되는 것을 금지하는 것을 말한다. 따라서 통신의 개피가 금지되며, 통신사무에 종사하는 직원의 직무상 알게 된 사항을 타인에게 누설할 수 없으며, 통신직원 이외의 직원이 비밀을 탐지하기 위하여 통신사무에 관여하는 것도 금지된다.

그러나 통신의 자유도 절대적인 것은 아니므로 국가안전보장, 질서유지와 공공복리를 위하여 필요한 경우에는 법률로써 제한할 수 있는데, 그 대표적인 법률로서는 「통신비밀보호법」이 있다. 그러나 통신의 자유의 본질적인 내용은 법률로써도 침해할 수 없다.

⑦ 양심의 자유

양심의 자유는 종교의 자유와 함께 인간 내심의 자유로서 정신적 자유의 근원으로 인정되고 있다. 따라서 양심의 자유는 행위의 자유에 선행하는 정신적 자유라고 말할 수 있다.

우리 헌법은 제19조에서 "모든 국민은 양심의 자유를 가진다"라고 규정하고 있는데, 여기에서 양심의 자유는 내면적인 사상과 양심을 외부에 표현하도록 강요되어지지 않을 자유와 자기의 사상 및 양심에 반하는 행위를 강요당하지 아니할 자유를 의미한다. 그러나 양심의 자유는 그 본질적 내용만으로써 구성되어 있기 때문에 이를 침해할 수는 없으며, 내심의 자유는 어떠한 경우에도 제한할 수 없는 절대적 자유라고 할 것이다. 다만, 양심의 외부적인 표현은 표현의 자유에 대한 한계문제로서 제한될 수 있다고 할 것이다.

⑧ 종교의 자유

종교의 자유는 근대국가 성립 초기에 있어서 교회의 구성과 결합하였던 국가권력의 압력에 대한 투쟁을 통하여 획득된 자유권이다. 이러한 종교의 자유는 인류의 귀중한 유산으로서 미국 제주의 인권선언, 프랑스의 인권선언과 미국 헌법에 선언된 이래 세계 각국의 모든 헌법에 예외 없이 채택되고 있다.

종교의 자유는 정신적 자유의 근원으로서 대체로 신앙의 자유, 종교적 행위의 자유 및 종교적 집회・결사의 자유를 내용으로 하고 있는데, 신앙의 자유란 종교를 믿고 안 믿을 자유, 신앙할 종교를 선택・변경할 자유, 신앙고백의 자유, 신앙선전의 자유, 종교적 교육의 자유, 신앙 또는 불신앙으로 인하여 특별한 불이익을 받지 않을 자유를 의미하며, 종교적 행위의 자유란 종교상의 축제, 의식, 예배 등 종교적 행위를 각인이 임의로 할 수 있는 자유와 그러한 행위를 할 것을 강요당하지 아니하는 자유를 말한다. 그리고 종교적 집회의 자유란 종교적 목적으로 동신자들이 집회하는 자유이며, 종교적 결사의 자유란 종교상의 공동의 목적을 갖는 계속적인 인간의 단체인 종교단체결성의 자유를 말하는 것으로 이러한 집회 및 결사의 자유로운 형성, 거기에의 참가・가입과 탈퇴가 보장되어야 한다.

우리 헌법은 제20조에서 "① 모든 국민은 종교의 자유를 가진다. ② 국교는 인정되지 아니하며, 종교는 정치로부터 분리된다"라고 규정하여 종교의 자유와 정치와의 분리를 선언하고 있다. 이 조항은 종교에 관한 내면・외면적인 모든 자유를 의미하고, 제19조는 신앙의 자유를 제외한 양심과 사상의 자유만을 분리하여 규정한 것이라고 하겠다. 그런데 종교의 자유는 헌법 제37조 제2항에 의한 제한을 받는다. 그러나 신앙의 자유는 그 자체가 양심의 자유의 핵심이기 때문에 법률로써도 이를 침해할 수 없다고 보아야 할 것이며, 다만 종교적 행위나 종교적 결사의 자유는 그것이 대외적 행위의 자유이기 때문에 질서유지를 위해서는 제한할 수 있다고 할 것이다. 그리고 공중위생상 또는 중대한 공공복리를 위해서도 법률로써 제한할 수 있다고 보아야 할 것이다. 이와 같이 종교의 자유가 제한되는 경우에도 그 제한은 종교의 자유에 대한 본질적인 내용을 침해하여서는 안된다. 종교의 자유는 다른 자유권과 달리 인간의 정신세계에 기초를 둔 것이므로 이에 대한 지나친 제한은 정신적 존재로서의 인간의 존엄과 가치를 침해하는 것이 된다.

⑨ **언론 · 출판 및 집회 · 결사의 자유**

언론 · 출판 및 집회 · 결사의 자유는 종교 · 양심 · 학문과 예술을 대외적으로 표현하는 자유를 말한다. 즉 언론 · 출판 및 집회 · 결사의 자유는 정신적 자유의 외부적 표현의 자유를 의미한다. 이러한 표현의 자유는 언론 · 출판의 자유와 집회 · 결사의 자유 이외에도 라디오, TV, 영화 등에 의한 표현의 자유와 집단시위행동에 의한 표현의 자유 등이 포함되는데, 그 중에서 가장 중요한 것이 언론 · 출판의 자유라고 할 수 있다.

⑩ **학문과 예술의 자유**

학문의 자유는 사상표현의 자유이며, 예술의 자유는 미의 추구의 자유를 의미한다. 따라서 학문의 자유는 연구의 자유, 연구발표의 자유, 교수의 자유 및 대학의 자치를 포함하며, 예술의 자유는 예술창작의 자유, 예술표현의 자유 및 예술적 결사의 자유를 포함하는 것으로 이해한다.

우리 헌법은 제22조 제1항에서 "모든 국민은 학문과 예술의 자유를 가진다"라고 규정하여 국민의 기본권으로서 이를 보장하도록 하고, 제31조 제4항에서 "교육의 자주성 · 전문성 · 정치적 중립성 및 대학의 자율성은 법률이 정하는 바에 의하여 보장된다"라고 규정하여 교육의 자주성 · 전문성 · 정치적 중립성 및 대학의 자율성을 보장하고 있다. 학문의 자유는 연혁적으로 볼 때 독일의 여러 대학에서 발전한 대학의 자유에서 유래한다고 볼 수 있지만, 오늘날 학문의 자유는 대학의 기본권일 뿐만 아니라 모든 국민의 기본권으로 발전하고 있기 때문에 우리 헌법이 보장하는 학문의 자유도 일체의 학문적 활동의 자유를 포함한다고 해석하는 것이 옳을 것이다. 따라서 학문의 자유는 그 내용과 형식으로 보아 진리와 진실을 진지하게 계획적으로 탐구하는 자유라고 인정하여야 할 것이다. 이러한 학문과 예술의 자유를 실질적으로 보장하기 위하여 우리 헌법 제22조 제2항은 "저작자 · 발명가 · 과학기술자와 예술가의 권리를 법률로써 보호한다"고 규정하고 있다.

그러나 학문과 예술의 자유가 헌법 제37조 제2항에 의하여 제한된다는 것은 일반적인 견해이다. 즉 학문과 예술의 자유 가운데 연구발표 등의 외부적 표현과 영화, 연극 등은 그 대중성 · 직접성 때문에 질서유지와 국가안전보장을 위하여 제한이 불가피하다는 것이다. 이 경우에도 학문과 예술의 자유의 본질적 내용을 침해할 수 없음은 물론이다. 다만, 학문의 자유에 있어서의 연구의 자유는 내면적인 자유로서 절대적 자유에 속하기 때문에 제한이 불가능하며, 미의 추구인 예술창조의 자유도 절대적 자유로 인식되기 때문에 어떠한 제한도 불가하다고 본다. 특히 연구의 자유와 예술창조의 자유는 법률로써도 제한할 수 없는 신앙의 자유, 양심의 자유와 동질성을 갖는다.

⑪ 재산권의 보장

근대 초기에 있어서 재산권은 천부의 전 국가적, 신성불가침의 권리로 인정되었다. 미국 버지니아주의 권리선언의 모두에서는 "모든 사람은 자연상태에서 다같이 자유·독립이며, 일정의 생활권을 가지며, 이 권리란 생명·자유를 향유하며, 재산을 취득·소유하며, 행복과 안녕을 추구 향수할 권리를 가진다"라고 규정하고, 프랑스 인권선언에서는 "소유권은 불가침 및 신성한 권리이므로 누구도 명백한 공공의 필요가 있는 것을 법률이 인정하고, 또 사전에 보상의 조건하가 아니면 이를 박탈할 수 없다"라고 규정하였으며, 미국 수정헌법 제5조는 "법의 정당한 절차에 의하지 아니하고는 생명·자유 또는 재산은 박탈되지 않는다. 사유재산은 정당한 보상 없이 공공의 이용에 제공하기 위하여 징수될 수 없다"라고 규정하여 재산권의 절대성을 보장하였다. 그러나 현대 자본주의의 발전에 따라 개인주의적 재산권은 그 관념이 수정받게 되었고, 재산권도 사회 전체의 복리를 위하여 제한할 수 있게 되었다. 20세기 초의 경향은 1919년의 바이마르헌법에서 잘 표현되고 있는데, 즉 "재산권은 의무를 수반한다. 재산권의 행사는 공공복리를 위하여야 한다"라고 규정한 것이 대표적이다. 따라서 재산권을 천부의 권리로 보던 사상은 자취를 감추고 소유권의 근거는 다만 단체주의사상 또는 사회적 법치국가의 입장에 의하여 기초되게 되었다. 이리하여 제2차 세계대전 후에 제정된 각국 헌법은 정도의 차이는 있어도 모두 재산권의 사회적 성격을 강력히 인정하는 사회적 법치국가의 입장에 서게 되었다.

그리하여 우리 헌법도 이와 같은 경향에 따라 헌법 제23조는 "① 모든 국민의 재산권은 보장된다. 그 내용과 한계는 법률로 정한다. ② 재산권의 행사는 공공복리에 적합하도록 하여야 한다. ③ 공공필요에 의한 재산권의 수용·사용 또는 제한 및 그에 대한 보상은 법률로써 하되, 정당한 보상을 지급하여야 한다"라고 규정하고, 제22조 제2항은 "저작자·발명가·과학기술자와 예술가의 권리를 법률로써 보호한다"라고 규정하였으며, 제9장 경제조항에서는 광업권, 농지소유권 등에 관하여 규정하고 있다. 따라서 제23조는 재산권 일반을, 제22조 제2항은 무체재산권을, 제9장의 경제조항은 특수재산권을 보장하고 있다고 할 것이다.

(4) 사회권적 기본권

1) 의 의

사회권적 기본권은 생활에 필요한 여러 가지 조건을 국가권력이 적극적으로 관여하여 확보해 줄 것을 요청할 수 있는 권리라고 개념지을 수 있다. 이러한 의미에서 생존권은 국가권력이 적극적으로 관여함으로써 보장될 수 있는 국민의 국가에 대한 적극적 권리라고 말할 수 있다.

종래의 사회권적 기본권은 자유권적 기본권과 마찬가지로 국가의 불간섭이면 권리로서의 기능을 충분히 발휘하였다고 할 수 있다. 그러나 근대 자본주의사회의 발전은 대중의 빈곤화, 실업의 만성화 등으로 사회적 불안이 증대됨에 따라 대중이 생활의 빈곤 속에서 벗어나려는 움직임과 아울러 이를 개선하려는 인도주의 사상의 발로로 사회권적 기본권이 나타나게 된 것이다. 이것은 종래의 자유권만으로는 경제적 실질면에서 생활에 위협을 받는 사람들에게 인간다운 생활을 보장할 수 없다는 차원에서 요청하게 된 새로운 권리라고도 말할 수 있다. 따라서 종래의 기본권이 '국가로부터의 자유'인 자유권적 기본권인데 대하여, 사회권적 기본권은 '국가에 의한 권리'라고 할 것이며, 따라서 거기에는 국가와의 관련, 즉 '법에 의한 제한'이라는 것이 예상된다고 할 수 있다.

따라서 현대국가에서 사회권적 기본권은 궁극에 있어서 국민 각자의 문화적인 최저한도의 생활보호를 목적으로 하는 것으로서, 국가권력의 적극적인 관여에 의하여 보장되는 권리이다. 그러므로 사회권적 기본권을 보장하는 것은 국가권력의 의무인 동시에 국가권력의 내용을 이루고 있다고 하겠다.

이러한 사회권적 기본권은 인간다운 생활을 할 권리로서 우리 헌법이 규정하고 있는 교육의 권리, 근로의 권리, 근로자의 권리, 사회보장의 권리 그리고 환경권, 보건의 권리 등을 들 수 있다.

2) 내 용

① 교육을 받을 권리

교육을 받을 권리라 함은 교육을 받을 수 있도록 국가의 적극적인 배려를 요구할 수 있는 권리를 말한다. 현대적 사회국가・문화국가에서는 인간다운 생활의 필수조건이 되며, 국민의 능력의 계발과 실현을 위하여 요구된다. 또한 민주정치는 어느 정도의 식견이 있는 개인의 존재를 전제로 하여 운영되고, 개인의 문화적 능력의 발전을 그 이상으로 하는 것이므로 교육을 받을 권리는 민주적 정치기구의 운영을 위하여도 불가결한 것이다.

우리 헌법 제31조는 "① 모든 국민은 능력에 따라 균등하게 교육을 받을 권리를 가진다. ② 모든 국민은 그 보호하는 자녀에게 적어도 초등교육과 법률이 정하는 교육을 받게 할 의무를 진다. ③ 의무교육은 무상으로 한다. ④ 교육의 자주성・전문성・정치적 중립성 및 대학의 자율성은 법률이 정하는 바에 의하여 보장된다. ⑤ 국가는 평생교육을 진흥하여야 한다. ⑥ 학교교육 및 평생교육을 포함한 교육제도와 그 운영, 교육재정 및 교원의 지위에 관한 기본적인 사항은 법률로 정한다"라고 규정하여 교육을 받을 권리 및 교육의 의무, 의무교육의 무상, 교육의 자주성・전문성・정치적 중립성 및 대학의 자율성의 보장, 평생교육의 진흥, 교육제도 등의 법률주의를 규정하고 있다.

이러한 교육을 받을 권리는 국가내적인 권리이므로 국민의 권리로서 외국인에게는 보장되지 않는다. 교육을 받을 권리는 성질상 자연인에게만 보장되고 법인은 제외된다. 외국인의 경우에도 보장되는 것은 바람직하기는 하나 절대적 요청은 아니다. 이 권리는 어린이만의 권리가 아니고 대학생도 일반시민도 평생교육의 향유자로서 교육을 받을 권리를 보장받고 있다.

② 근로의 권리

오늘날 모든 국가의 헌법은 근로에 관한 권리를 규정하고 있다. 근대 자연법사상의 입장에서는 근로의 권리, 즉 근로권은 개인의 천부의 권리의 일종으로 생각되었고 근로의 의무는 인간의 한 속성으로 생각되었다. 그러나 근대 자연법론의 개인주의 사회관에 있어서는 개인의 자유로운 근로의 기회를 국가가 침해하지 않는다는 소극적 의미의 자유권의 일종으로 생각되었으나, 19세기 후반에 있어서의 사회주의 사상의 대두와 사회권적 기본권의 요구는 생존권의 개념으로 하여금 적극적인 의미를 갖는 내용을 갖도록 하였으며, 근로권에 대한 국가의 능동적인 보호를 요구하게 되었다. 20세기에 들어와서는 기독교 및 자연법론자들도 이 근로권을 주장하게 되었다. 이러한 근로권은 자본주의 헌법에도 규정되었을 뿐만 아니라, 공산주의헌법에도 규정하게 되었는데, 자본주의 헌법에서는 근로권의 보장을 생산수단의 사적 소유를 전제로 한 것이었음에 대하여, 공산주의 헌법은 생산수단의 국유화를 전제로 하고 있기 때문에 실질적인 면에서 완전히 다른 내용으로 규정되고 있다.

그러나 현대 자본주의 헌법이 요청하고 있는 근로권이란 일반적으로 노동의 의사와 능력이 있는 자는 적당한 노동을 가질 것을 요구할 수 있으며, 이러한 노동을 가지지 못하였을 때에는 이에 갈음할 상당한 생활비의 지급을 요구할 수 있는 권리라고 말할 수 있다. 이러한 근로권에는 대체로 취로권과 생활비청구권의 2종이 있는데, 이것은 모든 국가에 대한 국민의 권리로서 보장되어야 한다는 것이다.

우리 헌법 제32조는 근로의 권리・의무에 관해 "① 모든 국민은 근로의 권리를 가진다. 국가는 사회적・경제적 방법으로 근로자의 고용의 증진과 적정임금의 증진에 노력하여야 하며, 법률이 정하는 바에 의하여 최저임금제를 시행하여야 한다. ② 모든 국민은 근로의 의무를 진다. 국가는 근로의 의무의 내용과 조건을 민주주의원칙에 따라 법률로 정한다. ③ 근로조건의 기준은 인간의 존엄성을 보장하도록 법률로 정한다. ④ 여자의 근로는 특별한 보호를 받으며 고용・임금 및 근로조건에 있어서 부당한 차별을 받지 아니한다. ⑤ 청소년의 근로는 특별한 보호를 받는다. ⑥ 국가유공자・상이군경 및 전몰군경의 유가족은 법률이 정하는 바에 의하여 우선적으로 근로의 기회를 부여한다"라고 규정하여 현대 자본주의 헌법의 정신을 적절히 반영하고 있다.

③ 근로자의 근로3권

근대국가에 있어서 사유재산제, 계약자유의 원칙 그리고 과실책임의 원칙은 자본주의경제의 3대지주라고 할 수 있다. 당시 자본주의경제는 일면으로는 사회의 부와 번영을 가져왔으나, 다른 면으로는 근로대중의 실업과 빈곤을 초래하였다. 고용계약에 있어서의 자유는 사용자에게는 부에의 자유를 의미하였으나, 근로자에게는 빈곤에의 자유를 의미하게 되었다. 여기에서 근로자의 건강과 문화적인 최저한도의 인간다운 생활을 보호하기 위하여는 사용자와 근로자가 평등한 지위에서 고용계약이 맺어질 것이 요구되게 되었으며, 이를 위하여 서로 단결하고 단체행동을 하기에 이르는 것이다. 이 근로자의 단결권과 단체교섭권 및 단체행동권이 근로자의 3권이라고 불리며, 20세기의 자연법이 요구하는 권리로서 승인되고, 세계 각국 헌법에 규정되게 되었다. 이 권리는 근로자의 생존권・근로권을 확보하기 위한 유효한 구체적 수단으로서 행사되어 온 것이다. 그러나 우리나라에서는 파업 위험 때문에 이에 대하여 많은 의구심이 있었고, 그 보장을 위한 헌법규정에도 많은 변천이 있었다.

이 근로권 가운데 단결권은 근로조건의 유지・개선을 목적으로 사용자와 대등한 교섭을 가지기 위한 단체를 구성할 권리를 말하고, 단체교섭권은 근로자의 단체가 사용자와 근로조건에 관하여 교섭할 수 있는 권리를 말하며, 단체행동권은 노동쟁의가 발생한 경우 쟁의행위를 할 수 있는 쟁의권을 말한다. 또한 단결권은 노동조합을 조직하고 그에 가입하는 권리이며, 단체교섭권은 사용자와 피용자의 관계가 현실적으로 구체적으로 존재하는 경우뿐만 아니라 이러한 관계가 성립할 수 있는 가능성이 있는 경우에도 인정해야 하며, 쟁의권은 근로자가 그의 주장을 관철하기 위하여 업무의 정상적인 운영을 저해하는 행위를 하는 권리라고 말할 수 있다.

우리 헌법 제33조는 "① 근로자는 근로조건의 향상을 위하여 자주적인 단결권・단체교섭권 및 단체행동권을 가진다. ② 공무원인 근로자는 법률로 정하는 자에 한하여 단결권・단체교섭권 및 단체행동권을 가진다. ③ 법률이 정하는 주요 방위산업체에 종사하는 근로자의 단체행동권은 법률이 정하는 바에 의하여 이를 제한하거나 인정하지 아니할 수 있다"라고 규정하여 근로자의 근로3권을 보장하고 있다.

따라서 근로자의 근로3권은 사회적 약자인 근로자가 사회적 강자인 사용자와 대등한 노사계약을 할 수 있게 하기 위하여 보장하고 있는 근로자의 생존권이라고 하겠다. 왜냐하면 근로자에게 아무리 근로의 권리를 보장한다고 하더라도 근로자가 개인으로서 고용주와 대결할 때에는 그가 가지고 있는 권리를 다 행사할 수 없게 되기 때문이다. 이에 근로자에게 단결권・단체교섭권・단체행동권을 국가가 보장해 줌으로써 사회적 강자인 고용주에게 대결할 수 있게 하는 데에 근로3권 보장의 의의가 있는 것이다.

그러나 단결권・단체행동권은 헌법 제33조의 특수유보사항에 의하여 제한할 수 있으며, 헌법 제37조 제2항에 의하여 국가의 안전보장, 질서유지와 공공복리를 위하여 법률로 제한할 수 있다고 본다.

④ 인간다운 생활을 할 권리

모든 국민의 인간다운 생활을 보장하기 위하여서는 국가가 사회보장제도를 확립하여야 하는데, 국민은 국가의무의 반사적 권리로서 사회보장을 받을 권리를 가진다. 사회보장이라 함은 국가가 국민의 생존을 공공부조 또는 사회보험에 의하여 확보하는 것인데, 이에는 건강보험, 재해보험 그리고 양로보험 등의 사회보험제도와 양로원, 고아원, 조산원 그리고 무료진료소 등의 사회구호시설의 혜택을 받을 수 있는 권리가 포함된다. 그리고 신체장애자 및 질병, 노령 기타의 사유로 생활능력이 없는 국민은 인간다운 생활을 보장받기 위하여 국가의 보호를 받을 권리가 있다.

우리 헌법 제34조는 "① 모든 국민은 인간다운 생활을 할 권리를 가진다. ② 국가는 사회보장·사회복지의 증진에 노력할 의무를 진다. ③ 국가는 여자의 복지와 권익의 향상을 위하여 노력하여야 한다. ④ 국가는 노인과 청소년의 복지향상을 위한 정책을 실시할 의무를 진다. ⑤ 신체장애자 및 질병, 노령 기타의 사유로 생활능력이 없는 국민은 법률이 정하는 바에 의하여 국가의 보호를 받는다. ⑥ 국가는 재해를 예방하고 그 위험으로부터 국민을 보호하기 위하여 노력하여야 한다"라고 규정하고 있다.

⑤ 환경권

환경권은 건강하고 쾌적한 환경의 회복·보전을 구하는 권리를 말한다. 인간은 공기, 물, 흙, 태양 등의 자연의 혜택 없이는 하루도 생존할 수 없는 것이다. 반면에 인간은 자기의 생존을 유지하기 위하여 자연을 파괴하면서 자기의 생존에 필요한 자재를 생산해 왔다. 생산이 증대하면 증대할수록 자연의 파괴도 증가하여 자연보존의 필요성이 강조되게 되었다. 특히 1960년대 이후 경제부흥에 따른 공해에 의해서 인간의 생활환경이 회복 불가능한 파괴의 위기를 맞게 되어 인간다운 생활을 영위할 수 있는 환경의 향수권이 주장되게 된 것이다. 이러한 주장은 어떤 사상가에 의하여 천부인권으로 주장된 것이 아니라, 공해의 폐해와 싸우기 위한 순수한 권리 개념으로 등장한 것이다. 그리하여 깨끗한 환경에서 생활할 권리를 규정하기에 이르렀다. 이는 세계의 신헌법들을 참조한 것이다.

우리 헌법 제35조는 "모든 국민은 건강하고 쾌적한 환경에서 생활할 권리를 가지며 국가와 국민은 환경보전을 위하여 노력하여야 한다"라고 규정하고 있다. 이 환경권을 넓게 이해하는 경우에는 자연환경 속에서 살 권리, 즉 자연적인 청정한 대기를 누릴 권리, 깨끗한 물을 사용할 권리뿐만 아니라, 보다 좋은 사회환경에서 살 권리, 즉 교육권, 의료권, 도로·공원이용권 등도 포함된다고 할 것이다. 그러나 제35조는 '건강하고 쾌적한 환경에서 생활할 권리'라고 규정하여 자연환경에서 생활할 권리만을 말하고 있는 것처럼 보인다. 그런데 헌법 제10조는 행복추구권을 규정하고 있고 제34조에서는 인간다운 생활을 할 권리를 규정하고 있으며, 또 제36조 제3항에서는 보건에 관한 권리를 규정하고 있기 때문에 이를 통합하여 넓은 의미의 환경권이 우리 헌법상 보장되어 있다고 할 수 있다.

이러한 환경권이 국가권력에 의하여 침해될 경우에는 국가에 대하여 청원권의 행사, 행정소송에 의한 구제, 국가배상청구에 의한 침해구제 등을 할 수 있다고 본다.

⑥ **혼인 · 가족 · 보건에 관한 권리**

혼인제도와 가족제도는 세계인권선언이며 각국 헌법(바이마르헌법, 독일기본법 등)에 규정되어 있다. 그리고 국제인권협정 A협약 제10조에서 가족, 모성, 아동, 그리고 연소자 등의 권리를 보장하고 있다. 우리 헌법은 제36조 제1항에서 "혼인과 가족생활은 개인의 존엄과 양성의 평등을 기초로 성립되고 유지되어야 하며, 국가는 이를 보장한다"라고 하여 국가의 보장의무까지 규정하고 있다. 여기에서 혼인과 가족생활에 있어서 개인의 존엄과 양성의 평등을 기초로 한다는 것은 인간의 존엄과 가치의 보장과 평등권의 보장에 당연히 포함되는 것으로 볼 수 있으나, 헌법은 이를 따로이 규정하여 특별히 보호하도록 하고 있다.

또한 우리 헌법 제36조 제3항은 "모든 국민은 보건에 관하여 국가의 보호를 받는다"라고 규정하고 있다. 이는 국민의 건강에 대한 국가의 보호의무, 즉 국민의 허약과 질병에서의 보호를 규정한 것인데, 이 보건에 관한 권리는 국민의 생존권의 하나이며, 국가에 대하여 건강한 생활을 침해하지 않도록 요구할 수 있을 뿐만 아니라 보건을 유지하도록 국가에 대하여 적극적으로 요구할 수 있는 권리인 것이다. 따라서 이 규정은 단순한 입법방침규정이 아니며, 국가는 건강보험제도 등을 도입하여 국민의 보건을 유지 · 증진해야 할 의무가 있다고 해석할 수 있다. 즉 국가는 국민의 보건을 위하여 보건보험제도, 무료진료, 주택개선 등을 실시하며, 또 이를 위하여 일련의 보호입법, 사회입법을 제정할 의무를 진다고 하겠다.

(5) 청구권적 기본권

1) 의 의

청구권적 기본권은 국민이 적극적으로 국가에 대하여 특정한 행위를 요구한다든가 국가의 보호를 요청한다든가 하는 주관적 공권을 의미한다.

청구권적 기본권은 학자에 따라서는 수익권, 권리보호청구권, 구제권적 기본권, 권리를 보장하기 위한 기본권 그리고 권리를 확보하기 위한 기본권 등으로 불리고 있으나, 이는 옐리네크가 말한 적극적인 지위에서 나온 수익권을 사회권적 기본권과 청구권적 기본권으로 나누어 후자의 대국가적인 적극적 청구권만을 말하는 것이다. 그러기에 사회권적 기본권은 이 범주에서 제외됨이 마땅하다.

청구권적 기본권이란 용어는 국가에 대한 적극적인 청구권이란 의미이다. 이에 대한 기타의 용어, 즉 권리보호청구권이나 구제권적 기본권, 권리를 보장 또는 확보하기 위한 기본권이란 용어는 기본권이 침해된 경우에 이에 대한 사후구제를 요구하는 권리인 점을 강조한 것으로서, 사전에 권리보호를 청구할 수 있는 성격을 경시한 느낌이 없지 않다고 할 것이다.

2) 내 용

① 청원권

청원권은 국민이 국가기관에 대하여 의견이나 희망을 진술할 권리이다. 국민이 제출한 청원을 국가는 심사할 의무가 있다. 따라서 청원에 대응하는 국가의 행위를 요구할 수 있는 청구권적 기본권이다.

우리 헌법 제26조는 청원권에 대하여 "① 모든 국민은 법률이 정하는 바에 의하여 국가기관에 문서로 청원할 권리를 가진다. ② 국가는 청원에 대하여 심사할 의무를 진다"라고 규정하고 있으며, 또한 헌법 제89조 제15호는 "정부에 제출 또는 회부된 정책에 관계되는 청원의 심사"는 국무회의의 심의를 거쳐야 한다고 규정하고 있다. 청원에 관한 일반법으로는 「청원법」이 있고, 그 외에 국회법이나 지방자치법 등에 특별규정을 두고 있다.

이 청원권과 관련되는 옴부즈만(Ombudsman)제도가 오늘날 매우 중요시되고 있는데, 이 제도는 청원권을 실질화하는 데 중요한 비중을 차지하고 있다. 옴부즈만제도는 청원을 보다 더 효과적으로 운영하기 위한 제도로서 청원의 접수·심사에만 그치지 않고, 이의 실현을 위한 방법으로서 어떤 불법행위에 대한 구제를 청원하는 경우 이에 신속하고도 효과적으로 대응하기 위한 적극적 권리보호제도라는 점에 그 가치가 높이 평가되고 있다.

독일 의회의 청원위원회는 직접 당해 행정기관에서 정보를 입수할 수 있으며, 조사권을 발동할 수 있도록 권한을 강화하고 있다. 우리나라에서도 독일의 청원위원회와 같이 위원회의 조사권을 확대·강화하거나 세계 각국의 옴부즈만제도를 도입하여 청원권을 적극적으로 보장하는 것이 시급하다고 하겠다.

② 재판청구권

재판을 받을 권리는 국가에 대하여 재판을 청구할 수 있는 기본권으로서, 이는 행정부의 자의적인 재판을 배제하고 사법권의 독립이 보장된 법원에서 신분이 보장된 자격 있는 법관에 의하여 재판을 받을 권리와 적법한 절차에 따르는 공정한 심판을 받을 권리를 포함하는 것으로 해석할 수 있다.

재판청구권은 국가에 대하여 재판을 청구하는 것을 내용으로 하는 청구권적 기본권에 속한다. 이를 수익권이나 기본권을 보장하기 위한 기본권이라는 견해도 있으나, 이는 기본권 분류상의 차이로서 별로 다르지 않다.

재판을 받을 권리는 소송적 기본권이라고 말할 수 있으며, 이것은 사법절차에 있어서의 기본권으로서 실질적인 기본권을 보장하고 관철하기 위한 기본권이다. 이 기본권은 국가내적 기본권이며, 주관적 공권이라고 하겠다.

우리 헌법 제27조에서는 재판을 받을 권리를 규정하고 있는데, 그 내용은 '헌법과 법률에 정한 법관에 의하여', '법률에 의한', '재판을 받을 권리'를 명시하고, 또 군인・군무원이 아닌 국민은 원칙적으로 '군법회의의 재판을 받지 않을 권리'를 가진다. 그리고 "국민은 신속한 재판을 받을 권리를 가진다. 형사피고인은 상당한 이유가 없는 한, 지체없이 공개재판을 받을 권리를 가진다"라고 명시하여 재판청구권의 구체적인 내용을 열거하고 있다.

이러한 재판청구권은 청구권적 기본권으로서 헌법적 보장으로 되어 있지만, 이는 헌법과 법률이 정하는 바에 의하여 제한된다. 법률로써 재판청구권을 제한하는 경우에도 국가안전보장, 질서유지, 공공복리를 위하여 필요한 경우에 한하여 제한할 수 있다. 그리고 재판청구권은 예외적인 제한이 인정되는 바, 비상계엄에 의하여 제한될 수 있으며(제27조, 제77조), 특수신분관계에 있어서도 제한될 수 있다(제27조 제2항).

③ 형사보상청구권

형사피의자 또는 형사피고인으로서 구금되었던 자가 공판 결과 확정판결에 의하여 무죄를 선고받은 경우에 그가 입은 물질상・정신상의 손실에 대하여 그 손실의 전보를 국가에 대하여 청구할 수 있는 권리이다. 이 권리는 국가배상청구권과 함께 청구권적 기본권의 하나이다.

우리 헌법 제28조는 "형사피의자 또는 형사피고인으로서 구금되었던 자가 법률이 정하는 불기소처분을 받거나 무죄판결을 받은 때에는 법률이 정하는 바에 의하여 국가에 정당한 보상을 청구할 수 있다"라고 규정하여 형사보상청구권을 보장하고 있다. 이는 형사사법의 과오로 인하여 원래 형사책임을 묻지 않을 자에 대하여 국가가 범죄자 또는 범죄피의자로서 취급한 것에 의한 손실을 전보하기 위한 것으로서, 신체의 자유에 대한 침해를 사후에 보상하기 위한 규정이라 할 수 있다. 따라서 헌법 제27조가 사전적 사법절차에 의한 신체의 자유를 보장하기 위한 것이라면, 제28조의 형사보상청구권은 사후적 보상을 통한 신체의 자유를 보장하기 위한 규정이라 할 수 있다. 특히 이 조항은 구 헌법과는 달리 '정당한 보상'을 강조하고 있다.

④ **국가배상청구권**

국민이 공무원의 직무상 불법행위로 손해를 입은 경우에 국가에게 그 손해를 배상해 주도록 청구할 수 있는 권리를 말한다. 국가배상청구권은 현대 헌법에서 비로소 인정되기 시작한 기본권으로서 헌법에 의하여 국민들에게 보장되는 권리인 점에서 자유권과는 다른 특성을 갖는다고 하겠다. 또 국가배상청구권은 이를 수익권이라고 하여 국가는 이 수익권을 법률로 제한할 수 있다는 견해도 있다. 그러나 국가배상청구권은 우리 헌법이 보장하고 있는 청구권적 기본권으로서 직접적으로 타당한 기본권이라고 하겠으며, 동시에 국가내적인 헌법에 의해서 보장되는 청구권이라고 보아야 할 것이다. 따라서 국가배상청구권을 청구권적 기본권으로 보는 것은 당연하다.

우리 헌법 제29조는 "① 공무원의 직무상 불법행위로 손해를 받은 국민은 법률이 정하는 바에 의하여 국가 또는 공공단체에 정당한 배상을 청구할 수 있다. 이 경우 공무원 자신의 책임은 면제되지 않는다. ② 군인·군무원·경찰공무원 기타 법률이 정한 자가 전투·훈련 등 직무집행과 관련하여 받은 손해에 대하여는 법률이 정하는 보상 외에 국가 또는 공공단체에 공무원의 직무상 불법행위로 인한 배상을 청구할 수 없다"라고 규정하고 있다.

공무원의 불법행위로 인한 손해에 대하여 국가 또는 공공단체가 책임을 지느냐에 관하여 국가에 따라서 그 취급을 달리하고 있으나, 우리 헌법은 국민의 권리보장에 만전을 기하기 위하여 공무원 자신의 책임 외에 국가 또는 공공단체의 배상책임을 인정하고 있기 때문에 배상책임의 소재를 분명히 밝히고 있다고 하겠다.

(6) 참정권적 기본권

1) 의 의

참정권적 기본권은 국민이 국가기관의 구성원으로서 공무에 참여하는 권리이다. 이것은 국민이 치자의 입장에서 공무원을 선거하고 공무를 담당하는 권리이기 때문에 국민주권주의 국가에서는 정치권이라고 불러야 한다는 견해도 있다.

참정권적 기본권은 오늘날의 민주정치에 있어서는 국민이 국가의사의 형성과정에 참여하거나, 국가기관을 구성하며 국가권력행사를 통제 내지 견제할 수 있는 등 필수적인 제도적 장치로 되고 있는 민주적·정치적 권리이며, 개별적인 국민의 능동적인 공권이라고 말할 수 있다.

2) 내 용

① 선거권

우리 헌법 제24조는 "모든 국민은 법률이 정하는 바에 의하여 선거권을 가진다"라고 규정하고 있다. 선거권이란 국민이 공무원을 선거하는 권리를 말한다. 여기서 '공무원'이라 함은 가장 넓은 의미의 공무원으로서 국회의원·대통령 등, 요컨대 국가기관의 담당자이면 모두 여기의 공무원에 포함된다. 원칙적으로 간접민주정치를 채택하고 있는 우리나라에서는 공무원선거권은 국민의 참정권 가운데 가장 중요한 것이다.

② 피선거권과 공무담임권

우리 헌법 제25조는 "모든 국민은 법률이 정하는 바에 의하여 공무담임권을 가진다"라고 규정하고 있다. 공무담임권은 행정부뿐만 아니라 입법부, 사법부, 지방자치단체와 기타 일체의 공공단체의 직무를 담임하는 권리를 말한다. 따라서 이는 피선거권보다도 더 넓게 해석하여야 할 것이다. 공무담임권이라고 하여 국민 각자에게 직접적으로 공무에 취임하게 하는 권리는 아니다. 국민이 현실적으로 공무를 담임하기 위해서는 법률이 정하는 바에 의하여 혹은 선거에서 당선되거나 혹은 임명에 필요한 일정한 자격을 구비하여야 한다. 일반적으로 피선거권의 법적 자격에 대해서는 의원으로서의 권리·의무의 주체로 될 수 있는 자격요건, 즉 권리능력에 불과하며, 따라서 권리로서의 성격을 가진 것은 아니라고 보고 있다.

③ 국민표결권

국민발안과 국민투표제도는 직접민주정치의 한 형태로서 간접민주정치를 교정하기 위한 것이다. 우리 헌법에서는 일반적인 법안에 대한 국민발안이나 국민표결을 인정하지 아니하고, 대통령이 회부한 안건과 헌법개정에 대한 국민투표만을 인정하고 있다. 이것은 헌법개정이 매우 중대한 것이므로 국회의 전권에 맡기지 아니하고 국민이 직접 참여할 수 있는 기회를 제공하려는 것이다. 직접참정권에는 이 밖에도 국민소환제도와 일반적 신임투표제도 등이 있으나, 우리나라에서는 인정하지 않고 있다.

4. 국민의 기본적 의무

(1) 개 설

국민의 기본적 의무란 국민이 통치대상으로서의 지위에서 부담하는 기본적 의무를 말한다. 이에 관하여는 헌법이 규정하고 있는데, 그 구체적 내용은 각국 헌법의 이념과 역사적 발전단계에 따라 일치하지 않는다.

우리 헌법은 국민의 기본적 의무로서 납세의 의무(제38조), 국방의 의무(제39조), 재산권행사의 공공복리적합의무(제23조 제2항), 교육의 의무(제31조 제2항), 근로의 의무(제32조 제2항), 환경보전의 의무(제35조) 등의 규정을 두고 있는데, 이러한 생존권(사회권)에 수반하는 의무는 20세기적인 헌법의 기본적 의무로서의 특징을 갖는다고 하겠다. 또 헌법과 법률준수의 의무에 대해서는 이를 규정하고 있지 않지만, 이는 자명한 것으로 논란의 여지가 없는 것으로 생각된다.

(2) 법적 성격

국민의 기본적 의무는 고전적 의무라 할 수 있는 국가질서를 유지할 목적으로 한 납세의 의무와 병역의 의무를 들 수 있으며, 새로운 의무라 할 수 있는 재산권행사의 공공복리적합의무, 교육의 의무, 근로의 의무, 환경보전의 의무 등이 있다. 이 고전적인 기본적 의무는 국가존립을 유지하고 보위하기 위한 의무이기에 이를 국민의 의무라고 할 수 있으나, 새로운 의무는 사회복지를 향상시키기 위한 인간의 의무라고 할 수 있다. 국민의 의무는 국적을 가진 자의 의무인 경우가 많은데 대하여, 인간의 의무는 국적의 여하를 막론하고 모든 인간에게 공통되는 의무라고 하겠다.

(3) 내 용

1) 납세의 의무

우리 헌법 제38조는 "모든 국민은 법률이 정하는 바에 의하여 납세의 의무를 진다"라고 규정하고 있다. 납세의 의무라 함은 국가의 통치활동에 필요한 경비를 충당하기 위하여 국민이 조세를 납부하는 의무를 말하며, 병역의 의무와 함께 고전적 의무의 하나이다. 1789년 프랑스 인권선언 이래 헌법에 이것을 규정하는 것이 각국의 경향이다. 납세의 의무는 역사적으로는 국민의 재산권의 보장을 위한 소극적 성격을 가지는 동시에 국민주권주의 사상하에서는 국가공동체의 재정적 기초의 형성을 의미하는 적극적 성격을 가진다.

2) 국방의 의무

우리 헌법 제39조는 "① 모든 국민은 법률이 정하는 바에 의하여 국방의 의무를 진다. ② 누구든지 병역의무의 이행으로 인하여 불이익한 처우를 받지 아니한다"라고 규정하고 있다. 국방의 의무라 함은 외국의 침략으로부터 국가의 독립을 유지하고 영토를 보전하기 위한 국토방위의 의무를 말한다. 이 국방의 의무는 소극적으로는 법률에 의하지 아니하고는 국방의 의무를 부과하지 못하게 함으로써 국민의 신체의 자유를 보장하는 성격을 가지며, 적극적으로는 주권자인 국민이 침략자를 물리치고 국토를 보위하여 국가를 보존하려는 성격을 가진 의무를 말한다. 국방의 의무는 타인에 의한 대리이행이 가능하지 않다는 점에서 원칙적으로 일신전속적 성격을 갖는다고 하겠다.

3) 교육을 받게 할 의무

우리 헌법 제31조 제2항은 "모든 국민은 그 보호하는 자녀에게 적어도 초등교육과 법률이 정하는 교육을 받게 할 의무를 진다"라고 규정하고 있다. 교육을 받게 할 의무란 친권자나 보호자가 그의 보호 아래에 있는 어린이들에게 초등교육과 법률이 정한 교육을 받게 할 의무를 말한다. 이는 제1항의 교육을 받을 권리의 실효를 기하기 위한 조치라고 말할 수 있다.

4) 근로의 의무

우리 헌법 제32조 제2항은 "모든 국민은 근로의 의무를 진다. 국가는 근로의 의무의 내용과 조건을 민주주의 원칙에 따라 법률로 정한다"라고 규정하고 있다. 근로의 의무는 생존권보장의 '법률상의 전제'로서의 의의를 가지며, 사회주의국가에서는 특히 이를 강조하고 있다. 여기서 '근로'란 반드시 육체적 노동이나 유급노동을 의미하는 것이 아니라 정신적 노동을 포함하는 넓은 의미의 근로를 의미한다.

5) 재산권행사의 공공복리적합의무

우리 헌법 제23조 제2항은 "재산권의 행사는 공공복리에 적합하도록 하여야 한다"라고 규정하고 있다. 이것은 바이마르헌법 이후의 재산권의 사회적 의무성을 규정한 것으로 사회 전체의 이익을 고려하는 단체주의적 내지 사회적 법치국가 사상을 헌법에 도입한 것이다.

공공복리라 함은 각 시대에 있어서의 사회 전반의 사정을 고려하여 판정해야 할 것이다. 언제나 사회적 법치국가의 견지에서 고찰되어야 할 것이다.

6) 환경보전의 의무

우리 헌법 제35조 제1항 후단은 "국민은 환경보전을 위하여 노력하여야 한다"라고 규정하고 있다. 이는 공해에 의하여 환경이 파괴되고 있는 현실을 감안하여 국가뿐만 아니라 국민에게도 일정한 환경보전의무를 부과하기 위한 것이라 하겠다.

환경보전의무는 명문으로 '의무를 진다'고 하지 않고 '노력하여야 한다'라고 규정하고 있기 때문에 윤리적·도덕적 의무로 보는 경향도 있을 수 있을 것이다. 그러나 이것도 헌법상의 의무이며 법률로 강제할 수 있는 의무라고 보아야 할 것이다.

환경보전의무는 환경을 오염시키지 않을 의무, 공해방지시설을 할 의무 등이 있다.

제 5 절 통치구조

1. 통치구조원리

(1) 대표민주주의

1) 의 의

주권자인 국민이 주권을 행사하는 직접민주정치는 다수의 인구를 가지는 대국과 입법・집행에 고도의 기술성을 요하는 현대국가에서는 도저히 채택될 수 없는 제도로 되고 말았다. 따라서 직접민주제를 이상으로 하면서도 루소는 부득이 대표민주제를 수락하지 않을 수 없었으며, 그는 강제위임 또는 국민투표를 가미한 대표민주정치를 인정하고 있었다.

대표민주제는 직접민주제에 비하여 본질적으로 우월한 지도자에 의한 통치를 가능케 한다. 몽테스키외는 “국민은 대표자를 선택할 경우에만 통치에 간여할 것이다. 왜냐하면 자기 능력의 정확한 척도를 아는 사람은 적으나, 각인은 일반적으로 자기가 선정한 사람이 대부분의 다른 사람보다 명석한가 않은가에 관해서는 알 수 있다. 대표민주제의 큰 장점은 대표자가 국무를 처리할 수 있다는 점이다. 국민은 이에 적합하지 못하다. 국민 모두가 국무의 처리를 담당하게 되면 그것은 민주주의의 큰 결함이 된다”라고 말하였다.

프랑스의 1791년 제헌의회를 지배한 것은 몽테스키외의 이 이론이었다. 따라서 1791년 헌법 제3편 전문 제2조는 “모든 국력은 국민에게서만 나오며, 국민은 위임에 의해서만 이를 행사할 수 있다. 프랑스의 국가조직은 대표민주제이다”라고 규정하고 있다. 이와 같이 대표민주제를 규정하고 있는 현대 각국 헌법으로는 일본국헌법 제43조, 벨지움헌법 제32조, 이탈리아헌법 제67조 그리고 독일기본법 제28조 등을 들 수 있다.

대표민주제의 법적 구조는 대표위임의 원리와 강제위임금지의 원리라고 말할 수 있다. 대표민주제에 있어서의 국민은 선거에 의하여 구성된 대의기관을 통해서만 행동하고, 대표기관의 행위는 국민의 의사를 반영하는 것이라고 간주된다. 따라서 국민대표의 개념을 요약하면 첫째, 어떠한 국가기관

(이것이 국민대표기관이다)의 행위가 국민의 행위로 간주되고, 국민의 행위로서의 효과를 갖는 것을 의미하고, 둘째, 이러한 국가기관이 그 직무를 행하는 데 있어서 국민으로부터 아무런 구속을 받지 않고 완전히 독립이라는 것을 의미한다. 이러한 근대적 의미에 있어서의 대표의 개념은 프랑스의 1791년 헌법이 처음으로 성문형식으로 규정하였지만, 실질적으로는 이에 앞서 영국 의회제도의 발달과정에서 태동하였다고 보는 것이 옳을 것이다.

2) 현대적 변용

민주주의는 합의에 의한 정치방식임은 말할 필요도 없다. 자유롭게 표명된 민의를 선거의 방법에 의하여 선출된 대표기관인 의회를 통하여 입법이나 중요정책을 결정하는 것이 대표민주제의 원리이다. 말할 것도 없이 그러한 원리는 일정한 전제조건 아래서 성립하며, 그 현실화에는 일정한 사회적 조건이 요구된다. 현대에 와서 국민이 주권을 대표자에게 전적으로 위임했다는 이론은 많은 비판을 받았다. 그래서 오늘날에 있어서는 대표자가 국민의 여론을 반영해야 한다는 이론이 등장하고 있다.

선거는 대표자를 지명한다는 의미를 떠나서 정치사상을 표현하는 것이기 때문에 대표자에게 선거시에 나타난 시민의 의사를 충실히 실현하는 것을 요구하고 있다. 이것은 고전적 대표제가 국민의 의사를 충분히 반영하지 않았기 때문에 국민의 정확한 의사를 반영해야 한다는 현대적 대표제의 요청에서 비롯된다고 하겠다. 비례대표제가 채택되고 있는 것은 가능한 한 충실히 여론을 반영하는 국민대표를 만들어 내야 하기 때문이다. 비례대표제는 새로운 여론의 동향 또는 새로운 정치운동에 대하여 극히 민감하기 때문에 선거는 일종의 국민투표의 기능을 가지게 된다.

3) 우리나라의 국민대표제도

우리나라는 국민대표주의를 원칙으로 하여 대표자를 통하여 주권을 행사하고 있다. 우리 헌법은 제1조 제2항에서 “주권은 국민에게 있고 모든 권력은 국민으로부터 나온다”라고 규정하여 국민주권주의와 대표제민주정치를 채택하고 있다. 또한 헌법개정에 대한 국민투표와 중요정책에 대한 국민투표를 인정하여 대표제민주정치를 원칙으로 하면서도 직접민주제적 요소를 가미하고 있다. 이것은 우리 헌법이 현대적 대표주의에 입각하고 있음을 입증해 주는 것이라 하겠다.

국민대표기관은 군주주권주의하에서는 국회만이라고 생각되었으나, 오늘날의 국민주권주의하에서는 국회뿐만 아니라 국가의 대표자인 대통령, 행정기관으로서의 정부, 사법기관으로서의 법원도 국민의 대표기관이라고 하여야 할 것이다. 이 기관들은 헌법제정권력자인 국민의 결단의 표현인 헌법에 의하여 대표자로 지정되어 국민으로부터 나오는 권한을 행사하고 있는 것이다.

(2) 권력분립주의

1) 의 의

권력분립론 내지 3권분립론은 근대 법치국가에 있어서 통치기구의 조직원리로서 국가권력을 분리하여 이를 각각 독립된 기관에 담당하게 하여 기관 상호간의 견제와 균형을 유지하도록 함으로써, 국가권력의 집중과 남용을 방지하고 국민의 자유를 보호하기 위한 자유주의적인 정치조직원리이다. 이러한 권력분립론은 플라톤, 아리스토텔레스, 보댕에 의하여 주장된 바 있으나, 근대적 의미의 권력분립론은 로크에 의하여 비로소 주장되고 몽테스키외에 의하여 완성되었다. 로크는 국가권력을 입법권과 집행권(사법과 행정)으로 나누고, 이들이 동일한 기관에 귀속되면 국민의 권익을 침해할 우려가 있으므로 독립기관에 맡겨야 한다고 하였다. 몽테스키외는 이를 발전시켜 국가권력을 입법·사법·행정으로 3권분립하여 이를 각각 독립한 기관에 맡겨 권력에 의한 권력을 억제하는 효과를 노렸다. 한편 최근 뢰벤슈타인은 국가권력을 동적으로 파악하여 그 기능을 중심으로 정책결정권, 정책집행권, 정책통제권으로 분류하기도 한다.

그러나 권력분립주의에 대해서는 찬반론이 대두되고 있다. 권력분립에 대한 반대론자들은 권력분립이 전제정치를 막기 위한 것인데, 현대의 민주정치에 있어서는 전제화의 우려가 없기에 권력의 통합에 의하여 국가권력을 강화하여 국민의 복리행정을 강력히 실현하여야 한다는 적극론을 펴고 있다. 그러나 권력분립이론은 자유민주적 법치국가의 조직원리로서 역사적인 역할을 하여 왔고 앞으로도 자유주의적·정치적 요청으로서의 의미를 가질 것이며, 또 이는 국가권력에서 시민의 자유를 수호하기 위하여 고안된 원리이기 때문에 국가권력의 비대화와 인권의 침해가 우려되고 있는 현실에서 볼 때 필요불가결한 제도라고 할 수 있다.

2) 현대적 문제상황

현대국가에 있어서 권력분립제도 내지는 권력분립의 이념이 그대로 유지될 수 있을 것인가에 대하여 많은 문제점이 나타나고 있다. 권력의 균형 위에 구축된 권력분립을 위협하는 요인으로서는 사회적 세력의 변동이나 권력의 상호의존이 촉진하는 특정 권력의 비대화에 의한 세 권력 간에 균형의 파탄이 문제되고 있다. 현대 입헌주의국가가 당면하고 있는 여러 가지 상황 가운데 특히 집행권의 우위화 현상, 정책결정이나 정책수행에 실질적으로 중요한 영향력을 가진 정치사회의 여러 세력의 등장, 그리고 사회주의의 등장에 따른 권력분립주의의 동요가 문제된다.

3) 우리나라의 권력분립제도

① 권력분립제도의 변천

제헌헌법에서부터 제3공화국 헌법에 이르기까지 우리나라는 권력분립주의에 입각하고 있었다. 그러나 어느 기관이 우월한 형태였었는가를 여기서 단적으로 말하기는 어렵다. 개괄적으로 말해서 제1공화국에서는 행정부 우위적인 형태를 취하였고, 제2공화국에서는 균형제도를 채택하고 있었다. 제3공화국에서는 미국식인 완전한 권력분립제도라고는 할 수 없으나 이에 가까운 제도로서 실제적으로는 행정부 우위인 제도였다고 할 것이다. 제4공화국에 이어서는 대통령이 우월한 영도적 대통령제를 채택하고 있었다. 제5공화국 헌법은 제4공화국 헌법에 비해서 다소 권력분립주의에 근접하려는 의도는 있었지만, 여전히 대통령의 우월적인 형태에 형식적으로 의원내각제적 요소를 가미시킨 변형된 대통령제를 취하였다. 그러나 제6공화국 헌법은 대통령의 비상조치권, 국회해산권 등을 없앰으로써 권력분립의 원리를 최대한 구현하려고 하였다.

② 제6공화국헌법상의 권력분립제도

제6공화국 헌법에서는 한마디로 권력분산적 대통령제를 채택하고 있다고 하겠다. 즉 대통령은 국가원수임과 동시에 행정권의 수반으로서 입법권·사법권과 대등한 입장에서 견제와 균형을 하도록 비교적 합리적인 권력분립제도를 채택하고 있다고 할 수 있다.

우리 헌법상의 권력분립 규정을 보면, 첫째, 대통령은 국가의 원수이며 행정권의 수반이다(제66조 제1항, 제4항). 둘째, 입법권은 국회에 속한다(제40조). 셋째, 사법권은 법관으로 구성된 법원에 속한다(제101조)고 하여 3권분립주의에 입각하고 있다. 따라서 입법·행정·사법이 각각 독립된 기관에 맡겨져서 서로 견제하고 균형을 이루면서 국가권력이 행사되도록 하고 있다.

그러나 우리나라의 권력분립제도는 복지국가적 요청과 위기정부적 경향 때문에 권력분립제도에 약간의 수정을 가하도록 하고 있는데, 긴급재정경제처분 또는 명령권(제76조 제1항), 긴급명령권(제76조 제2항), 국민투표회부권(제72조), 대법원장·대법관 임명권(제104조 제1항, 제2항) 등은 그 예외규정이라 할 것이다.

(3) 정부형태

1) 의 의

정부형태라 함은 권력분립의 원리가 국가권력의 구조에 어떻게 적용되고 있느냐 하는 것을 말하는 것으로서, 이렇게 파악하는 경우에는 넓은 의미로는 입법부·행정부·사법부가 포함되는 것으로 보아 국가통치기구의 형태이나, 좁은 의미로는 행정부의 조직형태를 의미한다. 여기서는 넓은 의미로 쓰이며, 그것은 주로 입법부와 행정부의 관계에서 논의된다.

2) 대통령제

대통령제는 처음에 미국에서 선택되었으며, 국민의 자유를 보장하기 위한 제한된 정부의 이념에 입각하고 있다. 따라서 엄격한 권력분립이 행하여지고 상호간 독립이 보장되며, 행정권이 대통령에 귀속되는 정부형태이다. 이러한 대통령제는 행정부가 그 성립·조직·존속에서 입법부와 독립해 있고, 입법·행정·사법부는 헌법상 동등한 지위에서 상호 견제와 균형을 취한다. 대통령은 대내적으로 행정부의 수반인 동시에 대외적으로는 국가를 대표하는 국가원수의 지위를 가지는 행정부의 일원성을 그 특색으로 한다.

대통령의 이러한 특성에서 보아, 국회에 의한 불신임제도가 없으므로 임기 동안 소신 있는 강력한 행정을 행할 수 있어 정국이 안정될 수 있다는 점과 국회의 질이 저하되었을 때 다수결에 의한 경솔·부당한 간섭을 배제하여 소수자의 이익을 보호할 수 있다는 장점이 있다. 한편 대통령의 권한이 강대하므로 이에 대한 민주적 통제가 행하여지지 않는 한 독재화 경향이 우려되는 점, 입법부와 행정부의 엄격한 분립으로 복지국가의 업무수행에 신속성・통일성이 결여될 염려가 있다는 점, 입법부와 행정부의 충돌을 해결할 방법이 분명하지 않으며 책임정치의 실현이 어렵다는 점 등의 단점도 가지고 있다.

3) 의원내각제

의원내각제는 영국의 오랜 정치경험의 산물로서 입법부와 행정부의 법적인 분립을 전제로 하고, 이들 상호간의 균형을 유지하면서 서로 밀접한 관계를 가지는 정부형태이다. 의원내각제는 국회의 다수당에 의해 내각이 형성되며, 국회의 불신임에 의해 내각이 해체된다.

내각구성원은 국회의원을 겸할 수 있고, 국회에 출석하여 발언할 권한이 있다. 정부도 법률안제출권을 가지는 바와 같이 내각이 그 성립・조직・존속에 있어서 국회에 의존하고 있다는 점, 내각은 국회해산권을 가짐으로써 상호간 평등과 균형을 유지한다는 점, 그리고 형식적인 권한을 가지는 국가원수와 실질적인 권한을 가지는 내각수반이 병존한다는 행정부의 이원성을 그 특성으로 한다.

의원내각제의 이러한 특성에서 입법부와 행정부의 협력으로 신속하고 적극적인 행정의 수행이 가능하며, 행정부가 국민의 대표기관인 국회에 대해 책임을 지므로 민주적인 책임정치가 가능하다. 그리고 입법부와 행정부가 대립한 경우 중재・해결이 용이하다는 장점을 가진다. 한편 군소정당이 난립하면 정국의 불안을 초래할 염려가 있다는 점, 정부가 국회에 의존하므로 강력하고 계속적인 정치가 곤란하다는 점, 그리고 국회의 다수당과 정부의 합작으로 다수당의 횡포가 일어날 수 있다는 점 등의 단점도 있다.

4) 우리나라의 정부형태

우리나라의 정부형태는 대통령제를 중심으로 하여 의원내각제 및 이원정부제의 요소를 가미하고, 또한 대통령제에서 볼 수 없는 대통령의 임기 5년의 단임제, 부통령제의 배제 등 이질적인 형태를 채택하고 있다. 이는 순수한 대통령제라고 볼 수 없는 변형된 대통령제 정부형태를 선택한 특이한 정부형태를 갖고 있다고 볼 것이다.

2. 통치기구

(1) 주권행사기관으로서의 국민

1) 국민의 지위

우리 헌법은 제1조 제2항에서 "대한민국의 주권은 국민에게 있고, 모든 권력은 국민으로부터 나온다"라고 규정하여, 국민이 직접 주권을 행사하는 것과 대표자를 선임하여 주권을 행사하는 것을 인정하고 있다. 여기에서 주권행사기관으로서의 국민은 국민투표기관으로서의 국민과 선거기관으로서의 국민을 의미한다. 이 주권행사기관으로서의 국민은 투표권자 또는 선거권자의 총체적인 합성기관을 구성하며, 개개의 국민은 부분기관을 구성한다. 다른 국가기관은 창설적 행위에 의하여 선임되거나 조직되는 기관인데 대하여, 국민은 특별한 행위를 기다림이 없이 법의 규정에 의하여 당연히 국가기관으로서의 지위를 가진다. 헌법상의 기관으로서의 국민은 1차적 기관인데 대하여, 다른 국가기관은 2차적 기관이다.

2) 국민의 요건

① 국민투표기관으로서의 국민의 요건

국민은 국민투표기관으로서 직접 국정에 참여한다(제72조, 제130조). 국민투표기관으로서의 국민은 국회의원선거권자 전체의 합성기관이며, 국민투표기관으로서의 국민의 요건은 국회의원선거권자여야 한다. 헌법은 법률이 정하는 바에 의하여 선거권을 가지도록 규정하고 있기 때문에(제24조), 국민투표기관으로서의 국민은 선거권결격사유가 없는 사람의 총체라고 할 것이다.

② 선거기관으로서의 국민의 요건

국민은 선거기관으로서 대표자를 선출한다(제67조, 제41조). 선거기관으로서의 국민은 국회의원선거권자 전체의 합성기관이다. 따라서 대한민국 국민으로서 선거권의 결격사유가 없는 사람의 총체라고 하겠다.

3) 국민의 권능

① 헌법개정확정권

주권행사기관으로서의 국민은 헌법개정확정기관으로서 헌법개정안을 확정할 권한을 가진다(제130조 제2항). 국민투표에 붙여진 헌법개정안은 국회의원선거권자 과반수의 투표와 투표자 과반수의 찬성으로 확정한다.

② **국가정책에 대한 국민표결권**

"대통령은 필요하다고 인정할 때에는 외교·국방·통일 기타 국가안위에 관한 중요정책을 국민투표에 붙일 수 있다"(제72조)고 규정하여 대통령의 국가정책에 대한 국민표결권을 부여하고 있다. 이 대통령의 주요 정책결정에 있어서의 국민투표는 임의적인 것이기 때문에 대통령이 국민의 신임을 묻기 위한 신임투표로 될 공산이 크다.

③ **대통령선거권**

국민은 직접선거에 의하여 대통령을 선출한다. 대통령은 국민의 평등·보통·직접·비밀투표에 의하여 선출된다(제67조 제1항). 대통령의 선거에 관한 사항은 법률로 정한다(제67조 제5항).

④ **국회의원선거권**

국가기관으로서의 국민은 국회의원선거권을 가진다. 국회는 국민의 평등·보통·직접·비밀투표에 의하여 선출된 의원으로 구성한다(제41조 제1항). 국회의원의 선거구와 비례대표제 기타 선거에 관한 사항은 법률로 정한다(제41조 제3항).

(2) 국회의 헌법상 지위

국민대표기관으로서의 국회의 지위는 오늘날 정당정치의 발전에 따라 정당의 대표기관으로 전락하고 있다. 국회는 국민의 일반의사를 입법하는 것이 아니고, 당리당략의 입법에만 급급하기 때문에 국민의 국회에 대한 불신은 높아가고, 특히 정당국가화 경향에 따라 과두적인 국회를 구성함으로써 국회제도에 대한 불신이 극에 달하고 있는 바, 여기에 국회입법에 대한 사법심사제, 국회의원에 대한 소환제, 그리고 국민투표제에 의한 직접민주정치제도 등의 채택이 불가피하게 되었다.

1) 국민대표기관으로서의 지위

오늘날의 국민주권주의하에 있어서는 국민이 주권을 가지고 있으며, 헌법제정권자인 국민이 헌법제정시에 국민대표기관을 지정하고, 이 기관에게 입법권을 부여하고 있다.

법률은 국민총의의 표현이기 때문에 국민의 대표기관인 국회가 입법권을 가진다고 헌법이 규정하고 있다. 우리 헌법도 제1조 제2항에서 "모든 권력은 국민으로부터 나온다"라고 명시하여, 국민으로부터 유래하는 입법권을 가진 국회는 국민의 헌법적 대표기관이라는 것을 명백히 표명하고 있다고 하겠다 (헌법적 대표설의 입장).

2) 입법기관으로서의 지위

국회의 가장 본질적이고 역사적인 지위는 입법기관으로서의 지위이다. 그러나 국회가 입법기관이라는 것은 다만 원칙적으로 입법권이 국회에 있었지만, 입법의 모든 절차를 국회가 독점하는 것은 아니다. 즉 정부에 법률안 제출권이 있고, 대통령은 법률안에 대한 거부권・공포권을 가지며, 그 외에 행정입법・자치입법이 인정되고, 대법원과 중앙선거관리위원회 등은 규칙 제정권을 가진다.

입법기관으로서의 국회는 현대 행정국가에 있어서는 행정입법의 증대와 입법의 전문성・기술성이 요구됨으로써 그 지위가 저하되어 단순히 정부에서 작성한 법안을 통과시키는 데 불과한 통법부화하는 경향을 나타내고 있다. 다만, 국회의 의결을 거쳐야 한다는 의미에서 그 최후적 의의를 유지하고 있다.

3) 국정통제기관으로서의 지위

우리나라에서도 국회는 정부에 대한 견제기관으로서 어느 정도 기능하고 있으나, 대통령제를 취하고 있기 때문에 의원내각제에서처럼 강력한 견제권은 없다. 그러나 국무총리나 국무위원에 대한 국회출석요구권・질문권・해임건의권 등의 행사를 통하여, 또 대통령과 국무총리・국무위원에 대한 탄핵소추권의 행사 등에 의하여 상당한 견제는 할 수 있다. 또 재정에 관한 권한과 일반국정에 관한 권한 등을 가짐으로써 행정부의 정책결정에 참여하는 동시에 대통령의 긴급재정경제처분 및 명령, 긴급명령의 승인 여부로써 정부를 견제하는 역할도 하고 있다.

4) 최고기관의 하나로서의 지위

우리나라의 경우에는 국회의 최고기관성에 관한 규정이 없기 때문에 유일한 최고기관이라고 볼 이유는 없다. 따라서 우리나라의 국회는 정부, 법원과 더불어 최고기관 중의 하나이며, 이러한 점에서 국회는 정부, 법원과 상호 견제와 균형을 이루고 있다.

(3) 대통령의 헌법상 지위

제6공화국헌법상 대통령의 지위에 관하여는 제66조에서 "① 대통령은 국가의 원수이며, 외국에 대하여 국가를 대표한다 … ④ 행정권은 대통령을 수반으로 하는 정부에 속한다"라고 규정하여 대통령제 국가에 있어서의 대통령의 지위를 밝히고 있다. 그러나 우리나라 대통령제는 의원내각제적 요소를 약간 가미하고 있는 형태로서 미국의 대통령보다 더 큰 권한을 부여하고 있다.

우리 헌법상의 대통령은 주권의 행사기관으로서 입법부·사법부와는 동위 내지는 우월한 기관으로서, 이들 통치기관을 조정하는 지위를 가지고 있다. 즉 대통령은 국가의 독립, 영토의 보전, 국가의 계속성과 헌법을 수호할 책임을 지며(제66조 제2항), 조국의 평화적 통일을 위한 성실의 의무를 지도록 하고 있다(제66조 제3항). 그렇다고 대통령이 국가권력 전부를 행사한다는 것은 아니고, 주권행사기관 중 하나의 헌법기관으로서 통치권력을 행사한다고 보아야 할 것이다. 이러한 대통령의 지위 중에서 중요한 것은 국가원수로서의 지위, 행정권수반으로서의 지위, 국가와 헌법의 수호자로서의 지위, 평화통일책임자로서의 지위라고 하겠다.

1) 국가원수로서의 지위

대통령은 대내적으로 국가의 원수이며, 대외적으로 국가를 대표한다. 대통령은 조약을 체결·비준하는 권한, 선전포고와 강화를 행하는 권한, 외교사절을 신임·접수하는 권한을 가지는데, 이는 대외적으로 국가를 대표하는 지위에서 나오는 권한이라고 하겠다. 국내적인 대표자의 지위에서는 헌법재판소의 장·헌법재판소재판관과 선거관리위원회위원에 대한 임명권, 대법원장과 대법관에 대한 임명권, 영전수여권, 그리고 사면권 등의 권한을 가진다.

2) 행정권의 수반으로서의 지위

대통령은 국가의 최고집행기관으로서 행정에 관한 모든 권한을 관장한다. 이에는 국군통수권, 행정정책결정권, 국무총리・국무위원을 비롯한 행정공무원 임명권, 행정정책집행권, 그리고 행정입법권 등이 포함된다. 물론 대통령은 행정 전반을 독단적으로 집행할 수 있는 것은 아니고, 헌법과 법률에 정한 절차에 따라 그 권한을 행사하는데, 국무회의의 심의를 거쳐야 하며 국가안전보장회의, 국가원로자문회의, 민주평화통일자문회의, 국민경제자문회의의 자문을 거쳐야 하며, 문서로써 하여야 하고 국무총리와 관계 국무위원의 부서가 있어야 한다.

3) 국가와 헌법의 수호자로서의 지위

헌법 第66조 제2항은 대통령의 사명과 의무에 관해서 규정하고 있음과 아울러 대통령의 권한행사에 있어서 그 정당성의 근거를 인정하고 있다. 대통령에게 이와 같은 국가의 존립과 운명에 관한 책무를 규정하고 있는 것은 대통령이 다른 국가기관의 상위에 있는 최고기관임을 의미한다. 헌법은 국가의 독립, 영토의 보전, 국가의 계속성을 보장하기 위하여 대통령에게 국가긴급권, 선전포고권을 부여하고 국가안전보장회의의 의장이 되도록 하고 있다.

4) 평화통일책무로서의 지위

헌법은 제66조 제3항에서 대통령의 조국의 평화적 통일에 있어서 의무를 규정하며, 또한 평화통일정책에 있어서 민주평화통일자문회의의 자문을 거치도록 하고 있다.

(4) 행정부의 조직 및 권한

1) 국무총리의 헌법상 지위

우리 헌법은 대통령중심제를 바탕으로 하면서 국무회의 및 국무총리제도를 두고 있다. 따라서 순수한 미국식 대통령제와 다르고, 또 우리 헌법상 국무총리가 독자적인 정책의 일반지침을 결정할 수 없다는 점에서 이원정부의 내각과 다르다. 이러한 대통령중심제 정부형태하의 국무총리는 그 지위와 권한에 모호한 점이 없지 않다. 제6공화국 헌법에서 국무총리는 국회의 동의를 얻어 대통령이 임명한다(제86조 제1항). 물론 해임권자는 대통령이다.

국무총리는 대통령의 보좌기관이고(제86조 제2항), 국무회의의 부의장의 지위를 가진다. 대통령의 명을 받아 행정각부를 통할하며(제86조 제2항), 대통령의 권한대행 제1순위자이다(제71조). 국무위원의 임명제청권자로서(제87조 제1항) 국무회의조직에 있어서는 다른 국무위원에 우월한 지위를 가진다.

2) 국무위원의 헌법상 지위

국무위원은 국무회의의 구성원이다. 즉 국무위원은 대통령 및 국무총리와 더불어 정부의 합의제 최고 정책심의기관인 국무회의를 구성한다. 국무위원은 국무총리의 제청으로 대통령이 임명하되(제87조 제1항), 그 수는 15인 이상 30인 이하이다(제88조 제2항). 군인은 현역을 면한 후가 아니면 국무위원으로 임명될 수 없다(제87조 제4항). 국무위원은 대통령이 해임한다. 또 국무총리는 국무위원의 해임을 건의할 수 있다(제87조 제3항). 국회는 국무위원의 해임건의를 할 수 있다(제63조 제1항).

3) 국무회의의 헌법상 지위

국무회의는 정부의 권한에 속하는 중요한 정책을 심의하는 헌법상의 기관이다(제88조 제1항). 국무회의는 대통령, 국무총리와 15인 이상 30인 이하의 국무위원으로 구성되고(제88조 제2항), 대통령이 국무회의의 의장이 되며, 국무총리는 대통령을 보좌하고 국무회의의 부의장이 된다.

4) 국가원로자문회의

국정의 중요한 사항에 관한 대통령의 자문에 응하기 위하여 국가원로로 구성된 기관이 국가원로자문회의이다(제90조 제1항). 그 조직, 직무범위 기타 필요한 사항은 법률로 정한다(제90조 제3항). 국가원로자문회의의 의장은 직전대통령이 된다. 다만 직전대통령이 없을 때에는 대통령이 지명한다(제90조 제2항).

5) 국가안전보장회의

국가안전보장에 관련되는 대외정책, 군사정책 및 국내정책의 수립에 관하여 국무회의의 심의에 앞서 대통령의 자문에 응하기 위하여 국가안전보장회의를 둔다(제91조 제1항). 이 기관은 단순한 자문기관이란 점에서 국정의 최고심의기관인 국무회의와는 구별된다. 국가안전보장회의는 대통령이 주재한다(제91조 제2항).

6) 민주평화통일자문회의

평화통일정책의 수립에 관한 대통령의 자문에 응하기 위하여 설치된 것으로(제92조 제1항) 그 조직, 직무범위 기타 필요한 사항은 법률로 정한다(제92조 제2항).

7) 국민경제자문회의

국민경제의 발전을 위한 중요정책의 수립에 관하여 대통령의 자문에 응하기 위하여 설치된 것이다(제93조). 국민경제자문회의의 조직과 직무범위 기타 필요한 사항은 법률로 정한다.

8) 행정각부

행정각부의 설치 · 조직과 직무범위는 법률로 정하도록 우리 헌법은 규정하고 있다(제96조). 따라서 행정각부는 정부의 구성단위로서 대통령 또는 국무총리의 지휘 또는 통할하에 법률이 정하는 소관사무를 담당하는 중앙행정기관이다. 행정각부의 장은 국무위원이어야 하며, 국무총리의 제청으로 대통령이 임명하며(제94조), 법률이 정하는 바에 따라 소관사무를 결정 · 집행할 수 있는 권한과 부령을 제정 · 공포할 수 있는 권한 등을 행사할 수 있다.

9) 감사원

감사원은 국가의 세입 · 세출의 결산 및 국가 및 법률이 정한 단체의 회계감사와 행정기관 및 공무원의 직무에 관한 감찰을 하기 위하여 대통령의 소속하에 설치된 기관이다(제97조). 따라서 감사원은 대통령소속하의 헌법상 기관이다.

감사원은 원장을 포함한 5인 이상 11인 이하의 감사위원으로 구성되는 합의제기관이다(제98조 제1항). 감사원장은 대통령이 국회의 동의를 얻어 임명하고(제98조 제2항), 감사위원은 원장의 제청으로 대통령이 임명한다(제98조 제3항). 감사원장과 감사위원의 임기는 모두 4년이며, 1차에 한하여 중임할 수 있다(제98조 제2항 후단).

감사원은 결산감사권을 가지며 국가 및 법률이 정한 단체의 회계감사와 행정기관 및 공무원의 직무에 대한 감찰을 할 수 있다.

(5) 대법원의 헌법상 지위

1) 주권행사기관으로서의 지위

대법원은 법률의 위헌 여부가 재판의 전제가 된 경우 그 위헌 여부의 심사를 헌법위원회에 제청함으로써 국회를 견제할 수 있으며, 위헌명령심사권을 행사함으로써 행정부와 동위의 입장에서 행정부의 행정입법을 시정할 수 있다. 대법원은 국회규칙제정권을 가진 국회, 대통령령·부령제정권을 가진 정부와 같이 대법원규칙제정권으로써 독자적인 자치입법권을 행사할 수 있는 주권의 행사기관으로서, 국회·정부와 동일한 지위를 가진다.

2) 국민의 기본권보장기관으로서의 지위

국민의 기본권이 국가권력에 의하여 침해된 경우, 그 구제를 할 수 있는 기본권의 최고보장기관이다. 국민의 기본권 보장은 헌법상의 재판권보장으로서 나타나는데, 기본권의 사법적 보장의 최고기관이 대법원이다.

3) 최고최종심법원으로서의 지위

대법원은 최고최종심법원으로서의 지위를 갖는다(제101조 제2항). 대법원의 관할권은 (i) 고등법원 또는 항소법원, 특허법원의 판결에 대한 상고사건, (ii) 항고법원, 고등법원 또는 항소법원, 특허법원의 결정·명령에 대한 재항고사건, (iii) 다른 법률에 의하여 대법원의 권한에 속하는 사건에 미친다(「법원조직법」 제14조). 그 외에도 대법원은 군사재판의 상고심이며(제110조 제2항), 선거소송의 시심이며 종심이다. 다만 예외로서 단심인 경우도 있다(제110조 제4항 참조).

4) 위헌법률심사제청기관으로서의 지위

대법원은 법률의 위헌 여부가 재판의 전제가 된 경우에 위헌법률심사를 헌법재판소에 제청하는 기관으로서의 지위를 갖는다.

5) 최고사법행정기관으로서의 지위

대법원은 최고사법행정기관으로서 기능한다. 대법관 전원으로써 구성되는 대법관회의는 (i) 판사의 임명에 대한 동의, (ii) 법원의 내부규율과 사무처리 기타 대법원규칙에 관한 사항, (iii) 판례의 수집·간행에 관한 사항,

(iv) 예산요구, 예비금지출과 결산에 관한 사항, (v) 특히 중요하다고 인정되는 사항으로서 대법원장이 부의한 사항, (vi) 다른 법령에 의하여 대법관회의의 권한에 속하는 사항 등에 관하여 의결할 권한을 가진다.

대법원장은 법관에 대한 인사권을 가진다. 또한 대법관에 대한 임명제청권을 가지며, 각급 법원판사에 대한 임명권을 가진다. 대법원장의 법원행정사무를 보좌하기 위하여 법원행정처를 둔다.

(6) 헌법재판소제도

헌법재판소는 준사법적 기관으로서 헌법보장기능을 전담하고 있다. 헌법재판소는 입법부의 위헌입법행위에 대해서는 위헌법률심사권을 가지고 이를 무효로 하게 함으로써 입법부의 위헌입법으로부터 헌법을 보장한다. 다음에는 정당의 위헌행위에 대해서는 정당행위의 위헌성 여부를 판단하며, 탄핵을 결정함으로써 공무원의 위헌행위로부터 헌법을 보장한다. 이와 같이 헌법재판소는 우리 헌법에 있어서의 헌법보장기관으로서 중요한 의의를 가지고 있다.

(7) 선거관리위원회

헌법 제114조는 선거의 공정관리가 민주정치의 가장 중요한 요소임을 감안하여 중앙선거관리위원회를 헌법기관으로 규정하고, 각급 선거관리위원회의 조직과 직무범위 등에 관한 규정을 법률에 위임하고 있다.

(8) 지방자치제도

국민주권주의는 국민의 자치를 이념으로 하며 국민의 자치를 실현하는 정치형식이 곧 의회제도와 지방자치이다. 따라서 지방자치는 근대국가에 있어서 민주주의적 요청에 의한 것이며, 지방행정은 곧 주민의 자치행정을 요구하고 있다. 그러므로 자치행정, 곧 지방자치는 아래로부터 위로의 민주주의의 기초를 의미한다.

지방자치란 지방자치단체로 하여금 지방의 행정을 행하게 하며, 그 지역의 주민이 지방자치단체의 조직과 운영에 참여하는 것을 말한다. 지방자치에는 주민자치와 단체자치 양자가 있다. 주민자치란 지방의 행정을 지역주민의 자주적 의사에 의하여 행하는 것으로서 정치적 의미의 자치라고도 한다. 단체자치란 국가 내의 일정한 지역단체가 자기의 의사와 자기의 기관에 의하여 그 지역의 공공사무를 처리함을 말하며, 법적 의미의 자치라고도 한다.

지방자치단체란 국가 내의 일정한 지역을 기초로 하고, 그 지역의 주민을 국법이 인정하는 범위 내에서 지배하는 권리를 가진 공법상의 법인으로서, 그 종류는 법률로 정한다(제117조 제2항). 지방자체단체는 의결기관인 의회를 두며, 지방의회에 관한 사항과 지방자치단체의 장의 선임, 지방자치단체의 조직과 운영에 관한 사항은 법률로 정한다(제118조). 지방자치단체는 주민의 복리에 관한 사무를 처리하고 재산을 관리하며, 법령의 범위 안에서 자치에 관한 규정을 제정할 권한을 가진다(제117조 제1항).

(9) 사회적 시장경제질서

우리 헌법은 복지사회적 시장경제주의를 근본원칙으로 삼고 있다. 헌법 제119조는 "국가는 균형 있는 국민경제의 성장 및 안정과 적정한 소득의 분배를 유지하고 시장의 지배와 경제력의 남용을 방지하며 경제주체간의 조화를 통한 경제의 민주화를 위하여 경제에 관한 규제와 조정"을 할 수 있도록 하고, "대한민국의 경제질서는 개인과 기업의 경제상의 자유와 창의를 존중함을 기본으로 한다"라고 하여 경제질서의 근본원칙을 명시하고 있다. 이것은 대한민국의 사회경제질서가 모든 국민의 인간다운 생활의 보장(제34조 제1항)에 그 목적이 있는 것을 천명한 것이며, 우리의 경제질서의 원칙이 빈익빈 부익부를 허용하지 않고 균등한 향상을 기하는 사회적 복지주의에 근거하고 있음을 입증해 주고 있다.

원칙적으로는 '자유와 창의'를 바탕으로 하는 자본주의적 경제질서가 그 본바탕이 될 것이나, 사회적 약자를 보호하기 위한 경제사회정책에 따라 어느 정도의 경제계획이 행하여지고 있다(제119조 제2항). 소비자보호운동을 보장하고(제124조), 경제적 약자의 자조조직을 육성한다(제123조 제5항). 농지의 소작제도는 원칙적으로 금지되며(제121조), 국가는 국민 모두의 생산 및 생활의 기반이 되는 국토의 효율적이고 균형 있는 이용·개발과 보전을 위하여 필요한 제한과 의무를 부과할 수 있다(제122조). 농업 및 어업을 보호·

육성하기 위하여 농·어촌종합개발과 그 지원 등 필요한 계획을 수립하며 지역사회의 균형 있는 발전을 기하고, 중소기업의 활동을 보호·육성하고 (제123조 제1항, 2항, 3항), 대외무역을 육성하며 이를 규제·조정할 수 있다 (제125조). 사영기업의 국유 또는 공유로의 이전이나 경영의 통제와 관리를 예외적으로 할 수 있다(제126조). 국가는 과학기술의 혁신과 정보 및 인력의 개발을 통하여 국민경제의 발전에 노력하여야 하며 이를 위하여 필요한 자문기관을 둘 수 있다(제127조).

제 2 장

행 정 법

제 1 절 행정법이론의 기초

1. 행 정

(1) 행정의 개념

행정이란 개념은 입법과 사법에 대한 개념이다. 입법이란 통치권에 기하여 법규를 제정하는 작용이고, 사법은 법규하에서 법률상의 쟁송을 재판하는 작용이다. 그리고 행정은 사법과 마찬가지로 법규하에서 국가목적의 실현을 의도하는 국가작용이다. 그러기에 입법작용은 국회가 담당하고, 사법작용은 법원이 담당하며, 행정작용은 정부가 각각 담당하게 된다. 이러한 입법, 사법 및 행정을 각각 국회, 법원 및 정부에 분담하도록 하는 것은 국민의 권리와 자유를 보장하려는 근대국가의 권력분립주의 사상에서 비롯된 것이다.

근대국가는 법치주의 원리를 바탕으로 국가권력이 작용하므로 정부의 권력작용인 행정은 국민주권에서 연원하는 입법의 밑에 있어야 하고, 행정작용으로써 입법작용을 침범할 수는 없다. 따라서 입법작용은 '법률의 정립'이고, 행정작용은 그 '법률의 집행'에 충실해야 한다. 그런데 법률에 의하여 규정되는 국민의 권리·의무는 일반적·추상적인 것에 불과하므로 이것만으로는 구체적으로 누가 어떠한 권리·의무를 가지느냐를 확정지을 수가 없다. 법률에 의하여 일반적·추상적으로 정하여진 국민의 권리·의무는 일정한 개인에 관하여 개별적인 작용을 거쳐서 현실화되는데, 이것이 곧 행정이다. 즉 입법은 일반적·추상적으로 국민의 권리·의무를 정하는 데 대하여, 행정은 그것을 개별적·현실적으로 정하는 작용인 것이다. 입법을 법률의 정립, 행정을 법률의 집행이라고 말하는 것은 입법과 행정 간의 이와 같은 관계를 의미하는 것이다. 근대국가에서 이와 같이 법률에 의해서 행정을 행하여야 하고 법률을 무시한 행정을 인정해서는 안된다는 원리를 '법치행정의 원칙'이라고 한다.

그런데 넓은 의미에 있어서의 행정은 국민의 권리·의무를 정하는 작용에 국한된다고 말할 수는 없다. 철도를 부설하고, 학교를 설립하고, 우체국을 개설하고, 그리고 도서관을 건립하는 등의 작용은 국민의 권리·의무에 직접 관계되는 것은 아니지만, 이러한 일들이 국가기관에 의하여 행하여질 때에는 그것도 또한 행정이라고 할 수 있다. 국민의 권리·의무에 직접 관계되지 않는 행정은 이론적으로는 법률의 집행이 아니기 때문에 법률의 근거를 요하지 않는 것이지만, 실제에 있어서는 이런 면까지도 법률은 제정되어 있으며, 여기에서도 행정은 법률의 제한을 받게 된다. 이러한 행정을 일반적으로 실질적 의미의 행정이라고 부른다. 이에 대하여 형식적 의미의 행정이란 행정의 주체를 중심으로 한 개념인데, 우리나라에서는 행정권이 행정부에 속해 있으므로, 형식적 의미의 행정은 행정부에 속하는 기관에서 행하는 모든 작용을 의미한다. 다만, 형식적 의미의 행정에서는 실질적 의미의 행정 외에도 행정부의 행정상 입법권과 같은 실질적 입법작용도 포함되어 있음을 인식할 필요가 있다.

(2) 현대행정과 행정법

현대행정의 일반적인 특징은 행정권의 강화라고 말할 수 있다. 즉 현대국가는 종래 그 위세를 자랑하고 있던 입법국가에서보다는 행정국가의 형태에서 그 기능적 만족을 찾으려는 경향이 있다. 이러한 경향과 발전은 정치학의 문제일 뿐만 아니라, 그것은 동시에 현대행정의 발전과정을 설명하는 것으로서 행정학 내지 행정법학의 중대한 과제가 되지 않을 수 없다. 모든 사회과학이 그러하듯이 행정법학도 생성하는 현실에 입각하여 그 이론이 구성되어야 함은 물론이며, 이러한 의미에서 볼 때 현대 행정법학은 무엇보다도 그 기반이 되는 현대행정 그 자체의 성격과 배경의 파악이 필요하다.

근대 자유주의적 국가의 목적은 매우 제한적이었다. 즉 국가의 목적은 극히 제한적이어서 국민의 자유와 재산을 보호한다는 소극적 임무에 한하는 것이요, 결코 적극적으로 국민의 정신적·물질적 생활을 풍요롭게 하는 데 관해서는 국가는 이에 간섭할 수 없다는 것이다. 이러한 목적제한의 국가를 야경국가라고 라살레(Lassalle)는 말하고 있다. 이러한 처지에 있는 국가의 행정은 극히 미약한 것이 되지 않을 수 없었고, 그 개념도 극히 소극적인 것이 되지 않을 수 없었다. 말하자면 "최소의 행정이 최대의 정치이다"라는 말이 적합한 시대였던 것이다.

그러나 19세기 후반 이래 급속히 발전한 자본주의는 사회・경제적 생활에 복잡한 문제를 야기시킨 동시에 사회생활의 현실 그 자체는 자유주의적 이데올로기 때문에 그 균형성을 상실하였던 것이다. 특히 기술의 발달, 인구의 급격한 증가, 자본의 집중과 기업의 독점 등으로 인한 무산대중의 궁핍화는 종래와 같은 자유방임의 정책으로서는 해결할 수 없게 되었으니, 여기에 공공복리를 이유로 하는 국가생활의 확대를 제도화하지 않을 수 없게 되었던 것이다. 또한 국민의 모든 일상생활은 국가적인 의미에서 고찰되어야 하고, 국민의 복지향상을 위한 모든 생활관계는 국가의 거대한 통제하에서 규율되고 있는 실정이다. 다시 말하면 국가의 통제적 기능에 의하여 규율될 수밖에 없는 국민의 사회생활이 다름 아닌 국가의 행정작용이며 행정의 영역이다.

따라서 오늘날 행정기능 확대 내지 행정권 강화는 필연적인 사실이거니와 그렇기 때문에 그것은 또한 합리적이고도 능률적이어야 하는 동시에, 철저한 민주적 통제가 가능한 것이어야 한다. 특히 행정의 효율화와 그에 대한 민주적 통제는 행정에 관한 두 개의 중대한 문제로서 제기되고 있다는 것을 잊어서는 안된다.

현대행정의 효율화는 주로 행정학에서 다루는 문제이고, 행정의 민주적 통제는 주로 행정법학에서 다루는 문제이다. 행정의 민주적 통제를 가능케 하는 순수한 법치주의 사상이 행정의 원리로서 실현되기 위해서는 (i) 행정의 적법성, (ii) 행정에 대한 국민의 권리보장, (iii) 공무원의 민주화 등의 세 가지 점이 확보되어야 한다. 따라서 행정법은 행정의 민주적 통제에 관한 법이라고 말할 수 있다.

2. 행정법

(1) 행정법의 개념

행정법이라는 개념에는 여러 가지의 의미가 포함되어 있다. 가장 넓은 의미로 해석할 때에는 행정에 관한 전체의 법규를 행정법이라고 볼 수 있는데, 이러한 견해에 따른다면 행정법에는 예외로 민사법 또는 형사법도 이에 포함될 수 있다. 그러나 행정법의 개념을 좁은 의미로 해석하면 행정에 관한 법규로서 다른 법규, 즉 헌법・민법・형법과는 완전히 구별되는 독자성과 고유성을 띠고 있는 법체계를 확립하기 위한 견지에서 설명되는 것이다. 이것을 좀 더 구체적으로 설명하면 다음과 같다.

1) 행정법은 행정에 관한 법이다

행정법은 행정에 관한 법이라는 점에서 헌법과 구별되고, 입법법(국회법, 국회사무처법 등), 사법법(법원조직법, 민사소송법, 형사소송법 등) 등과도 구별되는 것이다.

헌법은 국가의 기본법으로서 국가를 중심으로 하는 개념인데 반하여, 행정법은 국가통치권의 일부인 행정권을 중심으로 하는 개념이다. 그러나 헌법과 행정법은 상호 대립의 관계에 있는 것이 아니라, 헌법의 기초 위에서 행정법은 성립하는 것이다. 따라서 헌법은 기초법이고, 행정법은 그 중 행정에 관한 부분만을 상세히 정하고 있다는 차이가 있을 뿐 양자 간의 한계를 뚜렷이 구분하기가 어렵다. 행정법은 입법권의 조직과 작용에 관한 법인 입법법과 구별된다.

또한 행정법은 사법법과 구별된다. 이 양자의 구별은 행정법은 행정권에 관한 법이요, 사법법은 사법권에 관한 법이라는 점에 있다. 그러나 행정법이 입법법이나 사법법과 언제나 무관한 것은 아니고 밀접한 관련을 가지기도 한다(행정입법, 행정형벌).

2) 행정법은 행정에 관한 공법이다

옐리네크(Jellinek)가 말한 바와 같이 행정법은 행정에 관한 법의 전부가 아니라, '행정에 관한 고유한 법'만을 말하는 것이다. 넓은 의미로 볼 때, 행정은 국가 또는 공공단체와 같은 행정권의 주체가 공적 입장에서 행하는 작용(경찰, 조세 등)뿐만 아니라, 사인과 똑같은 입장에서 행하는 사경제적 작용(물품구입, 건물임대 등)도 그에 포함되는 것이다. 그러나 후자의 경우에는 국가 또는 공공단체도 사인과 마찬가지로 사법의 적용을 받지 않을 수 없는 까닭에 행정법은 이와 같은 사인과 같은 입장에 있는 국가 또는 공공단체에 적용되는 법은 제외하는 것이다. 즉 행정법은 넓은 의미의 행정에 관한 법에서 사법을 제외하고, 오로지 행정에 관한 고유한 법인 공법만을 말하는 것이다.

3) 행정법은 국내법이다

행정에 관한 법을 행정법이라고 한다면, 외교도 행정의 일부이기 때문에 그것을 규율하는 국제법도 역시 행정법이 아니면 안된다. 그러나 행정법은 오로지 국내행정에 관한 법이며, 국제법과 대립되는 개념이다. 따라서 행정법의 대상이 되는 행정은 국가의 대내적인 것만을 의미하고 대외적인 것은 포함하지 않는다. 그러나 국제법과 국내법은 결코 관계가 없는 것은 아니다. 우리 헌법 제6조 제1항은 "헌법에 의하여 체결·공포된 조약과 일반적으로 승인된 국제법규는 국내법과 같은 효력을 가진다"라고 규정하고 있으므로, 이러한 요건을 충족하는 행정에 관한 국제적 규정은 그 공포·시행과 동시에 일반 국내행정의 법원으로서의 의미를 갖게 될 것이고, 행정법의 일부를 구성하게 될 것이다(범죄인인도조약, 국제노동조약, 우호통상항해조약 등). 이와 같이 행정법은 국제적 규율의 제약하에서도 성립될 수 있는 것이므로 그것을 무시해서는 행정법의 종합적인 이해를 할 수 없을 것이다(마약퇴치작용).

(2) 행정법의 기본원리

1) 법치행정의 원리

행정법의 기본원리 가운데 가장 중요한 것은 법의 지배(rule of law) 또는 법치행정이라고 할 수 있다. 그것은 행정의 관념은 원래 권력분립을 근거로 성립하였으며, 권력분립은 법치주의에 의하여 조직되었기 때문이다. 따라서 행정은 곧 법치행정을 의미하게 되고, 법의 지배(법치주의)는 행정법과 밀접한 관계를 갖게 된다.

법률에 의한 행정 내지 법치행정이란 첫째, 행정이 법에 의하여 행하여지지 않으면 안된다는 원칙, 즉 행정의 조직과 작용에 관한 것들은 모두 법으로 정해야 된다는 원칙이다. 따라서 모든 행정은 국회에서 제정한 법률에 적극적이든 소극적이든 간에 위반해서는 안되며(법률의 우위), 국민의 자유와 권리를 침해하는 행정권의 발동은 법을 전제로 하여 법에 종속됨을 요하며(법률의 유보), 국민의 권리와 자유를 제한하거나 새로운 의무를 부과하는 규정은 국회의 법률로써만 제정할 수 있다(법률의 법규창조력).

둘째, 법치행정은 실질적인 보장을 위하여 사법심사제가 확보되어야 한다. 먼저 국회가 제정한 법률은 합헌성이 요구된다. 만약 법률이 위헌인 경우 그것을 심사하여 그를 실효시키지 않는다면, 법률에 의한 행정이란 오직 형식적일 뿐이므로 위헌법률심사제도가 필요하다. 다음에 국가기관은 법에 따라 행정을 하지만, 때로는 법을 어겨 위법・부당한 행정을 행하는 수가 있다. 이 경우 국민이 입은 손해는 보상되지 않으면 안된다.

이에 대한 구제는 행정기관에 의해서도 이루어질 수 있으나, 독립한 재판기관인 법원의 사법심사에 의하여 가장 실효성 있는 보장을 받는다.

2) 민주행정의 원리

행정법의 기본원리의 하나로서 민주행정의 원리를 들 수 있다. 헌법상에도 "공무원의 국민 전체에 대한 봉사자로서의 지위"(제7조 제1항)를 규정하여 이 원리를 뒷받침하고 있다. 이와 같이 행정의 완전한 민주화는 행정작용이 시민의 손 안에 놓여 있는 것을 의미한다. 그러므로 행정의 민주화 없이는 민주행정을 논할 수 없을 것이다. 그러나 행정기능의 본질상 민주주의와 결부되기 어려운 점도 있다. 특히 오늘날 필연적인 전문화・기술화・능률화・관료화의 경향은 그와 같은 성격을 강하게 나타내고 있다.

3) 복리행정의 원리

현대의 국가는 복리국가, 사회국가라 할 수 있으며, 이에 따라 행정도 복리행정을 지향하게 되었다. 복리행정이란 공공복리의 실현을 목적으로 국가가 국민생활에 적극적으로 관여하여 국민의 인간다운 생활을 보장하려는 행정이다. 우리 헌법은 전문에서 "국민생활의 균등한 향상을 기한다"고 선언하고, 제34조 제1항에서 "모든 국민은 인간다운 생활을 할 권리를 가진다"고 규정하여 생존권적 기본권을 보장하였으며, 제9장 경제편에서는 "국가는 균형 있는 국민경제의 성장 및 안정과 적정한 소득의 분배를 유지하고 시장의 지배와 경제력의 남용을 방지하며, 경제주체간의 조화를 통한 경제의 민주화를 위하여 경제에 관한 규제와 조정을 할 수 있다"(제119조 제2항)고 규정하여 복지행정의 원리를 선언하고 있다.

(3) 행정법의 종류

행정법은 국가의 행정법과 공공단체의 행정법으로 대별할 수 있다. 그러나 학문상으로나 실제상으로 가장 중요한 행정법의 종류는 행정조직법과 행정작용법이라고 하겠다. 간혹 전자를 형식적 행정법이라 하고, 후자를 실질적 행정법이라고도 한다.

1) 행정조직법

행정조직법이란 행정에 관한 내부의 조직과 권한을 규율하는 법으로서 국민에 대하여 행정을 하기 위한 전제로서 행정기관 자신의 내부관계를 조직하는 법이다. 즉, 행정관청의 설치, 행정기관의 구성 및 권한을 정하는 법이다. 직제로써 표현되는 것이 바로 그것이다. 이런 취지에서 헌법은 "행정 각부의 설치·조직과 직무범위는 법률로 정한다"(제96조)라고 규정하였고, 그 외의 보조기관은 대통령령으로 정하도록 되어 있다. 현행 행정조직법의 중요한 것을 들어 보면 「정부조직법」, 「지방자치법」, 「국가공무원법」 및 「지방공무원법」과 대통령령으로 정한 각종 직제(국무총리실과 그 소속기관직제, 고용노동부와 그 소속기관직제 등)가 있다.

2) 행정작용법

행정작용법이란 행정에 관하여 외부 국민에 대한 관계를 규율하는 법으로 본래 의미의 행정법이기도 하다. 국가 또는 공공단체의 지도성은 국민에 대한 외부적 규율에 의해서만 표현되는 것이고, 그로써 행정의 목적이 단적으로 달성될 수 있다고 본다. 이 외부적 작용을 규율하는 행정법은 행정권의 담당자로서 국가 또는 공공단체가 국민에 대하여 행정을 함에 필요한 모든 권리·의무를 정하는 국법을 의미한다. 현행 행정작용법의 중요한 것을 들어 보면, 국가안전보장을 위한 각종 군사법, 공공의 질서유지를 위한 각종 경찰법 그리고 공공복리를 위한 각종 복지행정법이 있다.

3) 행정절차법

행정절차법은 행정청이 어떠한 행정적 결정을 하기 전에 반드시 거쳐야 하는 절차를 규정하는 법을 말한다. 행정절차는 가장 좁게는 행정에 관한 제1차적 결정, 즉 행정처분에 필요한 절차를 의미하기도 하지만, 최근에 와서는 행정입법, 행정심판 그리고 행정조직에까지도 이러한 절차가 확대되어 그것들을 종합하여 규정하는 법이 외국에서 유행되고 있다.

행정절차법은 행정작용법에 못지않게 중요한 법이라고 할 수 있다. 그 까닭은 행정절차법은 관료적이고 독선적인 행정에서 파생되는 여러 가지 폐단을 사전에 시정할 수 있는 방법을 보장해 주기 때문이다. 확실히 행정절차는 행정에 대한 민중통제를 더욱 효과 있게 하고, 위법·부당한 행정을 미연에 방지할 수 있는 구제수단이 될 수 있다. 이러한 사전적인 구제절차를 실질적 쟁송과 비교하여 형식적 쟁송이라고도 한다.

행정절차의 주된 내용은 행정처분에 선행하는 이해관계인에 대한 사전통지와 청문이다. 이 외에 재결·재정 등과 같은 준사법적 행위에 있어서 재결기관의 공정성을 확보하는 절차가 있고, 또 재결·결정에는 반드시 이유를 붙이도록 하는 절차가 있다.

4) 행정구제법

법치주의의 원칙은 모든 행정이 법률에 근거하고 그에 추종해야 된다는 주장일 뿐만 아니라, 위법한 행정에 의하여 국민의 권리가 침해되었을 경우에는 지체없이 이를 시정함과 동시에 침해된 권리를 구제하는 수단이 완비될 것을 요구한다. 따라서 이러한 구제수단이 불완전할 때에는 그만큼 법치주의는 유명무실해질 것이다. 이러한 의미에서 행정구제법은 가장 중요한 행정법 분야가 되는 것이다.

행정법이 보장하는 구제수단은 대체로 세 가지를 들 수 있다. 행정쟁송제도, 행정상의 손해배상제도 및 손실보상제도가 그것이다. 행정쟁송제도라 함은 행정청의 위법·부당한 하명 또는 금지처분을 사법적 절차에 따라 취소하거나 무효케 하는 구제수단이고, 행정상의 손해배상제도라 함은 공무원의 직무상 불법행위로 인하여 개인이 손해를 입었을 경우에 국가 또는 공공단체가 배상의 책임을 지는 구제수단이며, 그리고 행정상의 손실보상제도라 함은 공공의 필요에 의한 재산권의 수용·사용 또는 제한으로 인하여 어느 개인이 특별한 희생을 입었을 경우에 공평부담의 원칙에 따라 그 손실을 보상해 주는 구제수단이다.

우리 헌법은 위의 세 가지 구제수단을 보장하고 있지만, 이에 관한 행정구제법은 실효성을 충분히 발휘할 수 있을 만큼 그 내용이 구비되어 있지 않다. 현행 행정구제법의 중요한 것을 들어보면 「행정심판법」, 「행정소송법」, 「국가배상법」 그리고 「공익사업을 위한 토지등의 취득 및 보상에 관한 법률」 등이 있다.

(4) 행정법의 특성

행정법은 주로 국가행정의 조직 및 작용에 관한 다양한 법규의 집합체이며, 통일적인 법전을 이루고 있는 것은 아니다. 그러나 독자적인 법으로 관념되기 위해서는 어떠한 독자적인 통일된 공통원리가 행정법에 내재해야 할 것이다. 행정법에 공통된 특성으로서는 다음과 같은 것을 들 수 있다.

1) 자유재량성

행정법은 법규의 범위 내에서 행정기관에 대하여 광범위한 자유재량의 여지를 부여하고 있다. 행정법은 구체적인 국가목적의 실현을 목적으로 하는 공법이므로 특정 사건에 대한 법의 적용·해석을 목적으로 하는 사법에 비하여 상대적으로 법적 구속이 완화되어 있다. 그러나 행정법이 자유재량성을 가지는 법이라 하더라도 법으로부터 자유로운 행정을 의미하는 것은 아니다.

2) 획일성

행정법과 사법을 비교하여 보면, 일반적으로 사법이 소위 사적 자치와 계약자유의 원칙에 의하여 당사자간의 자주적 결정을 특징으로 하는데 대하여, 행정법은 행정의 목적을 달성하기 위하여 개인의 의사에 구애되지 아니하고 다수의 상대방에 대한 획일적인 취급으로 나타난다. 그 이유는 행정법이 국민 개개인의 이익보다도 공공의 이익을 존중하기 때문이다.

3) 강제성

행정법은 행정목적의 달성을 위하여 당사자의 의사를 무시하고 일방적·획일적인 취급을 하기 때문에 강제성을 가지는 경우가 많다.

4) 명령성

행정법은 법률상의 능력의 변동에 관한 능력규정(효력규정)보다도 의무를 명하는 명령규정이 많은 법 분야이다. 그러기에 행정권의 주체인 국가나 공공단체는 국민과 대등한 입장에서가 아니라 국가의 권력을 행사하는 지배자로서 의무를 명하고 제재(행정벌)를 과하게 된다. 이러한 점에서 사인 상호간의 권리주체의 평등성을 전제로 한 사법과는 판이하다.

5) 기술성

행정법은 국가목적의 실현을 위하여 기술적 수단 내지 절차로써 이바지하기 때문에 그것을 위하여 공정한 이해의 조정, 능률추구 등의 기술성과 수단성이 요청된다.

(5) 행정법관계의 특성

행정법(공법)관계란 행정법에 의하여 규율되는 법률관계를 말한다. 행정법관계는 공권-공무원관계 또는 행정주체-국민 간의 법률관계를 의미한다. 국가는 우월한 지위에 서게 되므로 행정법관계는 대등 당사자간의 법률관계를 규율하는 사법관계와는 대조적인 특성이 있다.

1) 행정행위의 공정성(공정력)

행정법관계에서 일단 성립된 국가의사는 그것이 비록 하자가 있다 하더라도 권한 있는 기관에 의하여 취소될 때까지는 적법성의 추정을 받게 되어 누구도 그 효력을 부정할 수 없는 힘을 가진다. 이것을 행정행위의 공정성이라 한다. 따라서 행정쟁송을 제기하더라도 행정행위의 공정성 때문에 행정행위의 효력이 정지되는 것은 아니고, 일단 그대로 집행되는 것이 원칙이다.

2) 행정행위의 확정성(확정력)

행정행위가 있은 후 일정한 기간의 경과 또는 기타 사유로 인하여 그 상대방은 행정행위의 효력을 다툴 수 없게 되는 힘(불가쟁력)이 생기며, 또 어떤 행정행위는 그 행위를 한 행정청 스스로가 그 효력을 변경할 수 없는 힘(불가변력)을 가진다. 이것을 행정행위의 확정성이라 한다.

3) 행정행위의 강제성

행정법관계에 있어서는 행정행위에 위반하여 그 의무를 이행하지 않는 자에 대하여 사법관계에서처럼 법원에 소를 제기하여 강제집행을 청구할 필요는 없고, 행정기관 자신이 스스로 강제집행할 수 있는 것이 보통이다. 예컨대, 국세체납의 경우에 법원의 판결 없이 바로 납세자의 재산을 압류할 수 있는 것과 같다. 그러나 행정상의 강제집행도 법규에 근거가 있는 경우에 한하여 할 수 있는 것은 물론이다.

4) 공권의 의무성

사법관계에 있어서는 권리와 의무가 표리관계에 있고 일방의 권리는 타방의 의무인 것이 원칙이지만, 공법관계에 있어서는 국가와 국민은 공통한 이해관계를 가지고 있다(교육을 받을 권리는 동시에 의무다). 따라서 공권은 동시에 의무이며, 포기할 수 없는 것이 원칙이다. 이것은 국가 또는 공공단체가 가지고 있는 공권에 관해서도 마찬가지이다. 예컨대, 경찰권이나 재산권이나 토지수용을 할 수 있는 특권 등은 그것을 공공의 복리를 위하여 행사하여야 한다고 하는 의무를 수반하는 것이다.

5) 행정상의 권리·의무의 특수성

행정상의 권리·의무란 국가가 국민에 대하여 가지는 국가적 공권(조세징수권), 국가적 공의무(교육을 시켜 줄 의무)와 개인이 국가에 대하여 가지는 개인적 공권(참정권) 그리고 개인적 공의무(병역의무) 등을 말하는데, 이들 공권·공의무는 다같이 공익의 실현을 내용으로 하므로 권리인 동시에 의무라는 상대적인 성격을 갖는다.

6) 행정법관계에서의 권리구제의 특수성

행정법관계에 있어서는 상대방인 국민이 국가의 행위에 대하여 불복하는 경우에 쟁송(행정심판, 행정소송)을 제기할 수 있다. 특히 행정관청을 피고로 하여 법원에 쟁송을 제기하기 전에 행정심판의 청구를 하여야 할 것으로 되어 있는 경우가 있는데, 이 때에는 그 절차를 밟은 연후에 그래도 불복인 때에 비로소 법원에 소송을 제기할 수 있다.

7) 특별권력관계

국민은 국가 또는 지방공공단체의 일반적 통치권에 복종하는 이외에 흔히 공법상의 특정목적을 위하여 인정되는 특별권력에 복종해야 할 경우가 있다. 전자를 일반권력관계라고 말하며, 후자를 특별권력관계라고 말한다. 전자는 일반통치권에 복종하는 모든 자에 관하여 당연히 성립되는 관계이고, 후자는 특별한 법률원인에 의하여 공법상의 특별목적에 필요한 한도 내에서 일방이 타방을 포괄적으로 지배할 수 있고, 타방이 이에 복종하여야 할 것을 내용으로 하는 관계이다. 국가공무원 또는 지방공무원이 국민으로서 국가의 통치권에 복종하는 것 이외에 국가공무원 또는 지방공무원이라는 특수한 지위에서 국가의 특별한 권력에 복종하고, 이로부터 여러 가지 제약을 받으며, 국립대학의 학생이 국민으로서 국가의 통치권에 복종하는 이외에 학생으로서 대학의 원칙에 복종하고, 이로부터 여러 가지의 제약을 받는 것 등이 그 예이다.

특별권력관계는 직접 법률에 의하여 성립하는 수도 있고(입대, 죄인의 수감, 전염병 환자) 상대방의 동의에 의하여 성립하는 경우도 있지만(공무원의 임명, 국립학교 학생의 입학 등), 어느 경우이든 간에 일단 그 관계가 성립되면 공법상의 특정 목적을 위하여 필요한 한도 내에서 특정한 지위에 있는 자에게 포괄적인 지배권이 인정된다. 이러한 특별권력관계에서 인정되는 권력은 그 목적을 실현하고 내부질서를 유지하기 위하여 명령권(근무법규, 직무명령, 감사명령 등)과 징계권이 있다.

그러나 이러한 권력은 결코 제한 없이 행사할 수 있는 것이 아니고, 언제나 법치주의의 지배를 받게 된다. 즉 특별권력관계를 설정한 목적에 비추어 사회통념상 합리적이라고 인정되는 범위 안에서만 발동되어야 할 것이다. 특히 특별권력관계에 있는 자의 기본권의 보장에 대해서는 일반인과 달리 그 특별목적에 합리적인 제한은 용인된다고 하더라도 헌법이 보장하고 있는 기본권의 본질적인 내용은 침해할 수 없다.

제 2 절 행정조직법

1. 서 설

행정조직법은 행정기관의 조직에 관한 법이다. 국가행정은 본래 국가의 행정기관을 통하여 행하여짐을 원칙으로 한다. 이것을 중앙집권주의에 의한 관치행정이라 한다. 그 특징은 여러 행정기관의 활동을 중앙에서 통할하고, 각 행정기관 상호간의 마찰을 피하며, 일정한 국가목적을 위하여 유기적으로 행정사무를 진행시켜 나가려는 데 있다.

그러나 행정사무는 지역적 또는 특수한 사정 등으로 인하여 중앙기관에 직할하지 아니하고 각 자치단체로 하여금 영위케 함이 이상적이라는 관점에서, 행정조직은 국가행정조직과 지방행정조직으로 대별할 수 있다. 또한 국가 또는 지방자치단체로부터 권한을 위임받은 단체가 있는데, 이는 각종 공사(한국조폐공사, 한국은행 등)가 그 예이다. 이러한 것은 위임행정이라 하여 행정조직법에 포함된다.

2. 국가행정조직법

국가행정조직은 원칙적으로 국가행정을 담당하기 위한 국가 자신의 행정기관조직을 말한다. 국가행정은 국가 자신의 행정기관이 원칙적으로 담당하고 있으므로 국가행정조직법은 국가행정기관의 조직을 의미하게 된다.

국가행정기관은 국가의 행정사무를 담당케 하기 위하여 국가에 의해 설치된 국가 자신의 행정기관을 말한다. 국가행정기관이라는 말은 두 가지 의미로 파악될 수 있는데, 이는 넓게 파악하면 국가의 행정을 담당하는 모든 기관을 의미하고, 좁게 파악하면 국가의 행정에 관하여 국가의 의사를 결정하고 표시하는 기관, 즉 행정관청을 의미한다. 이에 국가의 행정기관 중에서 가장 중요한 것은 이 행정관청인 것이다.

(1) 국가행정기관의 종류

1) 행정관청

행정관청(행정청)이란 법률에 의하여 주어진 권한의 범위 내에서 행정에 관한 국가의사를 결정・표시하는 권한을 가진 행정기관을 말한다. 여기에는 중앙행정조직의 부・처・청의 장 및 지방자치행정조직의 특별시・광역시・특별자치시・도・특별자치도・시・군・구의 장 등이 이에 포함된다. 행정관청은 행정조직의 중심이 되는 기관이며 가장 중요하다.

2) 보조기관

보조기관은 스스로 행정에 관한 국가의사를 결정・표시할 권한이 없고, 행정관청(또는 행정청)에 소속되어 그 권한의 행사를 보조하는 것을 임무로 하는 행정기관이다. 다만, 이 보조기관도 행정관청의 위임이나 법률상 당연히 행정관청을 대리하는 경우에는 그 범위 안에서 행정관청의 지위를 가지게 된다. 보조기관의 설치 및 그 사무분담은 법률로써 정하는 것이 원칙이다.

3) 자문기관

자문기관은 행정관청의 자문에 응하거나 자진하여 행정관청의 의사결정에 참고될 의견을 제공하는 것을 임무로 하는 행정기관이다. 자문기관은 스스로 국가의 의사를 결정할 수 있는 권한이 없으며, 또한 행정관청이 자문기관의 의사에 법적으로 구속되지 않는다는 점에서 의결기관과 다르다. 여기에 속하는 것으로는 위원회, 심의회 등이 있으며, 합의제인 것이 보통이다.

4) 의결기관

의결기관은 행정관청이 표시할 국가의사를 의결의 형식으로 결정하는 권한을 가진 합의제행정기관이다. 각종 징계위원회, 소청심사위원회 등이 이에 속한다. 의결기관은 의사를 외부에 표시할 권한이 없는 점에서 행정관청과 구별되며, 그의 의결에 행정관청이 구속된다는 점에서 자문기관과 다르다.

5) 감사기관

감사기관은 행정기관의 사무 또는 회계를 감사하여 그 비위를 적발・시정함을 임무로 하는 행정기관이다. 감사원이 이에 속한다.

(2) 중앙행정기관

중앙행정기관이란 그 권한이 전국에 미치는 기관을 말한다. 여기에는 대통령, 국무회의, 국무총리 및 행정각부가 있다.

1) 대통령

대통령은 중앙행정기관의 정점에 있는데, 행정조직권을 가지며 최고행정관청의 지위에 있다.

2) 국무회의

정부의 권한에 속하는 중요한 정책을 심의・의결하기 위한 헌법상의 기관이다.

3) 국무총리

대통령의 일차적인 보좌기관이며, 대통령의 명을 받아 행정각부를 통할하는 행정관청이다. 또한 행정각부의 장의 상급관청이고, 행정각부의 사무를 조정하고, 그리고 어느 부에도 담당시키는 것이 불합리한 사무 또는 행정각부에 분담되지 아니한 행정사무를 담당한다.

4) 행정각부

행정각부는 대통령과 그의 명을 받은 국무총리의 통할하에 정부의 권한에 속하는 행정사무를 부분별로 집행하는 중앙행정기관이다. 행정각부에는 행정자치부, 외교부, 교육부, 법무부, 국방부 등 17부가 있다.

(3) 지방행정기관

지방행정기관은 국가행정기관 중에서 그 권한이 일부 지역에만 미치는 기관을 말한다. 지방행정기관은 맡고 있는 사무의 일반성과 특수성에 따라 보통지방행정기관과 특별행정기관으로 나누어진다.

1) 보통지방행정기관

특정한 중앙행정기관에 소속되지 아니하고, 관할구역 내에서 국가의 보편적인 행정사무를 일반적으로 담당하는 지방행정기관을 말한다. 그런데 이것은 국가지방행정기관인 동시에 지방자치단체의 집행기관인 지위를 가지고 있다. 특별시·광역시·특별자치시·도·특별자치도·시·군·구의 장이 이에 해당한다.

2) 특별행정기관

특별행정기관은 특정한 중앙행정기관에 소속되어 그 기관이 맡고 있는 사무만을 특히 담당하는 지방행정기관을 말한다. 여기에는 지방경찰청, 지방국세청 등이 있다.

3. 자치행정조직법

(1) 서 설

1) 자치행정의 의의

자치행정이란 독립적 법인격을 가진 공법인이 국가에서 독립하여 일정 지역의 행정사무나 또는 특정 지역의 행정사무를 그 구성원의 참여하에 처리하는 것을 말한다.

2) 자치행정의 장점

자치행정은 다음과 같은 장점을 가지고 있다. 첫째, 널리 자치를 인정하는 것은 민주주의의 요청에 합치되며, 국가의 정치도 결국 주권을 가진 국민의 자치인 것이므로 국민은 먼저 지방자치에서 자치의 훈련을 받고 자치의 묘미를 체득하여 이를 국가정치에까지 연장시킬 수 있다.

둘째, 중앙정부나 국회는 각 지방의 미세한 사정에 꼭 알맞는 처리를 하기가 곤란하므로 미세한 점에 관하여는 지방주민의 자치에 맡김으로써 적절한 처리를 할 수 있다.

셋째, 지방자치는 작은 구역 내에서 행하는 자치이며, 또 지방자치의 대상이 되는 것은 주민의 생활에 밀접한 관계가 있는 사항이 많아서, 지방자치에서는 주민이 자치의 묘미와 효과를 빨리 이해할 수 있으므로 자연히 주민의 자치정신을 훈련하게 된다. 그러나 이러한 장점에도 불구하고 지방재정의 궁핍, 교통 · 통신의 발달 및 산업구조의 변천으로 인한 각 지방의 동질화와 그리고 행정의 전국적 통일성의 필요로 현대국가의 지방자치가 위기에 봉착한 느낌도 있다.

3) 자치행정의 주체

자치행정의 주체는 공공단체이다. 공공단체는 국가의 감독하에서 국가로부터 그 존립목적을 부여받은 법인이다. 공공단체 또는 자치단체 또는 공법인이라고도 부른다.

공공단체에는 다음의 세 가지가 있다.

① 지방자치단체

특별시, 광역시, 특별자치시, 도, 특별자치도, 시, 군, 구와 같이 일정의 지역을 구성요소로 하는 공법인이다. 즉 국가 아래서 일정의 지역을 기초로 하며, 그 지역 내에 거주하는 모든 주민을 그 구성원으로 한다. 지방자치단체는 집행기관과 의결기관으로 나누어져 있다. 집행기관이란 지방자치단체의 장과 하급행정기관을 의미하며, 읍・면・동장 및 그 보조기관으로 구성되어 있다. 지방자치단체의 의결기관으로는 지방의회와 교육위원회가 있다. 한편, 지방자치단체의 장은 당해 지방자치단체의 대표로서의 지위에서 지방자치단체의 업무를 관장하지만, 다른 한편으로는 국가행정기관으로서의 지위에서 국가위임사무를 수행한다. 이를 지방자치단체의 장의 이중적 지위라 한다.

② 공공조합

국가의 목적을 가진 일정의 조합원 또는 사원을 구성요소로 하는 사단법인인 공공단체이다. 공사단이라고도 부른다. 사단법인인 점에 있어서는 사법상의 사단법인과 같지만, 그 존립목적이 공공성을 가진다는 점에서 구별된다. 따라서 공공조합은 공법상의 사단법인인 것이다. 농지개량조합, 상공회의소, 농업협동조합 그리고 수산업협동조합 등이 이에 속한다.

③ 영조물법인

영조물이란 일정한 행정목적을 달성하기 위한 인적・물적 결합체를 말하며, 이에 대하여 공법상의 법인격을 부여한 경우 이를 영조물법인이라 한다. 이러한 영조물을 설립・운영하는 이유는 국가가 직접 공행정을 수행하는 경우에 적용되는 인사, 예산회계 등에 관한 공법상의 엄격한 제약에서 벗어나 사기업에 유사한 합리적・능률적인 경영을 보정하기 위한 것이다. 영조물법인에 대한 일반법으로 지방공기업법이 있으며, 현행법상 각종 공사나 특수은행이 이에 해당한다.

④ 공법상의 재단

행정주체가 출연한 재산을 관리하기 위하여 공법상의 근거에 의하여 설립된 재단법인으로서 국가의 감독하에 있는 공공단체이다. 공법상 재단은 재산결합체가 중심적인 요소이기 때문에 그 인적 구성과 행정은 부수적인 것으로서 그 수혜자를 위한 것일 뿐이다. 따라서 공법상의 재단에는 공공조합처럼 인적 결합이 없고, 영조물법인처럼 일반적 이용자도 없으며, 다만 그 지원을 받는 수혜자만 있다. 한국연구재단 등이 이에 해당한다.

(2) 지방자치단체

지방자치에 관하여는 헌법 제8장에 기본원칙이 규정되어 있고(제117조, 제118조), 지방자치단체의 종류와 지방의회의 조직, 권한, 의원선거, 지방자치단체의 장의 선임방법 기타 상세한 사항은 「지방자치법」과 「공직선거법」에 규정되어 있다.

1) 지방자치단체의 종류

지방단체는 일반지방단체와 특별지방단체로 나눌 수 있다. 일반지방단체는 그 사무가 일반적 성격을 가진 지방단체이며, 특별시·광역시·특별자치시·도·특별자치도와 시·군·구가 이에 속하며, 특별지방단체는 그 사무가 특수한 성격을 가진 지방단체로서 자치단체조합이 이에 속한다. 여기에서는 일반자치단체에 관해서만 설명하기로 한다.

2) 지방자체단체의 주민

지방자치단체의 구역 내에 주소를 가진 자는 그 자치단체의 주민이다. 대한민국 국민이거나 외국인이거나를 불문하고, 또 연령·행위능력의 여하를 불문한다. 주민은 법령이 정하는 바에 의하여 소속 자치단체의 재산과 공공시설을 사용할 권리가 있고, 그 자치단체의 비용을 분담할 의무를 진다. 또 대한민국 국민인 주민과 외국국적의 주민은 일정한 요건하에 그 지방자치단체에의 참정권을 가진다.

3) 지방자치단체의 사무

지방자치단체의 사무에는 고유사무(자치사무)와 위임사무의 두 가지가 있다. 고유사무는 지방자치단체가 그 존립목적을 수행하기 위하여 처리하는 사무이고, 위임사무는 국가 또는 상급공공단체로부터 위임을 받아서 처리하는 사무를 말한다.

4) 지방자치단체의 조례와 규칙

① 조 례

지방자치단체는 지방의회의 의결에 의하여 법령의 범위 내에서 그 사무에 관하여 조례를 정할 수 있다. 조례의 내용은 법규를 정하는 것이 보통이므로, 지방자치단체는 이 한도 내에서 입법의 권한을 가지고 있다. 이를 지방자치단체의 자치입법권이라 한다.

② 규 칙

지방자치단체의 장은 법령 또는 조례의 위임을 받은 범위 내에서 그 권한에 속하는 사무에 관하여 규칙을 제정할 수 있다. 이 규칙은 지방자치단체의 장이 그 단체의 집행기관으로서 제정하는 경우와 국가기관으로서 국가사무에 관하여 제정하는 경우가 있는데, 전자는 조례에 위반해서는 안되는 것이고, 후자는 법령에 위반해서는 안되는 것이다.

5) 지방의회

지방자치단체의 기관에는 의결기관과 집행기관이 있는데, 지방의회는 지방자치단체의 의결기관이다. 지방의회의 조직·권한과 지방의회 의원선거에 관하여는 지방자치법과 공직선거법에 규정되어 있는데, 그 권한은 다음과 같다.

① 지방의회의 조직

지방의회는 그 지방자치단체의 구역 내의 주민에 의하여 선거되는 의원으로써 조직된다. 의원의 정수는 그 구역 내의 인구, 행정구역, 지세, 교통 기타 조건을 기준으로 하여 결정된다. 지방의회의원의 임기는 4년이다. 지방의회의원은 법률이 정하는 직을 겸할 수 없으며, 의정자료를 수집하고 연구하거나 이를 위한 보조활동에 사용되는 비용을 보전하기 위한 의정활동비를 매월 지급받는다. 또 지방의회의원은 국회의원을 겸할 수 없으며, 각급 지방의회의원이 국회의원 또는 다른 의회의 의원선거에 입후보하고자 할 때에는 그 의원의 직을 사임하여야 한다.

② 의결을 행할 권한

지방의회는 지방자치단체에 관한 일체의 사항을 의결한다. 지방자치법은 조례의 제정 또는 개폐, 예산결산보고의 승인 등 지방의회가 의결할 사항을 열거하고 있으나, 이것은 예시에 불과하다.

③ 감사를 행할 권한

지방의회는 그 단체의 행정사무를 감사하기 위하여 그 단체의 장과 관계공무원의 출석·답변을 요구할 수 있고, 또 필요한 서류의 제출을 요구할 수 있다.

④ 기타의 권한

그 밖에도 지방의회는 청원을 받을 권한, 의원의 사직을 허가하는 권한, 의사규칙을 정하는 권한 등을 가지고 있다.

6) 지방자치단체의 집행기관

자치단체의 장의 선임방법, 임기 등은 지방자치법과 공직선거법에 규정되어 있다.

특별시 · 광역시 · 특별자치시 · 도 · 특별자치도 · 시 · 군 · 구의 장은 일면에 있어서는 공공단체의 장인 동시에, 타면에 있어서는 국가의 행정관청의 지위를 가지고 있다. 그 중에서 지방자치단체의 집행기관으로서의 권한은 다음과 같다.

① 지방자치단체를 대표하는 권한
② 그 단체의 고유사무와 국가로부터 위임된 지방의 국가행정사무를 관리하고 집행하는 권한
③ 규칙을 발하는 권한
④ 소속직원을 지휘 · 감독하는 권한, 즉 지방자치단체의 장은 소속직원을 지휘 · 감독하고 법령이 정하는 바에 의하여 그 임면, 권한, 복무, 징계 등에 관한 사항을 관리한다.
⑤ 지방의회에 대한 권한에는 다음의 세 가지가 있다.
첫째, 지방의회를 소집하는 권한
둘째, 지방의회에 의안을 발의할 권한
셋째, 지방의회의 의결을 재의에 붙이는 권한

7) 지방자치단체의 재정

지방자치단체는 경비를 충당하기 위하여 자기의 재산을 소유하고, 그 주민에게 과세하고, 또 기타의 수입을 취득할 수 있다. 따라서 지방자치단체는 (i) 기본재산수입, 사업수입, (ii) 지방세, (iii) 사용료, (iv) 수수료, (v) 분담금 등으로 경비를 충당한다.

지방자치단체의 세입 · 세출예산은 그 자치단체의 장이 회계연도마다 편성하여 연도개시 전에 지방의회에 제출하여야 한다.

4. 공무원

(1) 공무원의 개념

일반적으로 공무원이란 말은 여러 가지 의미로 사용되고 있다.

① 가장 넓은 의미에 있어서의 공무원은 일체의 공무담당자, 즉 국가 또는 공공단체의 모든 기관구성원을 말한다. 이에는 국립학교 강사와 촉탁, 특허기업자, 공공조합이나 공공단체의 직원 등이 포함된다.

② 다음으로 넓은 의미의 공무원은 국가 또는 공공단체와 광의의 공법상의 근무관계를 맺고 공무를 담당하는 기관구성원을 말한다. 이런 의미로서의 공무원은 신분과 지위에 있어서 일반 사인과는 다른 특별한 법적인 취급을 받게 되는데, 이에는 대통령, 국회의원, 선거관리위원, 교육위원회위원 등이 포함된다.

③ 좁은 의미의 공무원은 국가 또는 공공단체와 협의의 공법상 근무관계를 갖고 공무를 담당하는 기관구성원을 말한다. 현대 민주국가에 있어서 공무원은 정치적으로는 중립성을 지키며, 국민의 수임자로서 주권자인 국민에 대하여 봉사하고 책임을 지는 지위에 있다.

(2) 공무원의 종류

1) 국가공무원, 지방공무원

국가공무원은 국가에 의하여 임명되고 국가의 사무를 집행하는 공무원이며, 지방공무원은 지방자치단체에 의하여 임명되고 지방자치단체의 사무를 집행하는 공무원을 말한다.

2) 경력직공무원, 특수경력직공무원

이 구별은 직무내용의 정치성, 전문성 기타 특수성 여하에 따라 임용자격, 보수, 신분보장 등에 관하여 특별한 취급을 할 필요가 있느냐 없느냐를 고려한 입법정책적 구별, 즉 직업공무원의 여부에 따른 구별이다.

경력직공무원이란 실적과 자격에 의하여 임용되고 그 신분이 보장되는 공무원, 즉 직업공무원을 말하며 이에는 일반직공무원, 특정직공무원, 기능직공무원이 있다. 특수경력직공무원은 경력직공무원 이외의 공무원, 즉 비직업공무원을 말하며, 정무직공무원, 별정직공무원, 계약직공무원, 고용직공무원이 있다.

경력직공무원과 특수경력직공무원과는 그 적용법규를 달리한다. 경력직 국가공무원에 대하여는 「국가공무원법」, 경력직지방공무원에 대하여는 「지방공무원법」이 각각 적용되지만 특수경력직공무원에 대하여는 이 법들이 원칙적으로 적용되지 않으며, 다만 특별한 경우 국가공무원법, 지방공무원법이 준용된다.

(3) 공무원의 권리와 의무

1) 공무원의 의무

공무원의 의무는 공무원의 종류 또는 직무의 성질에 따라 그 내용이 각각 다르며, 각종의 법령에서 개별적으로 규정하고 있다. 공무원에 공통되는 의무는 (i) 선서의 의무, (ii) 성실의 의무, (iii) 직무상의 의무, (iv) 품위유지의 의무 등이 있으며, 이 중 직무상의 의무는 (a) 법령준수와 복종의 의무, (b) 직무전념의무, (c) 친절・공정의 의무, (d) 비밀준수의 의무 등으로 나누어 진다.

보통 공무원의 책임이라고 할 때 공무원이 공무원으로서 지는 의무를 위반함으로써 법률적 제재를 받지 않으면 안될 지위를 말하며, 이 책임은 공무원이 특별권력관계에서 부담하는 책임이다. 공무원법상의 공무원의 책임에는 징계책임과 변상책임이 있다.

공무원이 특별권력관계로서의 공무원관계로 말미암아 부담하는 의무를 위반하였을 때 국가가 공무원관계의 질서를 유지하기 위하여 특별권력에 기하여 그 위반에 대하여 과하는 제재를 징계벌이라 하며, 이 벌을 받지 않으면 안될 지위를 징계책임이라 한다. 징계의 종류에는 (i) 파면, (ii) 해임, (iii) 정직, (iv) 감봉, (v) 견책 등이 있다. 변상책임은 공무원이 의무를 위반하여 국가 또는 공공단체에 대하여 재산상의 손해를 발생하게 한 경우에 지는 책임이다. 변상책임에는 (i) 국가배상법상 변상책임, (ii) 회계관계직원 등의 변상책임 등이 있다.

2) 공무원의 권리

① 신분상의 권리

공무원은 신분보장을 받지 아니하는 자를 제외하고는 법령이 정하는 사유와 절차에 의하지 아니하고는 그 신분과 직위로부터 배제되거나 그 직위에 속하는 직무의 수행을 방해당하지 아니하는 권리를 가진다. 이 밖에 공무원은 그의 직명을 사용하며, 제복이 있는 공무원은 제복을 착용할 권리가 있다.

② 재산상의 권리

공무원은 국가 또는 지방자치단체에 대하여 각종의 재산상의 권리, 즉 봉급, 수당, 연금, 실비변상 등의 보수를 받을 권리를 가진다.

제 3 절 행정작용법

1. 서 설

행정작용법은 국가나 지방자치단체와 같은 행정기관(행정주체)이 행정상의 목적을 실현하기 위하여 행하는 일체의 법률적·사실적 작용을 말한다. 행정법은 이를 크게 나누면 행정조직법과 행정작용법으로 구분할 수 있는데, 행정조직은 행정작용을 위하여 필요한 것이므로 행정작용법이 행정법의 중심이 되지 않을 수 없다.

행정작용에 관한 법은 입헌제도, 특히 법치국가의 확립과 더불어 발달되었다. 군주국가에서는 행정기관은 단지 행정조직의 내부에서 상급자의 훈령을 준수하는 의무만이 있었고, 행정기관의 국민에 대한 권력복종의 관계에 있어서는 비록 행정기관이 권력을 남용하는 경우에도 국민은 행정작용의 위법을 주장할 수 없었다. 그러나 입헌제도하의 법치주의가 확립된 후부터는 행정권의 주체로서의 국가는 법률에 의해서만 권력을 발동할 수 있게 되어 행정작용의 준칙에 관한 법의 기초가 부여되었다.

다시 말하면, 법치주의에 있어서는 행정작용은 언제나 법에 따라 권력을 행사해야만 된다는 법치행정의 원칙은 근대행정의 기본원리가 되고 있다.

행정작용은 여러 가지 기준에 따라 나누어 볼 수 있으나, 일반적으로 행정작용의 목적에 따라 내무행정(경찰행정을 포함), 외교통상행정, 군사행정, 재무행정, 사법행정 등으로 나눌 수 있다.

2. 행정행위

(1) 행정행위의 개념 및 특성

행정행위의 개념은 실정법상의 용어가 아니고 실정법이론 구성과정에서 발전한 학문상으로 세워진 개념이므로 그 내용은 학자에 따라 견해를 달리하고 있다. 대체로 행정행위는 행정청이 공법의 영역에 있어서 구체적인 사실을 규율하기 위하여 외부에 대하여 직접 법적 효과를 발생하는 공권적 행위이다. 다시 말하면 행정행위는 법집행행위이므로 입법행위나 통치행위와는 다를 뿐만 아니라, 행정주체의 행위이므로 재판행위와도 다르다. 행정행위는 공권력의 발동이기 때문에 비권력적 관리행위가 아니고 공법행위이므로 사법행위나 사실행위와 구별된다. 이러한 의미를 갖는 행정행위라는 용어는 학문상으로만 쓰이며, 법령상으로는 행정처분이라고 한다.

(2) 행정행위의 종류

1) 법률행위적 행정행위와 준법률행위적 행정행위

법률행위적 행정행위는 의사표시를 구성요소로 하고, 그 효과의사의 내용에 따라 법률적 효과를 발생하는 행위이다. 준법률행위적 행정행위는 의사표시 이외의 정신작용의 표시를 구성요소로 하고 있으며, 그 법률적 효과는 법규가 정하는 바에 따라 발생하는 행위이다.

① 법률행위적 행정행위는 행위주체의 의사표시에 따라 직접 법률효과를 발생하므로 행정주체의 동일한 의사표시에 대해서는 그 효과도 언제나 동일하다. 예를 들면, 법률행위적 행정행위인 통행금지하명(통행하지 말라)은 그 통행금지하명에 따라 직접 불통행의무(통행하지 아니할 의무)가 누구에게나, 그리고 어느 때를 막론하고 동일하게 발생하는 것과 같다(법률행위적 행정행위는 다시 그 법률적 효과의 내용에 따라 명령적

행위와 형성적 행위로 나눌 수 있다).

② 준법률행위적 행정행위는 행정주체의 효과의사 이외의 단순한 의사, 관념, 판단, 인식 등 정신작용의 표시행위로서, 그 표시에 따라 직접 법률적 효과를 발생하는 것이 아니기 때문에 그 효과는 개별적인 법규가 정하는 바에 따라 발생하는 행정행위이다. 따라서 준법률적 행정행위는 행정주체의 동일한 표시행위라 할지라도 그 법률적 효과는 법규가 정하는 바에 따라 각각 다를 수 있다. 예를 들면, 준법률행위적 행정행위인 확인행위는 특허법에 의한 발명특허와 같이 불가변력과 아울러 형성적 효과를 발생하는 경우와 공무원법에 의한 공무원 공개채용시험 합격·불합격의 결정과 같이 다만 불가변력만이 발생하는데 지나지 않는 경우가 있다.

2) 기속행위와 재량행위

행정행위는 그 성질상 반드시 전제가 되는 법률을 예상하게 되는데, 이러한 법률은 입법기관에서 그 내용이 상세히 규정되는 경우도 있고, 반대로 법률로서는 그 내용을 개괄적으로 규정하고 상세한 것은 행정관청의 재량에 위임하는 경우도 있다. 법률이 전자의 경우처럼 상세한 규정을 하고 있을 때에는 행정관청은 그 법률을 그대로 집행하며 처분만을 하기 때문에 어떠한 자유재량도 인정하지 않는다. 따라서 행정행위는 법규와의 관계에서 법의 기속의 정도를 기준으로 하여 기속행위와 재량행위로 나눌 수 있다.

① 기속행위

법이 행정관청에 일정한 요건에 해당하는 사실이 있을 때에는 반드시 일정한 행위를 할 것을 규정하고 있는 경우에 이를 기속행위라 한다. 예컨대, 각종 조세법규에는 그 법규 속에 이미 조세부과라는 행정행위로써 의거 법률을 충실히 따르도록 하는 것 외에는 어떠한 자유재량도 허용되지 아니한다.

② 재량행위

법이 행정관청에 대하여 주관적인 판단의 여지를 남겨 놓은 경우에 그 행위를 재량행위라고 한다. 재량행위를 다시 법규의 기속력의 강·약, 광·협에 따라 법규재량과 공익재량으로 나눌 수 있다. 그런데 공익재량을 그르친 행위는 부당행위에만 그치지만, 법률재량을 그르치거나 기속행위에 있어서의 법규위반은 위법행위로서 행정소송의 대상이 된다.

3) 쌍방적 행정행위와 독립적 행정행위

쌍방적 행정행위란 행정행위의 성립에 상대방의 협력을 요하는 것을 말하는데, 인가・허가 등에 있어서 상대방의 신청 또는 공무원의 임명에 있어서 상대방의 동의가 여기에 해당된다. 독립적 행정행위란 행정기관의 일방적인 직권으로써 행하는 행정행위를 말한다. 여기에는 법규위반자에 대한 영업허가의 취소・정지, 조세부과, 공무원의 징계, 의무불이행자에 대한 시정명령 등이 해당된다.

(3) 행정행위의 내용

이미 지적한 바 있는 법률행위적 행정행위(명령적 행위와 형성적 행위)의 내용과 준법률적 행정행위의 내용을 살펴보면 다음과 같다.

1) 법률행위적 행정행위의 내용

① 명령적 행위

명령적 행위는 행정주체가 그 상대방인 국민에게 특정한 의무(작위, 부작위)를 명하거나 이를 해제 또는 면제하는 행정행위이다.

㉠ 하 명: 행정주체가 그 상대방인 국민에게 작위・부작위・급부・수인을 명하는 행위를 말하며, 특히 부작위를 명하는 행위를 금지라고도 한다. 여기에는 위법건축물의 철거명령, 영업정지, 도로통행금지, 조세부과처분, 건강진단, 예방접종 등이 있다.

㉡ 허 가: 허가란 법규에 의하여 국민 모두에게 상대적으로 금지된 자연적 자유를 특정한 경우에 행정주체가 이를 해제하는 행정행위를 말한다. 실정법상으로는 허가라는 말 이외에 면허, 인가, 특허 등으로 표현되고 있다. 허가는 권리를 설정하여 주는 행위가 아니라 단순히 부작위의무를 해제하여 사람이 가진 본래의 자유를 회복하여 주는데 그친다. 그 예로는 운전면허, 건축허가, 사설학원등록 등이 있다.

㉢ 면 제: 법규에 의하여 일반적으로 부과된 작위・급부・수인의 의무를 특정한 경우에 해제하여 주는 행위를 말한다. 그 예로는 병역면제, 조세면제, 예방접종의무면제 등이 있다.

② 형성적 행위

형성적 행위는 국민에게 일정한 권리·능력 기타의 법률상의 힘을 설정·변경·소멸시키는 행위를 말한다.

㉠ 특 허: 특정인을 위하여 새로운 권리(광업허가 등), 능력(공법인의 설립행위 등)을 설정하거나 법률상의 지위(공무원의 임명 등)를 부여하는 행위를 말한다. 설권행위에 의하여 설정된 기존의 권리를 변경행위(광구변경, 공무원전보)라고 하며, 또 이들을 소멸시키는 행위를 탈권행위(어업면허의 취소)라고 한다.

㉡ 인 가: 제3자의 법적 행위를 보충하여 그 법률상의 효력을 완성시켜 주는 행정행위를 말한다. 예컨대 비영리법인 설립허가, 공공조합설립인가, 토지거래허가구역 내에서의 토지거래허가 등이 이에 해당한다. 인가의 대상이 되는 제3자의 행위는 공법행위일 때도 있고 사법행위일 때도 있다.

㉢ 대 리: 대리란 제3자가 행하여야 할 행위를 행위주체가 대신하여 행함으로써 제3자 자신이 행한 것과 동일한 법률적 효과를 발생하는 행정행위를 말한다(연고 없는 사망자의 유품관리, 토지수용재결).

2) 준법률적 행정행위의 내용

① 확 인

확인이란 특정한 사실 또는 특정한 법률관계의 존부 또는 정부에 관하여 다툼이 있거나 의문이 있을 때에 행정주체가 공적인 권위로서 그러한 다툼이나 의문을 판단하여 선언(판단의 표시)하는 행정행위를 말한다. 예를 들면 도로·하천구역의 결정, 발명특허, 공적인 시험에 있어서의 합격 또는 불합격의 결정 등이다.

② 공 증

공증이란 특정한 사실 또는 법률관계의 존부를 행정주체가 공적으로 증명하는 행위를 말한다. 예를 들면 부동산등기, 차량등록, 검인의 날인, 합격증서 발급, 여권발급 등이다.

③ 통 지

통지란 행정주체가 특정인 또는 불특정 다수인에게 특정한 사항을 알리는 행정행위를 말한다. 예를 들면 특허출원의 공고, 대집행의 계고, 납세독촉 등이다.

④ 수 리

수리란 행정주체가 행정객체의 행위를 유효한 행위로 받아들이는 행정행위를 말한다. 예를 들면 국가시험원서, 행정심판청구서, 혼인신고서 등의 수리가 이에 해당된다.

3. 행정벌과 행정강제

행정법상의 의무를 지는 자가 그 의무를 위반하거나 의무를 이행하지 아니하는 경우에 그 행정목적을 실현 확보하기 위하여 두 가지 권력적 수단이 있다. 그 하나는 행정벌이며, 다른 하나는 행정강제이다.

(1) 행정벌

행정벌이란 행정법상의 의무위반에 대하여 일반통치권에 의거하여 과하는 제재로서의 처벌을 말한다.

행정벌은 행정법상 과거의 의무위반에 대한 제재인데 대하여, 집행벌은 장래에 의무의 이행을 강제하기 위한 수단인 점에서 행정벌과는 구별되며, 또한 행정벌은 일반통치권에 의거하여 과하는 제재인데 대하여, 징계벌은 공법상 특별권력관계에 의거하여 과하는 제재인 점에서 양자가 구별된다. 특히 행정벌은 형사벌과 그 구별이 문제된다. 행정벌을 받을 행위를 행정범이라 하고 형사벌을 받을 행위를 형사범이라 하는데, 형사범은 반도덕성·반사회성·범죄성을 가진 까닭에 처벌되고, 행정범은 원래 행위 자체에 반도덕성 따위가 있기 때문이 아니라 국가목적을 달성하기 위하여 부과한 행정상의 의무를 위반한 까닭에 처벌된다. 형사범의 반도덕성 등은 법규 이전에 존재하고 일반국민은 누구나 상식적 판단으로 범죄임을 알 수 있다. 이에 반하여 행정범은 법규로서 의무가 인위적으로 발생하므로 그 내용을 모르는 자는 범죄인 것을 모르고 행하게 된다. 이러한 의미에서 행정범을 법정범, 형사범을 자연범이라고 하기도 한다.

행정벌도 처벌이기 때문에 죄형법정주의가 적용되므로 반드시 법률의 근거가 있어야 한다.

실정법상 행정벌의 성질을 기준으로 하면 행정형벌과 행정질서벌로 나누어진다.

1) 행정형벌

행정형벌이란 형법에 있는 형벌, 즉 사형, 징역, 금고, 자격상실, 벌금 등을 과하는 경우이다. 특별한 규정이 없는 한 형법총칙의 규정이 적용되고, 과형절차에 있어서는 형사소송법의 적용을 받는다.

2) 행정질서벌

행정질서벌(과태료)은 직접적으로 행정목적이나 사회법익을 침해하는 것이 아니라, 다만 간접적으로 행정상의 질서에 장해를 초래할 우려가 있는 의무태만에 불과한 행위에 대한 처벌이다. 행정질서벌에는 형법총칙이나 형사소송법이 적용되지 아니하고, 그 과벌절차는 특별한 규정이 없는 한 질서위반행위규제법이 정하는 바에 의한다.

(2) 행정강제

행정강제는 행정주체가 행정목적을 달성하기 위하여 국민의 신체·재산에 실력을 발동하며 행정상 필요한 상태를 실현하는 작용(권력적 사실행위)이다. 행정벌은 과거의 의무위반에 대하여 과하는 제재인데 대하여, 행정강제는 장차에 있어서 의무이행을 확보하기 위한 수단이다. 행정강제에는 행정상 강제집행, 행정상 즉시강제 및 행정조사가 있다.

1) 행정상 강제집행

행정상 강제집행은 행정법상의 의무불이행에 대하여 행정주체가 실력을 가하여 그 의무를 이행시키거나 또는 이행된 것과 동일한 상태를 실현하는 작용이다. 행정상 강제집행의 수단에는 대집행, 집행벌, 직접강제, 행정상 강제징수가 있다.

① 대집행

대집행이란 대체적 작위의무를 의무자가 이행하지 않는 경우에 행정청이 스스로 그 의무를 이행하거나 또는 제3자로 하여금 이행하게 하고 그 비용을 의무자로부터 징수하는 것을 말한다. 예컨대, 위법한 건축물을 본인이 철거하지 않을 때는 행정관청이나 제3자가 이를 철거하고, 여기에 사용된 비용을 징수하는 것이다. 대집행은 일반법인 「행정대집행법」에 근거하여 행하여진다.

② 집행벌

집행벌이란 행정상의 부작위의무, 타인이 대신할 수 없는 작위의무(비대체적 작위의무)를 간접적으로 강제하기 위하여 과하는 금전벌이다. 이것은 일정한 기간 내에 의무를 이행하지 않으면 일정한 과태료를 과하겠다는 뜻을 예고함으로써 심리적 압박을 가하여 그 의무의 이행을 간접적으로 강제한다. 집행벌에 관한 일반법은 없고, 건축법 등 일정 개별법에서 이를 규정하고 있다.

③ 직접강제

직접강제란 의무자가 의무를 이행하지 않을 때에 직접 신체 또는 재산에 실력을 발동함으로써 의무를 이행시키는 것이다. 예컨대 불법입국・체류외국인의 강제출국조치(「출입국관리법」), 군사시설보호구역의 무단침입자 강제퇴거(「군사기지 및 군사시설보호법」) 등이 이에 해당한다.

④ 행정상 강제징수

행정상 강제징수란 국민이 국가 또는 공공단체에 대하여 부담하고 있는 공법상의 금전급부의무를 이행하지 아니하는 경우에 행정관청이 강제적으로 의무가 이행된 것과 동일한 상태를 실현하는 작용을 말한다. 「국세징수법」에 의한 국세징수가 이에 대한 대표적인 예이다.

2) 행정상 즉시강제

행정상 즉시강제란 목전의 급박한 행정상 장해를 제거할 필요가 있을 경우에 미리 의무를 명할 시간적 여유가 없는 때(광견의 배회) 또는 성질상 의무를 명하여서는 그 목적달성이 곤란할 때(전염병환자의 입원명령), 직접 국민의 신체 및 재산에 실력을 발동하여 행정상 필요한 상태를 실현하는 작용을 의미한다. 이와 같이 즉시강제는 긴급을 이유로 의무가 없는 자에게도 실력을 발동하는 행위이므로 법적 안정성과 예측 가능성을 파괴한다. 따라서 엄격한 법의 근거와 신중한 권력발동이 요구된다. 「경찰관직무집행법」상의 보호조치, 위험발생의 방지조치, 범죄의 예방 및 제지조치, 장구와 무기의 사용, 「전염병예방법」상의 강제격리 등이 그 예이다.

3) 행정조사

행정조사란 행정기관이 행정작용을 적정하고 효율적으로 행하기 위하여 사인으로부터 행정상 필요한 자료를 수집하는 권력적·강제적 조사작용을 말한다.

행정조사는 직접 법률관계의 변동을 생기게 하는 것이 아니라 장래의 행정작용을 위한 준비행위로서의 성질을 가지며, 상대방의 의사에도 불구하고 행하는 권력적 사실행위(강제조사)라는 점에서 상대방의 임의적 협력에 의하여 행하는 임의조사(여론조사나 임의적 공청회)와 구별된다. 행정조사는 국민의 신체·재산 및 사생활의 비밀에 중대한 영향을 미치며, 또한 이를 권력적 조사활동으로 보는 한 수인의무가 발생하고, 이에 불응하면 행정벌이 가해진다는 의미에서 반드시 법률상의 근거가 있어야 한다. 음주운전 여부를 조사하기 위한 음주측정, 주유소·환경위생업소·소방점검대상업소 등에 출입·조사하는 것이 그 예이다. 우리 현행법상 행정조사에 관한 일반법인 「행정조사기본법」이 있다.

제 4 절 행정구제법

1. 서 설

행정구제라 함은 행정기관의 행정작용으로 자기의 권리·이익이 침해되었거나 침해될 것으로 주장하는 자가 행정기관이나 법원에 원상회복, 손해배상, 손실보상을 청구하거나 또는 당해 행정작용의 취소·변경을 청구하거나 기타 피해구제 또는 예방을 청구하고 이에 대하여 행정기관이나 법원이 이를 심리하여 그 침해된 권리·이익의 보호에 대한 판정을 내리는 것을 말한다. 이것은 행정권의 남용으로부터 국민의 권리와 이익을 보호하기 위한 것으로서, 행정구제 제도의 완비는 헌법이 지향하는 실질적 의미에 있어서의 법률에 의한 행정원칙의 확립과 기본권보장을 핵심으로 하는 실질적 법치국가의 중요한 요청이라고 할 것이다.

현행법상 인정되고 있는 행정구제 제도로는 손해전보(손해배상과 손실보상), 행정상 쟁송 등이 있다.

2. 행정상 손해배상

행정상 손해배상이란 위법한 행정작용으로 인하여 국민에게 손해를 끼친 경우에 국가가 그 손해를 배상하는 제도로서 헌법 제29조 "공무원의 직무상 불법행위로 손해를 받은 국민은 법률이 정하는 바에 의하여 국가 또는 공공단체에 정당한 배상을 청구할 수 있다"에 근거를 두고 있다. 이 헌법규정을 구체화한 「국가배상법」에 의하면 다음의 두 가지가 있다.

(1) 공무원의 직무상 불법행위로 인한 손해배상(국가배상법 제2조)

공무원이 그 직무를 집행함에 있어서 고의 또는 과실로 법령에 위반하여 타인에게 손해를 가하였을 때에는, 국가 또는 지방자치단체는 그 손해를 배상할 책임이 있다. 국가 등은 피해자에게 배상한 경우 당해 공무원에게 구상할 수 있으나, 그 구상권 행사는 공무원에게 고의 또는 중과실이 있었을 때에 한한다.

(2) 영조물의 설치·관리의 하자로 인한 손해배상(국가배상법 제5조)

도로, 하천 기타 공공의 영조물의 설치·관리에 하자로 타인의 재산에 손해를 발생하게 하였을 때에는, 국가 또는 지방자치단체는 그 손해를 배상하여야 한다. 이 경우에 영조물의 설치·관리자의 고의·과실을 묻지 않으므로 일종의 무과실책임의 성질을 가진다.

3. 행정상 손실보상

행정상 손실보상이란 적법한 행정상의 공권력행사로 인하여 타인의 재산에 가하여진 특별한 희생에 대하여 사유재산권의 보장과 공평부담의 견지에서 행정주체가 이를 조정하기 위하여 행하는 재산적 보상을 말한다.

이 보상에 대한 우리 헌법규정은 "공공필요에 의한 재산권의 수용·사용 또는 제한 및 그에 대한 보상은 법률로써 하되, 정당한 보상을 지급하여야 한다"(제23조 제3항)고 명시하였다.

4. 행정쟁송

(1) 서 설

행정쟁송이라 함은 위법·부당한 행정작용으로 인하여 권리와 이익을 침해당한 자가 그 시정을 위하여 행정기관 또는 법원에 대하여 분쟁의 해결을 요구할 경우에 이를 심리하고 판정하는 일련의 절차를 말한다. 이러한 행정쟁송은 행정청의 위법 또는 부당한 처분과 그 밖에 공권력의 행사·불행사 등으로 인한 권리 또는 이익의 침해에 대한 개인의 권리구제수단이며, 또한 행정작용의 합법성·합목적성을 보장하는 수단이기도 하다.

행정쟁송은 행정사건을 어떤 기관에서 심판하느냐에 따라 행정심판과 행정소송으로 나누어진다. 전자는 행정심판법에 따라 행정처분을 행한 당해 행정청 또는 당해 행정청의 직근상급행정청이 재결청이 되어 심판을 하는 것이고, 후자는 행정소송법에 의해 일반법원이 심판하는 것을 말한다. 행정쟁송을 독립한 행정재판소가 심판을 하느냐, 아니면 일반법원이 심판하느냐에 따라 행정국가형과 사법국가형으로 나누어진다. 우리나라는 행정사건도 일반법원이 심판하고 있다.

(2) 행정심판

행정심판이란 행정청의 위법 또는 부당한 처분과 그 밖에 공권력의 행사·불행사 등으로 인한 권리 또는 이익의 침해에 대하여 행정기관이 행하는 행정구제의 절차로서 행정소송의 전심으로서의 지위를 가지며, 사법기관을 보충하는 작용을 한다. 「행정심판법」은 행정심판절차에 관한 것을 상세히 규정하고 있다.

1) 행정심판의 종류

행정심판에는 첫째, 행정청의 위법 또는 부당한 처분의 취소 또는 변경을 구하는 취소심판, 둘째, 행정청의 처분의 효력 유무 또는 존재 여부에 대한 확인을 구하는 무효등확인심판, 셋째, 행정청의 위법 또는 부당한 거부처분이나 부작위에 대하여 일정한 처분을 하도록 하는 의무이행심판이 있다.

2) 행정심판청구의 절차

행정청의 처분 또는 부작위의 위법·부당 여부를 심판하는 행정심판위원회는 피청구인인 행정청의 직근상급행정기관의 소속하에 설치되어 그의 지휘·감독을 받지 않고 독자적으로 행정심판사건에 대하여 심리·재결할 권한을 갖는다. 심판청구는 서면으로 작성하여 피청구인인 행정청 또는 행정심판위원회에 제출하여야 한다.

행정심판법에 의한 행정심판청구는 원칙적으로 처분이 있음을 안 날로부터 90일 이내에, 처분이 있은 날로부터 180일 이내에 제기하여야 한다.

행정심판위원회는 심판청구가 이유 있다고 인정하는 경우에도 이를 인용하는 것이 현저히 공공복리에 적합하지 아니하다고 인정하는 때에는 그 심판청구를 기각하는 사정재결을 할 수 있다. 이 경우 행정심판위원회는 그 재결의 주문에서 그 처분 또는 부작위가 위법 또는 부당함을 명시하여야 한다. 사정재결을 함에 있어서는 청구인에 대하여 상당한 구제방법을 취하거나, 피청구인에게 상당한 구제방법을 취할 것을 명할 수 있다.

(3) 행정소송

행정소송이란 행정청의 위법한 행정처분에 의하여 권익을 침해당한 자가 법원에 대하여 행정소송법에 의한 재판을 요구하는 것을 말한다. 행정소송은 행정청의 위법한 처분과 그 밖에 공권력의 행사·불행사 등으로 인한 국민의 권리 또는 이익의 침해를 구제하고, 공법상의 권리관계 또는 법적용에 관한 다툼을 적정하게 해결함을 그 목적으로 한다.

1) 행정소송의 종류

행정소송은 첫째, 행정청의 처분 등이나 부작위에 대하여 제기하는 항고

소송, 둘째, 행정청의 처분 등을 원인으로 하는 법률관계에 관한 소송과 그 밖에 공법상의 법률관계에 관한 소송으로서 그 법률관계의 한쪽 당사자를 피고로 하는 당사자소송, 셋째, 국가 또는 공공단체의 기관이 법률에 위반되는 행위를 한 때에 직접 자기의 법률상 이익과 관계없이 그 시정을 구하기 위하여 제기하는 민중소송, 넷째, 국가 또는 공공단체의 기관 상호간에 있어서의 권한의 존부 또는 그 행사에 관한 다툼이 있을 때에 이에 대하여 제기하는 기관소송 등이 있다. 「행정소송법」은 이러한 행정소송절차에 관한 것을 상세히 규정하고 있다.

2) 행정소송의 절차

우리나라에서는 행정소송을 일반법원에서 관할하고 있으나 많은 특수성을 가지고 있다.

첫째, 행정소송을 제기하려면 원칙적으로는 행정심판을 거치지 않고 소를 제기할 수 있으나, 예외로 개별 법률에서 행정심판절차를 거치도록 되어 있는 경우에는 먼저 행정심판을 거쳐 행정소송(취소소송)을 제기하는 행정심판전치주의를 취하고 있다. 따라서 우리나라 행정소송제도는 임의적 행정심판전치주의를 채택하고 있다.

둘째, 행정소송에 있어서는 다른 법률에 특별한 규정이 없는 한 그 처분 등을 행한 행정청을 피고로 하여 그 처분행정청의 소재지를 관할하는 행정법원에 소를 제기하여야 하며, 따라서 고등법원은 제2심법원이 되고 대법원에 상고할 수 있다.

셋째, 행정소송의 제기는 행정처분 등이 있음을 안 날로부터 90일 이내에 소를 제기하여야 한다. 다만, 행정심판의 재결을 거쳐 제기하는 사건에 대한 소는 그 재결서의 정본의 송달을 받은 날로부터 90일 이내에 제기하여야 하며, 행정소송에 있어서는 다른 법률에 특별한 규정이 없는 한 처분 등이 있은 날 또는 재결이 있은 날로부터 1년 이내에 제기하여야 한다. 다만 정당한 사유가 있는 경우에는 그러하지 아니하다.

넷째, 행정소송에서는 원고의 청구가 이유 있다고 인정하는 경우에도 처분 등을 취소하는 것이 현저히 공공복리에 적합하지 아니하다고 인정하는 때에는, 법원은 원고의 청구를 기각하는 사정판결을 내릴 수 있다. 법원은 사정판결을 함에 있어서는 미리 원고가 그로 인하여 입게 될 손해의 정도와 배상방법 및 그 밖의 사정을 조사하여야 한다.

이 외에도 행정소송에 있어서는 직권증거조사, 변론주의, 불고불리의 원칙에 대한 예외 등이 인정되고 있다.

■ 찾아보기

■ 공저자 약력

김 효 진

대구대학교 법정대학 법학과
대구대학교 대학원(법학석사 · 박사(공법전공))
일본 중앙학원대학 지방자치연구センター 연구원
경운대학교 경찰행정학과 학과장, 입학처장, 사회과학대학 학장
한국공법학회 이사
한국헌법학회 이사
(현) 일본 중앙학원대학 사회システム연구소 객원연구원
구미경찰서 경찰발전위원회 청문분과 위원 및 보통징계위원회 위원
경북지방노동위원회 심판담당 공익위원
경운대학교 경찰행정학부 교수

〈저서 및 논문〉
경찰행정법(공저, 한울출판사, 2009)
법학기초론(공저, 박영사, 2010)
"지방자치제도상 주민참가의 활성화를 위한 정보공개에 관한 연구," "정보공개와 개인정보의 법적 보호," "한국의 불심검문제도와 인권보장" 외 다수

정 우 열

호서대학교 법정대학 행정학과
경희대학교 대학원(행정학석사)
영남대학교 대학원(행정학박사)
경운대학교 경찰행정학부 학부장, 대학원 주임교수
(사)대한지방자치학회 회장, (사)한국정부학회 부회장, (사)한국행정사학회 영남지회장
행정고등고시, 5급사무관승진시험 출제 및 검토위원
(현) 경운대학교 경찰행정학부 교수
경상북도 성과평가위원회 위원 및 주민참여예산협의회 자문위원

〈저서 및 논문〉
경찰조직관리론(공저, 형설출판사, 2013)
한국인사행정론(공저, 형설출판사, 2013)
현대행정학(공저, 삼우사, 2006)
"주민참여예산제도의 평가와 과제," "범죄예방을 위한 민경협력치안의 실태와 발전방안"(공저), "사회적 기업의 성과 결정요인"(공저), "집회시위의 역사적 전개과정과 특징에 관한 연구"(공저) 외 다수

저자협의
인지생략

법과 행정

2014년 12월 20일 인쇄
2014년 12월 25일 초판 발행

공저자 김효진 · 정우열
발행인 조 병 철
발행처 三 宇 社
경기도 고양시 일산동구 장백로 20
102동 426호 (백석동, 동문굿모닝힐1차)
전화 : (02) 718-8553 Fax : (02) 718-8554
등록 : 1994. 9. 23. 제396-2001-000025호

정가 20,000원 ISBN 978-89-91083-73-8 (93360)

이 책을 무단으로 전재하거나 복제하는 행위는
「저작권법」에 의거, 징역 또는 벌금형을 받을 수 있습니다.